英語教育史
重要文献集成

［監修・解題］江利川 春雄

■第4巻■ 英語教授法 3

◆英語教育
岡倉由三郎 著

◆各学科教授方針・英語科
東京高等師範学校附属中学校 編

◆外国語教育の革新
尚志会 編

◆外国語科指導書 中等学校第一学年用
中等学校教科書株式会社 著

◆新制中等学校外国語科の教育
櫻井　役 著

◆英語科教授の実際　教材の類型より見たる
中等教育討議会 著

◆英語科教授要目と教授の実際
広島高等師範学校附属中学校英語科 著

ゆまに書房

凡例

一、「英語教育史重要文献集成」第一期全五巻は、日本の英語教育史において欠くことのできない重要文献のうち、特に今日的な示唆に富むものを精選して内容別に復刻したものである。いずれも国立国会図書館デジタルコレクションで電子化されておらず、復刻版もなく、所蔵する図書館も僅少で、閲覧が困難な文献である。

第一巻　小学校英語

第二巻　英語教授法一

第三巻　英語教授法二

第四巻　英語教授法三

第五巻　英語教育史研究

一、復刻にあたっては、歴史資料的価値を尊重して原文のままとした。ただし、寸法については適宜縮小した。

一、底本の印刷状態や保存状態等の理由により、一部判読が困難な箇所がある。

一、縦書きの文献は右側から、横書きの文献は左側から配列した。

一、第四巻は、第二巻、第三巻に引き続き、日本における英語教授法に関する七篇の論考を収めている。時代的には、一九三一年から一九四四年までのアジア・太平洋戦争期である。この時代は、戦時体制下で英語教育への圧力が強まった激動期だが、そうした中で英語教育関係者たちは英語教授法の理論と実践に磨きをかけていった。

・岡倉由三郎《よし》著「英語教育」岩波茂雄編『岩波講座 教育科学 第八冊』一九三二（昭和七）年五月二〇日、岩波書店発行、全三四ページ。

・東京高等師範学校附属中学校編『各学科教授方針・英語科』一九三一（昭和六）年一〇月二六日序言、東京高等師範学校附属中学校発行、英語科は全六ページ。

・尚志会編『外国語教育の革新』（尚志教育叢書 第六輯）一九四二（昭和一七）年一〇月五日、尚志会発行、全八三ページ。

・中等学校教科書株式会社著『外国語科指導書 中等学校第一学年用』一九四三（昭和一八）年四月一〇日、中等学校教科書株式会社発行、全二一ページ。

・櫻井役《まもる》著「新制中等学校外国語科の教育」日本放送協会編『文部省 新制中等学校教授要目取扱解説』一九四四（昭和一九）年三月二〇日、日本放送出版協会発行、外国語科は全九ページ。

・中等教育討議会著『英語科教授の実際――教材の類型より見たる――』（中等教育に於ける各科教授の原理と実際・4）東京開成館、一九三九（昭和一四）年九月五日発行、全八六ページ。

・広島高等師範学校附属中学校英語科著『英語科教授要目と教授の実際』一九三二（昭和七）年四月、広島高等師範学校附属中学校発行、全六四ページ。

一、復刻に当たって、資料の一部を提供いただいた竹中龍範教授（香川大学）、馬本勉教授（県立広島大学）、調査・複写等で協力をいただいた上野舞斗氏（和歌山大学大学院生）に感謝申し上げたい。

英語教授法三　目次

英語教育

岩波講座

敎育科學

第八册

英語教育

岡倉由三郎

目次

概　論

一　教育者の任務

教育者の任務は、吾々の心身に內在する諸〻の力を、出來得るかぎり十分に伸展せしめ、生き甲斐ある存在を極度まで完了せしめるにある、この目的遂行の爲に、教育者は、各自その專攻の學科を所緣として、被教育者の精神と肉體との圓滿な發育を、專念に企圖することをその天職とするのである。educate なる言葉の示す如くに、e-ducere する事、卽ち bring out する事、內に潛む素質を引き出し、伸ばせ育てる事、それが教育卽ち education の仕事であらねばならぬ。

故に教育者は、銘々得意の學科の教授を、教壇または教授に好都合の場所から、各自の目的の遂行に必要な時間をかけて、それぞれに行ふ。併し學科の教授はあくまで一つの方便で、心身の教育がその最終の目的であることは云ふまでもない。教育者は被教育者に對してその心身の力の發育涵養の爲に、何等かの教材を媒介物として、その術を施して行く、それが謂はゆる教授であり、授業である。

そこで一つの比喩が許されるならば、教育は一種の寫眞術である。そして教育者が一人の寫眞師ならば、被教育者は夫々一つの暗函である。授業を受けに、教師のまはりに集つて來る一々の生徒は、その五感と云ふレンズを透して、提示される教材及び之に關する諸〻の知識と感情とを、自己の頭腦といふ乾板又はフィルムに映寫して行く。但し各自の暗函裝置は、生得の天分の優劣のまにまに、それぞれ出來具合に差等がある。ある頭腦はゲェルツとかツァイスとか云つた樣な優秀なレンズに似て、如何に瑣細な光線と雖も直ちに之を蒐めて行く。またプレートもフィルムも極めて感度が强くて、その面に觸れる明暗は、一々如實に之を記錄する。之に反し、普通の頭腦は、レンズも並で、フィルムの感度もあまり强くない。從つて寫眞裝置の場合の如く、甚だ不十分な結果しか生じ得ない。要するに被教授者としての一級の生徒の天稟は極めて區々である。そのまちまちな收受能力の生徒の一々に、それぞれの誘ひのわざを掛けて行くのが、教授者の手腕の大にいる所で、更に寫眞機の比喩をつゞけるならば、シャッターの明け方、レンズのしぼりの大小、採光時間の多寡などが、彼の手心を著しく要するのである。教材に對する知識さへ深いなら、教授樣式の如きは、殆ど齒牙にかけるに足らぬなどと、論ずる者ありとすれば、その盲、洵に愍笑に値すると云ふべきであらう。

處で、玆に大に考慮を要する點は、寫眞の撮影に光線を必要とする如く、教授の際にも亦、教材を照らす光線が必要である一事である。まつくら闇の中では、如何なるよいレンズやフィルムを具へた寫眞機を以てしても撮影は絕對に不可能である。それと同じく、今一級の生徒の群の頭腦にある教材の媒介を經て或印象や或感情を起さうとする場合には、是非とも、その教材を照らす光明がなくてはならない。その光を教材に掛けると同時に、生徒の頭腦のフォーカスをそれに合はせるやう適當にしむけると、頭腦のフィルムがある影像をその上に收受感得する。授業とは蓋し斯うした作業の連續にほかならぬのである。

斯う考へて來た上で、吾々の注意すべき事柄は、教材を照らす爲の光の問題である。その光と觀るべきものは、素より一樣ではないが、大要

一、教材そのものに關する知識の光

二、教育者として、また、人間としての人物の光

この二つに歸するものと思ふ。世に謂ゆる良敎師は蓋し、その擔當の學科の研究に孜々として力を注ぐのみでなく、それと同時に、その職務にいそしむことを樂しみ、その敎へ子の心身の敎育伸展に深い關心を懷き、更にまた、一個の人間、一介の民として、誠意誠心まことの道を踏んで進むことを怠らぬ篤學篤行の人なのである。一見もづもづとした極めて地味な敎育者が一校の信望を身に集めて、顯著な成績を敎育界に擧げてゐる例が、往々吾々の眼を惹くその場合にその人が前述の二つの光の發散者であることは、今更の樣に吾々の感慨をそゝるのである。

二　外國語の敎師としての覺悟

外國語の敎師は、先づ外國語の敎師たる前に、一個の眞の敎育者であらねばならぬ。その敎育の媒體は外國語である。併しながらその究極の目的は、飽くまで生徒の心身の健全なる發育を助長するにある。この重責を負ふ外國語敎師たる者は常に精進不退轉の覺悟を以て十分の修養を積まねばならぬ。然らば、その修養は如何にすべきか。大別してこれを二方面に分つ事が出來るであらう。卽ち、人としての個人的修養と、敎師としての職務上の修養との二方面

である。

先づ個人的修養について云へば、元來外國語の教師は、その職分上、常に外國語を學ぶ利益を、他に鼓吹してゐるのであるから、教師自らその利益を享有しつゝある事を色々な形に於て表明しなければならぬ。その爲には他に對しての教授のみに滿足せず、自身の爲の外國語の研究をも忽にせぬ樣心懸けねばならぬ。勿論その研究の題目は敢て英語英文學に限る必要はないであらう。地理、歷史、哲學、動植物學の何たるを問はず苟も英語を通じて受け得る知識であれば何なりと自分の趣味嗜好の赴く所に從つて善からう。要するに自分が英語を學んだ爲に是だけの利益を受け、是だけの趣味を滿足せしめ得たことを自分も感じ、他も自ら之を認めるに至れば善いのである。八卦見の身上知らずと同樣に、單に英語の利益や必要を鼓吹するだけで、自分は反つて何等の利益も之から受けて居ないとしたら、誠に慚愧すべきではなからうか。英語を知つて、是を以て單に衣食の資とするかの如き生活に安んずる者は、教育者は愚か一文化人としての資格をも缺いてゐると云ふべきであらう。外國語の教師は外國語を教へる前に、先づ自ら之を己が知的生活の一大方便として常に之を研究し利用すべきである。

次に外國語の教師としては、その教授する外國語に熟達して居るべきである。殊に、その知識の精確なる事が必要である。中等學校の教師として知識の該博なる事は勿論望ましくはあるが、必ずしも之を需むべきではない。併し各自が既に修め得た程度、教へねばならぬ程度の知識は、精確堅固で、且應用自在でなければならぬ。一旦誤まれる知識を學生に注入して若し、彼等が永久に之を腦裏に刻み込んでしまふ樣な事があつては、教師として誠に申譯のない事である。教師は言語そのものの知識のほかに、所謂風物の知識を有する事も必要である。その言語を話す國民の人情、習慣、地理、歴史等に關する知識に乏しき時は、外國語教授は、徒らに言語文章の法則關係にのみ囚はれて活きた材料なき乾燥無味のものとなる怖れがある。且つ外國語の修養的價値は、その言語の外形に通ずると共に其内容たる風土、人情、習慣を知るにありとすれば、外國語教師にとつてその國の風物に關する知識の如何に必要であるかは言を俟たないと思ふ。更にまた教師たる者は、發音學、言語學の知識をも一通り備へてゐなければならない。外國語教師は、その外國語の音韻組織を一通り辨へ、一般の發音學的知識を、其國語を土臺として調べて置くべきである。學生に正しい發音を授けるに當つて、自らが正しい發音をなし得るだけでは、生理に關する知識を缺いた體操教師の如くで、滿足な結果は得られないであらう。同樣に言語學の一般に涉り、言語の性質、分布、變遷の狀態等に就いてもその大體に通じてゐなければならない。

普通に英語を知つてゐれば誰でも英語の教師になれるものといつた世間一般の考へは、この頃修正されつゝはあるが、外國語教授の能率を擧げる上には、更により以上に徹底して、この謬見を取り去らねばならぬ。そしてその爲には、外國語教師たる者、外國語教師たらんとする者は、敍上の如き各方面の修養を不斷に積み重ねて行かねばならない。斯くする事に依つて、世界一般の外國語教師に對する尊敬の念が次第に湧き上つて來るであらうし、漸次に高められても來るであらう。そして尊敬せられぬ教師がその生徒に對して、善い意味の教育的效果を與へ得ぬ事は云はずとも明かな事である。

三　外國語教授上の工夫

外國語教師は先づ第一に人であらねばならぬ。人として懷しまれ人として敬まはれること、それがやがてまた教師として生徒に敬愛せられる所以にもなる。教授の能率をあげる原動力ともなるのである。生徒の心理を理解し、生徒を包容しうる大きさが、その教師にない限り、よい教育は行はれない。從つて人としてのその方面の修養があくまで、教師にとつて第一義的に重要ではあるが、その方面の修養を心掛ける人は、必ず生徒の爲にその教ふる學科を如何にして最も有效に最も經濟的に與へうるかを考へるに違ひない。さうして考へ出され、工夫された方法こそ眞に活きた教授法である。吾々はその本末を誤まらない限り、如何に細心に、如何に包括的に教授法そのものを研究し、實行しても、それが所謂技巧的教授法に墮する心配はない。

教授法の研究に於ても、一般の修養の道に於ける如くに、先人や同輩の工夫研究のあとを調べその長を採る事は、自己の方法を豐富にし、有效にする意味に於て大に肝要である。

孰れの國孰れの時代に於ても、不自由な環境の許に外國語を學ばうとする場合、先づ誰にも思ひつく方法は飜譯に依る學び方である。自學自習に依つて外國語を學ばん爲には、視覺に訴へる飜譯法に依る事が最も自然な順序である。かうしてこの飜譯に依る外國語學習はいづれの國に於ても盛に行はれるに至つた。外國語教授が同胞のその外國語に比較的熟達した一人の教師に依つて行はれる場合、この飜譯教授は生徒にとつても教師にとつても手取り早い簡便な方法である。そこでこの方法に依る教授法には色々な缺點があつたにも拘らず、そして外國人に就いてその外國語を直接に習つた者がその外國語に遙かに自由に熟達する事實が時々あつたにも拘らず、外國語教授はいづれの國に於ても、專ら飜譯に依る事を正當とされて來た。そして飜譯教授法に關する限りに於ては、色々の工夫も講ぜられ、その方法自身或程度の進歩を見たことは云ふまでもない。

然るに、文化の進展と共に各國間の交通も開け、他國人との接觸の機會が頻繁になるにつれて、飜譯教授の長年の訓陶を受けた者が、如何に耳を通しての外國語の訓練に缺けてゐたか、更にその外國語發表力が如何に無力に近いまで乏しいかを痛切に感ずる樣になつた。そこで從來の飜譯教授法に對して危惧の念を懷き始めたのである。たまたま言語學、音聲學の發達は心理學の發達と相俟つて、茲に新しい教授法が生み出されるに至つた。そして在來の飜譯萬能の教授法を排して、外國語を外國語その儘に授けよう、赤子が母國語を習得する際の自然味を、外國語教授に應用しようといふ運動が起り始めたのである。この外國語教授改革運動は先づ言語學者に依つて唱道され、最初ドイツに改革の聲があげられた。ついでスカンヂナヴィア、ノールウェイ、スウェーデン等にも改革運動起り、時を同じうしてイギリスに於ても、言語學者、ヘンリー・スキート、ヂョン・ストーム等はその著書に飜譯教授反對の意見を發表してゐる。かうしてこの運動は實際教授に當る人々の熱心な支持を得て、益〻勢を得、新教授法は追々歐米各地の諸學校に於て行はれるに至り、革新の聲始めて擧つて數十年の今日漸く在來の飜譯教授に依る外國語教授を相當の學校からは殆ど驅逐する事が出來る樣になつたのである。

この新教授法に就いては、明治二十六年『教育時論』に「外國語教授新論」を載せて我國に始めて紹介した事がある。かくてこの新教授法は歐米諸國の樣々な人々に依つて、樣々に主張され、理論づけられ、實行せられつゝあつたが、要するにその主眼とする所は飜譯教授に依つて生ずる弊害を矯めんとするにある。從來の主として視覺に訴へた教授法に代へるに、少くともその初歩に於ては聽覺に訴へる教授法を以てして、言語習得の自然の理を大に尊重せんとするのである。所謂ナテュラル・メソッド、ディレクト・メソッド、オーラル・メソッド等皆飜譯教授の反動として起つたこの新教授法の名稱である。自然の行動とその行動を發表する言語とを相伴はせて、飜譯に依らず、直接に外國語の表現形式になじませることを主眼とした佛國のグアン (Gouin) の方法、即ちグアン・メソッドも、實物提示、觀念聯想を利用して、外國語を直接に、その教へんとする外國語のみに依つて授けんとするベルリッツ・メソッドも、夫々にこの所謂新教授法の一形式であつた。大正十一年以來我國にあつて、新教授法を喧傳してゐるパーマー (H. E. Palmer) の方法も、從來色々な形をとつて現はれた新教授法を取捨しそれに一脈の氏の工夫を通ぜしめたものである。

今後我國にあつて我國情に最も合致した、而してまた、その教へんとする生徒にも教師自身にも最もよく適合した外國語教授を行はん爲には、獨創的な教授法を各自が工夫し實行すべきであることは云ふまでもない。併しながらそれは偏窟な獨りよがりの獨創であつてはならない。先人等が苦心のあとを一通り調べて、然る後その上に建てられた獨創でなければ、學問それ自身の場合と同樣、そこに著しい進步は望まれないであらう。

四　外國語教授を始むる時期

明治四十四年公けにした『英語教育』中に於て、私はこの問題を論議して、我國に於ては中等學校の第一學年より始むるを適當とする結論に到達した。心理學者の中には、單語短句の印象混和と印象把持を實驗して、外國語を學び始むるに最も有效な年齡を滿六歲と斷定した人もあるが、實際上の問題として、又我國の現狀に照らして、私は小學校から之を始むる事には、特殊の場合を除き一般的には不賛成である。特殊の場合と云つたのは、たとへば、かの和蘭や白耳義の如き事情にある國の場合であつて、大國の間に介在し、而もその國語は隣邦には殆ど不通である上、他國との商業を以て國を立ててゐる如き邦家に於て始めて唱ふべき論である。勿論我國にあつても、外國語を母國語の如く自在に驅使する必要ある職業に就く者の爲に、實驗的にある特定の學校を設ける事は強ち無益な企てではなからう。但しこの場合には、どの程度までその外國語を母國語に代らしむるかが問題で、それに依つて、また樣々な結果が生ずるであらう。言葉は使用しなければ忘れるものである。アメリカで育つた日本の少年が中途日本へ歸り、日本の小學校に編入されて、中學へ入り、中學を卒業する頃には、發音、調子等の自然さに於て他の生徒等に數等優れてはゐるにしても、英語を話す能力に於ては、アメリカにゐた當時より遙かに退歩してゐる事例は往々吾々の見聞する所である。甚しきに到つては小學校を卒へる頃には大半英語を忘れてしまふ者も往々ある。かくて外國語學習の能率を徹底的に擧げうる爲には、之に相當の時間を割愛する事は勿論、絶えず之が使用の機會を持たしめねばならない。猶母國語の完全なる陶冶の未だ成らない柔軟な兒童に、假りに母國語以上に、或は母國語と並行して外國語を攝取せしめる時は、必竟その兒童は、外國語に依つて大に得るところはあつても、母國語のあるものを失ふ事になるであらう。そこで、あくまで母國語を主として、外國語を從として之を授けるとしたら、或は母國語の與へる確實な陶冶を損傷する憂ひは比較的少いかも知れない。しかしその場合はそれだけ外國語は母國語の背景にひそんでしまつて、その教授は徹底しない事になるであらう。且つまた日本の國民として共通に必要な現在の小學校各教科目の與へる教養知識は、外國語に使用する時間に或程度比例して失はれる事になるであらう。從つてかうした特殊な目的に依つて外國語を授ける場合でも、教科目の編成、教授時間の按配等に關しては愼重な考慮調査を要するのである。況んや一般的に小學校より外國語教授を始めるとしたら猶更である。但し漢字制限、國字改良等の諸問題が解決して、母國語の確實な陶冶が促進されるならば、その時は外國語學習の時期も自然早められて差支へない事になる。

外國語教授は之を早く始める程有效であると說を爲す者もあるが、それは生徒の母國語がその修得する外國語に依つて亂されない限りに於て早ければ早い程よい、といふ意味に修正せらるべきである。言語學者のブルームフィールドは十歲から十二歲の間を然るべき時期と云つてゐるが、我國にあつては、目下のところ矢張り、中等學校第一學年より始める事が最も妥當である。何故ならば、中學生になつたといふ意識は、生徒の學課に對する態度に可成な變化を與へる。この機を利用して、外國語を授ける事は、小學校在學中のいづれの時機に始めるよりも、その教授能率のあがる事は、我國に於ても屢〻實證せられたところである。

各論

一　言語習得の課程

凡そ吾々が言語を習得し、之を實地に運用する爲には、大別して四つの課程を考へることが出來る。

一　聽取　或こゝろを發音といふ外形に含めたものの理解、卽ち言語を耳に聽いてその中に含まれてゐる意味を思ひ浮べること。

偖てこの聽取の課程を滯りなく踏む爲には、吾々は、度々繰り返してその言葉を耳に聽かなければならない。耳を通してその具體的音聲を度々聽いてゐるうちに、聽覺神經の刺激によつて、吾々の腦に音聲心象が形成される。そしてそれはやがて意味と結びついて吾々の腦裡に殘る。かうした音聲心象が次第に數多く蓄積されて、吾々の聽取能力の範圍が擴まるのである。卽ち他人の言葉を聞いた場合、吾々は吾々の持つてゐるその言葉の音聲心象に照らして之を知覺し、その音聲に含まれてゐる意味を思ひ浮べるのである。

二　解釋　ある意味が文字といふ符號を假りて、文章として書き表はされた時には、自分の持つてゐる文字心象とその文字心象とを結びつけて持つてゐる自分の音聲心象を思ひ浮べて、同時にその意味を判ずる、それが所謂解釋である。この場合、自らの持つてゐる音聲心象を思ひ浮べる事なしに、直接その文章の意味を解することは出來ない。卽ち聲を出さずに本を讀む場合、吾々の發音器官の各筋肉は必ずしも動かないが、吾々は吾々の腦の言語中樞に通じてゐる神經から、之を發音する時と同じ手順のある刺激を絕えず受けてゐる。從つて文字を眼で見てゐるだけでは、その中に含まれてゐる意味は解せられないことになる。

三　音聲に依る意味の發表　あるこゝろを發表しようとする時には、自己の持つてゐる言語心象の中から、そのこころを表はすものを思ひ浮べ、その中の音聲心象に依つて發音運動を行ひ、そのこゝろを發表する。その爲には、吾吾の音聲心象は極めて明確でなければならない。そして吾々の音聲心象は、度々その同じ言葉を聽く事に依つて、また度々自ら發音することに依つて益〻明瞭に印せられ、その練習の結果、吾々は遂に反射的に、少しの躊躇なく、欲するがまゝに、その言葉を發し得る様になる。その域まで達しなければ、完全にその言葉を覺えたことにはならない。

四　文字に依る意味の發表　あるこゝろを發表しようとする際、自己の持つてゐる言語心象の中から、そのこゝろを表はすものを思ひ浮べ、その音聲心象を文字心象に飜譯しつゝ文を綴るのである。

以上の四つの課程を合理的な順序に從つて、適當の比例を保ち、適當の分量だけ授けること、それが言語の教授であり、また外國語の教授である。

二　英語教授の初歩

外國語教授の初歩のある期間は、發音練習に之を當てねばならぬ。卽ち簡易なる單語、又は文句を材料とし、その英語發音中の特に必要な部分を取り、樣々に練習を積ましめ、發音器官の運用に熟せしむべきである。その際には、先づ度々繰り返して英語を發音して聞かせて、生徒の耳に音聲心象が印せられた時、そして生徒自身、その耳に聽いた言葉を口まねしたい欲求を感じた時、それを口に出して發音させる。日本語とは音韻組織の異つた英語のことであるから、根氣よく正しい發音を聞かせない限り、生徒は日本語の音の牽引力を受けて不完全不精確な音聲心象を持つ憂ひがある。是と同時に、一方に於て、彼我思想構成の差異、風俗人情の相違など語り聞かせるなり、その他生徒既知の英語の單語を尋ねるなり、それの正しい發音を教へるなりして、英語學習に對する生徒の興味を呼び覺ますことは勿論必要である。

發音練習には、無意義の單なる音を練習資料にしないで、獨立の意味のある單語に據るべきは勿論であるが、進んでは give me, lend me, good morning, good-bye の如き簡單なる語句、文章、或は短かき諺などを用ゐるも好からう。

かくて發音機關の運用が幾分熟した所で、初めて讀本の第一課に移るべきである。讀本に入つても、いきなり本を開いて讀ませる遣り方は面白くない。先づ讀本中の材料に依つて十分口頭の練習を積み、然る後文字の讀み方に入るべきである。初步にありては、言はせる前に先づ聽かせ、云ひ得る樣になつてから文字、文章を讀ませて、文字と音聲心象とを十分結びつかせ、然る後書き方、綴り方の練習に移るべきである。

發音練習、口頭練習の期間は、實驗を基礎として種々の說がある。我國中等學校の現狀に於ては、一ケ月乃至三ケ月が適當であらう。但しこの場合種々の事情を考慮に入れて適宜の伸縮を必要とする。小學校以來視覺を通しての學習に慣れてゐる中學生には、口頭練習の期間が餘りに長びく時には、一種の不安、焦躁を感ぜしめるかも知れない。その場合、發音練習の傍ら徐々に音標文字を授け、適當な期間の後に音標文字に依るテキストを用ひて、それに依つて、口頭練習の據り所を與へるのも一案である。この所謂フォネティク・テキストを使用せしむる時は、事情の許す限り、普通文字で書いてある讀本に入る時期を遲らせて差支へない。

イェスペルセン (O. Jespersen) は、外國語初步の教授に四通りの方法が考へられる、と云ふ。その一は教師が全然書き物を生徒に與へず、專ら口頭に依る教授法を行ふこと、その二は、いきなり讀本に入つて教へること、その三は、讀本を開いて普通の文字を教へると、同時に音標文字をも教へること、その四は、音標文字の書き物を與へて教へること。その一に就いては、大勢の生徒を扱ふ場合、書き物を用ふる教授に移る豫備として二ケ月以上この方法に依る事には贊成出來ない、といふ。つまり生徒の英語學習に據所がない爲、教師の側にも生徒の側にもある不安が伴ひ、生徒に復習の機會を與へ得ない爲、英語學習の能率が擧がらぬことになるからであらう。その二に對しては、彼は全然不贊成である。外國語學習自然の理に反するからである。また發音上の困難と綴り上の困難とを同時に課することは徒らに英語の難しさを生徒に感ぜしめて、英語學習に對する興味を涸渇せしめる憂ひも生ずるであらうから。その三に對しては、生徒が兩者の文字符號間に綴りの混同を來すを理由に矢張り彼は贊成しない。そして最後のその四の方法を、彼は彼の實驗に證して推奬してゐる。その實驗に依れば、彼は二年間一週二時間づゝ、一級に英語を教へた際、最初の一年間は專ら音標文字のテキストを使用して何等後悔するところがなかつた、といふ。フランス語を教へた際も一年以上音標文字に據る教授を續けて見た。そして出來得る限り長期に亙つて音標文字に據る教授を續けるべきである、といふ結論に到達した、といふ。彼の實驗に依れば、一ケ年半音標文字に依り、後の半ケ年に同じ材料について普通の文字の綴り方を示し、練習した方が、半ケ年音標文字に據り、後の一ケ年半普通の文字について英語を授けるより遙かに生徒の學力を進歩せしめ得た、とのことである。

音標文字に據つて英語を教授する際も、常に口頭練習を先きにし、英語が反射的に生徒の口から出るまで十分發音の練習を積ませる事の必要は云ふまでもない。音標文字より普通の綴りに移る際には、既習の材料中の簡單な、統一ある拔粹に依つて始める事が適當である。

右は參考までに述べたのであつて、必ずこのイェスペルセンの方法が最上である、といふのではない。最上の方法は、結局吾々各〻の立場にあつて、吾々自身の工夫に俟つべきである。そして要は、初歩にあつては口頭練習を先きにし、その練習を十分に積むべきことであつて、その細い工夫手順に至つては、各自の裁量に俟つより他はない。

三　讀本敎授

從來の讀本敎授は殆ど譯讀敎授といつた觀がある。新敎授法がその反動として起つたことは前にも述べた。或主張者の如く、英語敎授から全然母國語を驅逐せよ、とか、飜譯を驅逐せよ、とか云つても、邦人敎師にとつては、それは無理な要求であり、正しからざる要求である。飜譯、譯讀に偏する敎授法に色々な弊害の伴ふことは事實である。併し、英語敎授にこの飜譯の役立つ場合も大にある。それが必要缺くべからざる手段である事も屢〻あるのである。日本の生徒に英語を敎授する際、敎育的見地から見て、當然邦人敎師が之に當るべきは論を俟たぬ。その意味に於て、吾々英語敎師たるものは、十分の自信を以て、冷靜に自己の立場を省みて、極端な新說に惑はされることなく、また固陋狹隘な見地に終始することなく、以て我國の英語敎授を知的にも訓育的にも最上の效果あらしむべく努力すべきである。

偖てかうした寛容な立場から從來の飜譯敎授を正視すれば、そこに自ら四つの效用を認めることが出來る。その一は、英語の單語なり、文章なりの意味を、簡便に生徒に知らしめることが出來る。その二は、授けられた或は與へられた英語、英文の意味を、生徒が理解してゐるか否かを、之に依つて簡便に試みることが出來る。その三は、邦語、邦文を英語に飜譯させることに依つて、口頭或は筆記に依る英語發表の練習を積ましめる事が出來る。その四は、英譯させることに依つて生徒の發表力を、或は生徒の文法上の知識を試みることが出來る。

併しながら敍上の四つの目的を達するのに、所謂飜譯が唯一の方法でないことを吾々は知らねばならぬ。そしてまた簡便な方法が必ずしも常に最上の方法であるとは限らぬことを知らねばならない。卽ち、叙上の目的を達する方法として他に色々手段がある。そしてそれらの手段は時に、飜譯に依るよりは、生徒を英語に熟達せしめる上に、遙かに勝つてゐる場合もある。その時は吾々はその手段に依るべきである。たとへば、直接事物を觀察させることに依つて、或は繪畫に依り、行動に依り、直接に英語の意味を聯想せしむる方法もある。生徒の既知の英語の知識を利用して、生徒の類推力を働かせて、飜譯に依らず、英語の語句、文章の意味を正しく判斷理解せしめうる場合もある。また必ずしも和文英譯に依らずとも、發表の練習を積ませることも、或は發表力を試みることも出來るであらう。新教授法主張者等の工夫を參照して、問答の種類を組織的に調べ、それを應用して、適宜授業を進める道もあらう。殊に初歩に於ては、英語を通しての耳の訓練が極めて重要である。さういふ際には教室に於ては出來得る限り教師は英語を使用し、生徒にも英語を使用させる必要がある。その點に考慮を拂はなかつたのが從來の飜譯教授の通弊であつたのである。從つてその弊を救ふ爲には、讀本を開く前に新教材の內容を生徒に英語で話して聞かせることもいゝであらうし、殊に初歩に於ては、新教材の內容は書物に入る前に、耳を通して十分意味も了解し、自在に云へる樣に發表の練習をさせることが大切である。猶前日課した教材について問答等に依つて復習的に、了解發表二方面の練習を絕えず積ませることも必要であらう。

上級に進むにつれて下級に於ける程、口頭練習を行ふことは、色々の點に於て困難を感ずるであらう。上級に進むにつれて益々讀書材料も殖え、構文も複雜化してくる。併し、下級に於て絕えず行つて來た口頭練習を突然中止してしまつたり、急にその分量を減らしたりすることはよくない。その口頭練習に下級に於ける程時間をさくことは出來なくなる。併し時間の始めに、之から授ける教材を幾分手心を加へて話して聞かせるなり、讀んで聞かせるなりする事は、さ程の難事でもない筈である。猶下級よりその習慣をつけておけば、前日の教材について復習的に簡單な問答を行ふ事も不可能ではない。さうする事に依つて生徒の聽取能力を持續伸展させて行かなければならぬ。度々英語を聞いてゐれば、生徒は必要に迫られた場合、さ程苦心しないでも英語が話せる樣になるであらう。そして生徒の英語を話す能力は、生徒の英作文の基礎をなすに至つて、始めて生徒は、その習得した平易な英語について完全な發表力を養成し得たことになるのである。

讀本教授といふと解釋教授に限る樣に誤解され勝であるが、決してさうではない。讀本教授は英語全體の教授でなければならない。讀本に就いてその意味を了解させる傍ら、絶えず發表の練習を積み、文法上の知識をも折を見て授け、文の解釋を明確ならしめ、一面には正しい英語を話し、正しい英語を書き綴る上の一助ともすべきである。

偖て解釋の際、第一に注意すべき要件は、文章（口語又は文語での文章）全體の意味を主とし、その文を組成してゐる單語の箇々の意義に拘泥せぬ樣心掛けさすべきことである。是は一見尋常一樣の事に見えるが、往々思ひ違ひもあつて、實際上、しかく容易の業ではない。

發音の上から英語を考へて見ると、文章の成分たる各單語には、それぞれ特別の發音があつて、試みに之を辭書に就いて檢すれば、種々な符號を以て、一々發音が示してある。併しながらさうした單語の箇々の發音を文章中に組み込まれてゐる一々の單語に、その儘充て嵌めて、悉く同一の價値のあるものと考へて發音したならば、よし單語箇々の發音には誤謬がないにしても、與へられた文章の中の單語の發音として、正しくない場合も多く生じる。蓋し辭書中に單語を掲げる際には、我國の弖爾乎波に似た輕小辭 (particles) 以外は普通孰れの單語にも皆同等の資格を與へ、言はゞ一人前の單語として排列し、其間何等の輕重の差別を置かぬのである。輕小辭にした處で、輕重の兩形が唯示してあるだけ故、普通の場合では、冠詞の a, the も前置詞も、接續詞の of, that も house や see, go の如き然るべき名詞や動詞も、凡て一様無差別に取扱はれてゐる。たとへば、戸籍面では、生れたばかりの貧民の子も、然るべき地位の老紳士も、國民の一要素たる點に於て、同等に取扱はれてゐるのと同様である。併しながら、その人々が一旦實社會に立つ時は、主從、貴賤、老若男女等雜多な階級を生じ、上層に位して萬人の尊敬を受ける者もあれば、下層に沈淪して有るか無きかの果敢ない境遇に彷つてゐる者もある。是と同じく辭書では、平等に扱はれてゐる單語も、一度文章を組成する曉には、その文章の趣意に依つて、或單語は甚だ重き地位を占め、或單語は比較的輕き地位に立つこととなり、重く用ひられてゐる單語は重く發音せられ、輕く使はれてゐる單語は輕く發音せられるのである。この際、若しその反對に、單語の文章中の位置如何に拘らず、平等に發音したならば、輕重主客その他の相互關係全く亂れて、文章としての正しき發音は、到底爲し得ざることとなる。

思ふに、讀み方にも解釋にも、一文章ごとに、必ずその意義の焦點とも稱すべき箇所がある。尤も、寫眞師が人物を撮影するに當つて、焦點を何處にでも任意に定め得るが如く、文章の場合も、その焦點は、孰れの部分にも定めうる。たとへば I bought three books yesterday. と云ふ一文章に就いて考へて見るのに、此文章を構成してゐる五語中、孰れの語にも焦點を置くことが出來る。併し、その焦點の定め方に依つて、多少づゝ全文の意味が變つて來る。卽ち、冒頭の I の語に焦點を置くと、「昨日三冊の本を買つたのは、餘人ならず、私である。」といふ意になり、bought

に焦點を置けば、「昨日自分は三冊の本を借りたでも無く、貰つたでもなく、正しく買つたのである。」となり、three に焦點を置けば、「昨日自分が買つた本の數は三冊であつて、三冊以下でも、四冊以上でもない。」となり、books に焦點を置けば、「自分は昨日書物を三冊買つたのである。」といつて、他の品物でないことを明言することになり、最後の yesterday に焦點を置けば、「私が三冊本を買つたのは、昨日であつた。」と時日を明瞭にしたことになる。

話を聞く場合には、話し手の英語が正しければ、自然その强弱、抑揚、調子等も自然である故、聽手の耳の訓練がよく出來てゐれば、その焦點を取り違へることもないであらう。文章を讀むに當つては、意味の關係上、重要な箇所に焦點を置くのが常である故に、大抵の場合、全體の意味から、或はその前後の關係から判斷して、その焦點の所在を判定すべきである。猶話し方の場合には話し手の言葉の抑揚、調子等はその意味の上に影響差違を生ずる故に、教師たる者は、一面に於ては、たとへばアームストロング、ウォード (Armstrong, Ward) 共著の "Handbook of English Intonation" と云つた樣な書物に依つて、或は蓄音器を利用するなりして、その大體に通じて置く必要がある。

かく文の大意を捉へ、その焦點の所在を明かにする事は、必要であるが、その文を構成する一々の單語の意義を粗略にしてよい、といふのでは決してない。文全體から見て、夫々の單語が夫々に、その文の中に於て如何なる意味を持ち、如何なる働きをするかを、明確に知る事、その爲には、敍上の用意が必要である、といふことにもなる。そして各單語の意義に通じてゐなければ、文の大意を捕捉することも、焦點の所在を判定することも出來ない。要は、單語をば文を組成してゐる一分子として見ること、兩者は密接不可分の關係にあることを辨へて、その判斷を誤らず、生徒にも誤まらしめぬ樣心掛けることが大切なのである。

かうした單語の働き、その相互間の連絡、更にはそれらが構成してゐる文章とその各分子をなすそれらの單語との相關關係等を明かに知る爲には、文法の知識が必要になつて來る。從つて讀本教授に於ては、傍ら文法の知識を授けて行く必要が生ずる譯である。

併しかうした分解的な作業は常に、大意を摑み、文全體に習熟して後に始むべきで、初學年のうちから、分解的に、單語と單語を切り離して授ける事は好ましくない。先づ全體に通じてから複雜な分解作業に移る、といふ事は、英語教授に於ても、吾々の守るべき原則である。勿論、一年生にも、一年生並みに或程度の分解作業は必要であらう。二年生は二年生並みに、三年生は三年生並みに、かくて五年生に至つては比較的複雜細微な分解作業に從事しうる樣になるであらう。併しこの五年生の場合に於ても、全體より部分に入る、といふ原則は守られねばならぬ。

讀本教授に於て、從來ともすると看過され勝ちであつた音讀は、一時間の授業の仕上げをなすものであつて、讀本教授に於ては特に重んぜらるべきである。授けるべき一時間の授業は、最後に生徒が與へられたるテキストを流暢に比較的精確に音讀し得て、しかも讀みながら、そのテキストの意味を把握し得るに至つて、始めて、完全に終了したことになるのである。その爲には再三再四一級全體の生徒に齊唱等に依つて、音讀練習を課する必要がある。かくして直讀直解の習慣を固めない限り、正しい意味の英語の進步は期せられない。

テキストについて丹念に精讀正解の基礎を作り、特に初步に於ては、了解の方面と發表の方面が平行して進むまでに、發表の練習を積ませることが必要であるが、同時に、精讀に用ふるテキストよりは一段と平易な興味を主とするテキストを與へて、是に依り、速讀の習慣を與へ、直讀直解の風を養ひ、ひいては英語に對する興味を懷かしむるこれては來たが、今後益〻この方面の訓練を奬勵すべきである。

とは、極めて肝要である。この速讀はまた一面に於て、生徒の作文の力をも間接に助けるであらう。從來も多少行は

四　作文教授

英語學習の初歩にあつては、聽いて了解する方面、見て了解する方面、話して對手に思想を傳達する方面、書いて對手に思想を傳達する方面、換言すれば、聽方、讀方、話方、書方の四方面は、成るべく偏頗なく相併行する樣に、その夫々の方面の十分な練習を積まねばならぬ。かくて修得せられた比較的全體的な英語の知識が、その後の英語學習の根柢となるのである。母國語に就いても、了解力と發表力との間には、普通距りがある。理想的に云へばこの了解、發表兩能力の距りが、母國語と略〻同じ程度を保つてゐるべきである。英語を聽く機會が少ければ、英語を耳に聽いて了解する力も弱く、同時に口に發表する力も弱くなる。英語を口に發表する機會が少ければ、英語を口に發表する力は無論弱くなる。英語を口に發表する力を養ふ爲には、なるべく屢〻英語を聽かなければならぬし、なるべく屢〻英語を口に發表しなければならない。讀書、作文についても、之と同じ相關關係を認めることが出來る。猶外國語學習に際しては、口頭練習は、讀書、作文の基礎をなす。そのことは母國語に就いて考へて見ても容易に點頭きうるであらう。英國に遊んだ場合、內地にある時よりは、容易に英語を話し得、新聞など遙かに早い速度で讀み得る氣が誰にもするのは、絕えず英語の話される雰圍氣にあつて、英語を話す機會も多い爲である。英語を容易に話しうることは、英語を容易に綴りうることにもなる。從つて初年級にあつては、その期間の作文の仕事の重なるものは口頭

練習（卽ち英語での問答等）であつて、次に書物を開いて十分讀み方の練習をし、更に文字の綴り方を習へば、その事は、自然作文の練習を積みつゝあることになる。

和文英譯は作文の力養成の一方便に過ぎない。今日中等學校卒業生が英語の聽方、話方の方面に大に缺けてゐることは兎も角、その作文の力が極めて弱いことは、生徒の英語發表力養成の一方便たるこの和文英譯强調に一因がある。元來嚴格な意味での飜譯は一種の特殊技能であつて、之を巧みに行ひうる者は、兩國語夫々の表現法に習熟してゐる上に更に特殊の修練を積まねばならぬ。和文英譯を立派に行ひうる爲には母國語の表現形式に通じてゐることは勿論、更に英語の表現形式にも精通してゐなければならない筈である。從つて我中等學校の生徒なり、卒業生なりに、特殊技能としての和文英譯を要求するのは無理なことである。和文英譯を課する場合には原文の大意を平易な英語で云ひ表はし得ればそれで十分とせねばならぬ。原文の大意を平易な英語で云ひ表はし、書き綴る爲には、平易な英語に習熟してゐなければならぬ。初步の英語敎授の際努めて了解、發表の二方面、換言すれば、聽方、讀方、話方、書方の四方面を、相倂行して進ませる樣に、各方面を萬遍なく十分に練習せしめる必要のある所以である。

邦語と英語とではその思想發表の形式が非常に違つてゐる。從つて邦語を與へて、之を英譯させるに當つては、英語の表現形式に習熟してゐない生徒は、自然、邦語の表現形式にひかされて、邦語の場合の思想發表の順序に從つて、英語の單語を並べる傾向がある。それを救ふ爲には、與へられたる和文を、敎師が、適宜その邦文の語句、構造を、原意を失はぬ程度に改めて、それに依つて生徒がその旣習の英語の語句なり、言ひ方なりを容易に思ひ出し得る樣に、工夫すべきである。そして一々の語句なり、言ひ方なりを口頭で發表させて後、始めて全文を文字に綴らせることをしたなら、和文英譯に於て生徒が奇怪なる答案を書くことを次第に防ぎ得るであらう。

和文英譯以外にも、英作文の力養成の手段は色々ある。英語にて簡單な話を聞かせて、その大意を英文に綴らせることも一案であるし、旣に授けた教材を利用して、たとへば幾つかの問の答を書かせたり、單語なり、熟語なりを與へて置いて、それらを組合せて文を作らせたり、簡單に感想を綴らせたり、樣々な方法があらう。讀本と作文との間に常に聯絡を保つことは極めて大切である。上級に進んでは、日誌を英語で綴らせることも出來ようし、簡單な手紙を英文で書かせる事、課題を與へて自由作文を試みさせること等も出來るであらう。但し作文教授に當つても讀本教授の場合と同樣、生徒の能力相當のことを要求すべきであつて、生徒の能力を考へず、いきなり自由作文を要求したり、和文英譯を課したりする事は、只生徒を苦しめるばかりで教授の効果は擧がらないであらう。

五　文法教授

人が聲音を假りて思想を發表するに當り、思想の內容の變化に伴ひ、發音の上に變化を生ずることがある。斯く變化を惹起する時、その變化を規定する法則を文法といふのである。換言すれば、聲音を假りて思想を發表する手續の上に宿る法則が、卽ち文法である。“We love flowers.”「吾等は花を愛す。」上の二文に就いて、思想の內容は全く同一であつても、其思想を表はす聲音の組合せは異つてゐる。邦語では「花」といふ內容に對する語が第二位に置かれてゐるけれども、英語では第三位に現はれ、「愛す」と云ふ動作を表はす語は、邦語では最後にあり、英語では第二位に置かれてゐる。尙、獨語佛語などでは、主要な觀念を表はす語の位置は、英語と略〻同一であるが、而かも上述の意味は、Wir lieben die Blumen. Nous aimons des fleurs. と云ひ表はし、冠詞の有無、及び一人稱の單複數によつて動詞の語尾の變化する狀態が、英語とは頗る趣を異にしてゐる。この樣に、同一の思想を發表するのに、形式の上に種々の語尾や活用を用ゐるのが卽ちその國の文法を組織するのである。同一の國語でも、單數の man が複數では、men となる樣に、意味の變化に從ひ、外形卽ち發音の上に變化の起るのが、文法上に取扱はるべき事實である。此點から云へば、英語の put, cut は現在でも過去でも同一の外形卽ち同一の發音を有し、意味の變化の如何に拘らず、外形上の變化を起さないから、嚴密に云へば、この種のものは、文法で之を論ずる必要がない譯である。併しそれが三人稱單數現在の時は、puts, cuts となり、發音上明かに變化を起すから、そのことは文法上の一事實として加へられねばならぬ。又 I like dogs. と云ふ文に於て、特に I に强勢を置く場合は、發音上に變つた形を現はすから、文法上又特別の說明を與へなければならない。かう考へて來ると、從來の所謂文法なるものは、嚴正な意味に於ては、大に革められねばならぬことになる。何故ならば從來の文法には、その實文法に關係ない事柄が含まれて居り、反對にまた文法上の事實であるにも拘らず之に觸れてゐないからである。

それは兎に角、現在中等學校に行はれてゐる文法書の中に、所謂品詞論を第一に、且つ最も詳細に說き、所謂文章論は最後に且つ甚だ麁略に取扱つてゐるものを往々見受けるが、之は是非とも改められねばならぬ。生徒が英語を學び始めるに當つて、先づ知らねばならぬ大切な事柄は、文章の要素である單語の活用變化等よりは、寧ろ單語の位置の觀念である。之が了解せられ、單語の相互の關係が明瞭になつた上で、始めて品詞の性質を知るのが自然の順序である。故に文法を說くには、文章論を先にし、その大要に通じてから、徐々に品詞論に入るといふ進み方を取るべきである。是は勿論、文章論の精細な事項まで說き盡さなければ、品詞論に移つては不可であるといふ意味では決してない。文法敎授に於ても讀本敎授に於ける如く、先づ大體に通じて、然る後詳細な事項の說明に入ることを原則とすべきである。

文法事實は、外國語敎授の初步から、適宜授くべきである。併し常に事例を習得せしめて後に、それらの事例より して法則を歸納せしめる樣に仕向けねばならぬ。かくて生徒の英語の知識及びその知識運用の能力が進むにつれて漸次、その生徒の習得した知識に必要な文の法則を授け、文法書を使用する前には、一通り文の法則の一般に通ぜしめて置くべきである。

文法は、普通敎育にあつては、解釋の補助として、また作文の補助として之を授くべきであつて、一卷乃至二卷の文法書を三年頃より、特別の時間を設けて、第一頁より順次に之を授けて行くといつた方法は策の得たものではない。勿論文法は、思考力の精確を圖り、注意力を發達せしめ、類推の力を養ふ等、外國語の所謂修養的方面に與つて大に力はあるが、それはむしろ、讀本敎授の際、讀本中の敎材を利用して果さしむべきであつて、文法書はむしろなるべく簡單なものを、或はその讀本と同じ材料を本にして編まれたものを、生徒の參考書として持たせ、讀本敎授の際、絕えず之を利用させる、といつた方が遙に效果があるであらう。

六　我國に於ける英語敎授の將來

敍上各項目に亙つて、合理的と考へられる英語敎授方法の大體を述べたが、今日猶吾々に殘された重大な問題は、中等學校に於て授くべき英語の内容を如何に配列し、如何に限定するかである。先づその第一步として、中等學校に於て是非とも授くべき英語の語彙を如何に定むべきかが解決されなければならない。換言すれば、中等學校五ヶ年間に、生徒は少くとも是だけは知らねばならぬといふ英語の語彙を定めねばならない。

この點に氣がついて近頃、語彙調査必要の聲が次第に高まつて來た。中等學校用の英語讀本に是非とも含まるべき語句を表示して、その中に難易の順位をつけて、それを基礎に最も適當なる教科書を編纂し、その教科書に依つて最も合理的と思はれる教授方法に依つて授業を進めたら、必ずや英語教授の能率を頓にあげることが出來るであらう。然らば如何なる方法によつてこの語彙を選定すべきであらうか。それが問題である。

アメリカのソーンダイク、ホーン、デューウィー (Thorndike, Horne, Dewey) 等は、夫々アメリカの新聞雜誌、その他の材料中の單語の頻度 (frequency) を調査してその研究を發表してゐる。パーマーは、最近、それらの語彙表を參照して、大體その主觀によつて、先づ最初に與ふべき二千語を選定してゐる。更にそれらの語の種々な組合せを研究して、やがて我國中等學校に於て授くべき英語の分量を定めようとの積りらしい。

併しながら frequency を基調とする語彙の調査は、思想發表のある樣式に伴ふ語句の跡を辿るに過ぎない爲、どれだけの語彙があれば一通りの意志表示が出來るか、思想そのものをその單位に戻して一々調査することを始めない限り、某々の語句は、frequency 率の第何類に屬するといふ回數多寡の類別を知るに止まる。またさうした材料を參照し、或は本にして、一人二人の曖昧な主觀を加へて見たところで、それが果して吾々の信賴するに足る結果を見るか否か頗る心許ない話である。猶單語の頻度數調査は決して珍らしいことではなく、我國に於ても夙に廣島中學の英語研究會の手で當時の二十種程の英語讀本に含まれてゐる語彙の徹底的の取調が行はれ、その結果が大正二年に私が序も書き命名の手つだひもした關係のある『英語學習の基礎』一卷となつて世に示されてゐる。

かうした單語の持つ頻度的價値の調査は、勿論英語教授の好參考資料ではある。併し思想發表の用具としての言葉の調査には、內面的、心理的方面の研究の十分な支持を必要とする。この意味で、私は、英語を思想傳達の機關としてその概念の方面から愼重に調査研究を重ね、必要缺くべからざる語句のみを蒐集し得た所謂 Basic English に大なる期待を持つのである。その發案者はケムブリッヂ (Cambridge) に The Orthological Institute と云ふ心理學の研究所を持つてゐるオグデン (C. K. Ogden) である。

オグデンはまた、心理學の雜誌 "Psyche" の主幹でもあつて、著譯の數々の傍十四五年來英語の簡易化の研究に從事し、極めて常識的に、しかも科學的に、組織的に、英語の基本語彙の選定を試み之により英語を一種の平易な簡潔な國際補助語に仕上げようと努力しつゝある。その苦心努力の結晶として生れたのが Basic English である。かくして選定せられた單語の數は八百五十であつて、日常普通のことはこの範圍內の言葉に依つて正確に表はし得る。それには勿論熟練を要する。猶、科學的の方面では一般の學術語百語、各專門に必要な五十語內外を加へれば、專門の研究發表にも十分である、といふ。その最も特徵とする所は、動詞の數を極端に省いたことである。氏に依れば、吾々の日常の動作及び行動は、be, come, go, do, have, take, get, give, keep, let, make, put, say, send, see, seem に還元することが出來る。この十六動詞を氏は operators と稱し、之に二十の前置詞、副詞（氏はそれらを directives と呼ぶ）を樣々に組合せれば容易に數百の動詞に代用させることが出來、猶 put a *word* in (=interrupt) の如く更にそれらに名詞を添へれば容易に四千の動詞に相應する語句を造り得る、といふ。しかもそれらの多くは、このBasic English に關する解說、文法等を知れば (Basic English, by C. K. Ogden 參照) 容易に自らその意味を判定し得る、といふのである。最近、日常用ひられる重要語七千五百語を Basic English で云ひ換へ、或は簡潔な說明を與へてゐる "Basic Dictionary", by C. K. Ogden が公けにされた。之によつて Basic English の研究は大に容易にされる譯である。猶 Basic English に依る出版物も "Carl und Anna in Basic English", by W. Lockhart を始め數種發刊されて居り、今後盛に發刊されんとしてゐる。普通な英語に慣れた者には時に、迂遠な言ひ廻しと思はれる場合もあるが、全體として平易普通の英語であり、外國人が使ふ英語の持つ不自然さを、之によつて容易に救ふことが出來る。我國に於ても最近まで海軍兵學校教官であつた Rossiter は、この Basic に通じてゐて、之を生徒に教へて作文教授に著しい進步を見たことを實驗してゐる。

私はこの間イギリスを、三十年目で再び訪れた際、親しくオグデンに會ひ、屢〻氏と懇談を交へ、この運動に關する種々の出版物を詳論したり、將來の刊行物に對しての意見を述べたりして、分け距てのない痛快な時間を送つた。そして氏が深い學問の背景を持つた研究者で、しかも萬事に通じて廣い知識に富んだ、人間味豐かな人物であることを知つて心嬉しく思つてゐる。

今は自分はこの Basic English を如何に日本の初等英語に應用し、適用し、以て今日までの英語學習の障礙の根本を除去しようかと、その道を靜かに考へてゐる。

斯うした、英語の主體そのものの合理化が英國に既に萌し大に發展の緒を示しかけて來たことを物語るにつけて、一言是非言ひそへておくべきことは、英語のかなづかひの簡易化の運動である。

英語の綴字が、その複雜な歴史的かなづかひの爲、內外の之を學ぶ者、之を使用する者に甚しい勞苦を課してゐることは、玆に更めて述べるまでもない。一例を擧げれば、唯一つの「a」の字が、〔æ〕(hand) とも〔ei〕(paper) とも〔ɔ:〕(hall) とも〔a:〕(father) とも讀まれたり、また、唯一つの〔e〕の音が「e」の字 (leg) でも「ea」の字 (head) でも「ei」の字 (leisure) でも、〔eo〕の字 (leopard) でも書かれたりしてゐる。その書きわけ讀みわけを一々行つていくのは勿論容易のしごとではない。

さうした亂雜な綴字を改良しようと試みる場合に、之に處する樣式が先づ二つある。その一つは、從來の綴字には何の顧慮もなく、現在の發音をそのまゝ、大概は一音一字、一字一音の根本主義に基く記號で寫し出す樣式で、いま一つは、在來の雜然たる綴字の中から規則的に使はれてゐる用字の例を拾ひあつめ、それに由つて歷史的かなづかひの時の用字と幾分の似寄りの跡のある新しい綴りを案出する樣式で、後者は前者に比し著しく妥協的なものである。

純發音式の綴りなほしは外國語としての英語の學習の一助として昨今廣く敎授者の間に用ひられて來たが、自國語としての英語の書寫には歷史かなづかひとの聯絡上、容易に採用されさうもない。その點に都合のよいやうに舊來の綴字の形をなるべく生かして行かうと努める折衷案が、綴字改良 (spelling reform) の運動で、これが爲の活躍の跡を歷史的に辿ると驚くばかり夙いことで一八二八年出版のウェブスターの大辭典に於てもこの方面の色彩が濃厚である。それが段々と人の心を動かして、近く一九〇八年には英米の支持者の手で綴字簡易化協會 (Simplified Spelling Society) が起り、一九一一年にはその主義主張を發揮し說明した小冊子がリップマン (Walter Rippmann) 及びア

ーチャー (William Archer) 兩氏の手で編述され同協會から刊行せられた。その運動の最近の動きとも云ふべきものは、スウェーデンのウプサラ大學の英語學の教授であるザクリソン (R. E. Zachrisson) の手で纒められ北歐の一角に漸くその勢を樹てようと努め Anglic saevz tiem, muni, and wurk! Therefor lurn Anglic, teech Anglic, uez Anglic! (Anglic saves time, money, and Work! Therefore learn Anglic, teach Anglic, use Anglic!) と絕叫してゐる英語新かなづかひ「アングリック」(Anglic) で、その成立の爲の補導役には英米のその道の權威者が控へてゐただけに、今日まで行はれた英語綴字の極めて巧妙な簡易化であることに異論はないが、普通に使用される單語の綴字を、固有名詞及びそれから出た形容詞と同樣に、在來のまゝの綴字で使用させるが如き、老獪な手段も使はれてゐて、尠からず我々の心に不滿の念を起させる。その邊の改訂が今後十分に出來たなら、英語の學習が之に由つて著しく簡易になることは勿論のことである。私も曾てこの點に心を寄せたことがある關係上、近くこれに就いての管見を世に示し私の考案を述べて見たいと思つてゐる。

英語自體の簡易化にはオグデンの Basic English が提供され、英語の綴字の簡易化がザクリソンの手で進められて行く昨今の英語教授界は大に動いて來たと云つてよからう。我々日本の英語に由る教育者はこの所、中々うつかりしては居られない。

七　外國語教授法に關する參考書

外山正一、英語教授法。

岡倉由三郎、外國語最新敎授法。
岡倉由三郎、英語敎育。
前田太郎、エスペルゼン氏外國語最新敎授法。
加茂正一、外國語研究者の爲に。
南石福二郎、英語新敎授法の實際。
松田與惣之助、英語敎授法集成。
石黒魯平、外語敎授原理と方法の研究。

右の中出版年月の新しい方から順に言ふと、石黒魯平氏の著書は、廣く外國語敎授に關する一般的の問題を論じ、同時に敎授の實際についての諸問題を掲げてゐる手頃な好參考書である。頁數は百參拾餘、定價九拾錢、開拓社發行。松田與惣之助氏の著書は謄寫版寫四百五十頁餘のもので、本邦及び歐米の外國語敎授の歷史を說き、諸家敎授法の集大成であるが非賣品。南石福二郎氏の著書は新敎授法の要旨と敎授の實際についての極めて簡單な說明書。もう絕版になつてゐる。加茂正一氏の著書は Palmer の "The Principles of Language-Study" の譯で、原書よりも價が安く壹圓八拾錢。拙著『外國語最新敎授法』は、英國の Mary Brebner 孃の "The Method of Teaching Languages in Germany" の譯へ「本邦の中等學校に於ける外國語の敎授についての管見」を附錄としてそへて出したもの。『英語敎育』は外語敎授特に英語の敎授と學習に關する殆どすべての問題について論じたものである。また外山正一氏の著述は文部省出版の英語讀本に伴ふ敎授方針指導の書であつて、この方面で我國で出版せられた最初のものであらう。私の二つの著述同樣今日は絕版になつてゐる。

此の他に本邦で出てゐる英語敎授に關する雜誌に、

The Bulletin of the Institute for Research in English Teaching in Japan.

英語の研究と敎授。

がある。前者は英語研究所から、後者は東京文理科大學から出てゐる。

次に英文の著述で適當と思はれるものを擧げる。

Jespersen, Otto: How to Teach a Foreign Language.

Sweet, Henry: A Practical Study of Languages.

Palmer, Harold E.: The Scientific Study and Teaching of Languages.

do.: The Oral Method of Teaching Languages.

Bruel, K.: The Teaching of Modern Foreign Languages and the Training of Teachers.

Wyatt, H.: The Teaching of English in India.

Krause, C. A.: The Direct Method in Modern Languages.

O'Grady, Hardress: Teaching of Modern Foreign Languages.

右の中 Jespersen 及び Sweeet の著書は可なり古いものであるが一讀すべきものであらう。Sweet のは主として語學研究法について述べてある。Palmer の "The Scientific Study and Teaching of Languages" は三百頁以上のもので、後者は氏の oral method を知るによい百三十頁餘の手頃な本である。oral course に適する作業の種類、實例が澤山あるので便利である。

昭和七年五月十五日印刷
昭和七年五月二十日發行

岩波講座 教育科學 第八冊

版權所有

編輯兼發行 印刷者 東京市神田區一ツ橋通 岩波茂雄

印刷所 東京市神田區美土代町 三秀舍

寺島製本

發行所 東京神田 一ツ橋通 岩波書店

各学科教授方針・英語科

各學科敎授方針

東京高等師範學校附屬中學校

序言

東京高等師範學校は今年創立六十周年を迎へ、盛大なる記念式典を擧行し、且展覧會を開きて廣く校事を世に紹介せんとす。我が附屬中學校亦生徒の成績物並に蒐集品等を陳列して、來觀者諸彦の高覧に供す。而して更に各學科主任の記述に成る學科教授の方針を輯めて一冊子とし、斯道關係の士に頒ち、以て參考に資せんと欲す。本書卽ち是なり。玆に聊か編纂の趣旨を明かにして序言とす。

昭和六年十月二十六日

東京高等師範學校附屬中學校主事　馬上孝太郎

目次

英　語　科

一　教授の一般方針

本校では、生徒に英語を授ける際、その了解發表二方面の力が母國語の場合に準ずる樣な、相當の比例を保つて養はれることを主眼としてゐる。從つて視覺に訴へる方面のみならず、出來得る限り多くの英語を聽き、また話す機會を生徒に與へるやうに努めてゐる。

正讀本に就いては口頭の練習を十分積み、更に熟語慣用句新語等は、文例を示すなり、適譯を與へるなりして、徹底的に理解させ、傍ら文法の知識を授けて、語句の用法・文の構造を明かにすることにしてゐる。又時には註釋を刷物にして之を自習せしめ、教室に於ける說明を補ふ資とすることもある。生徒に或程度まで讀書力がついて來れば、正讀本の傍ら註釋を附してある讀物を與へて、一週一時間乃至二時間を割いて教室で讀み、生徒の讀書力を補ふことにしてゐる。屢々平易な英語で話を聽かせてその大意を英文に綴らせ、又上級生には自由英作文を課することもある。

次に實際教授に必要な諸件を列記することとする。

二　初學年教授の方針

（一）本校の第一學年は三組に分れ、その一組は本校附屬小學校で二年間每週二時間づゝ英語を學んで來たもので他の二組は入學試驗合格者及び本校附屬小學校の推薦生から成り、全然英語を學ばぬ者がその大半を占めてゐる。この二組の生徒に對しては第一學期最初の五六週間は主として口頭で英語を授け、これを耳に口に慣れしめて或る程度まで容易に平易な英語が聽き分けられ、且つ自由に言へる樣に鍛錬する。發音は讀方話方の基礎であるから、第一學年の最初は特に注意して生徒の誤つた素音（Sounds of Letters)、アクセント、イントネイシヨン等は嚴に矯正する。この際必要に應じて口形圖を示し、或は發音機關の運動を說明することもある。

かうして生徒が英語の音に慣れた時始めて讀本に入り、讀み方綴り方書き方の順に授けるのである。課の進むに連れて現れる新しい語句、言表し方に對しては常に之を耳に口に目に慣れしめ、然る後書き方に移ることにしてゐる。

（二）習字

習字は適當な習字帳を用ひ、讀本に移る頃から時間の幾を割いて練習させる。第一學年では正課時間中に練習させ、第二學年第三學年では主として家庭で適當に練習させ、教室では書取、作文の際努めて注意させることにする。

（三）發音記號を授ける時期

度々生徒が發音を誤まるやうな音に就いては隨時少しづゝ發音記號を紹介して、第二學期になつてから一通り纒めることにしてゐる。

三　讀方及譯解（附聽取及暗誦）教授の方針

下級に於ては先づ讀本を開いて英文を讀ませる前にその內容に就いて十分口頭の練習をして置く。英語を常に耳にしロにすることは、讀書力發表力の基礎となるからである。四年五年に於ても教室で正讀本を用ひる際、事情の許す限り屢々時間の始に一應その內容を英語にて授け、傍ら英語にて問答をつゞけて行くやう努めてゐる。讀書の要旨は、讀みながら文の意味を了解し、文の感情を味ふにあり、決して讀方を離れた巧みな譯解や、意味を離れた機械的な讀方にあるのではない。此點から言つても、書物を離れてその內容を聽きその意味を了解させる習慣をつけることが必要である。また讀方の際には、たゞに發音のみならず、句讀、ストレス、イントネイション等意味感情を表はす諸要件にも注意して練習させるやう努めてゐる。

暗誦は生徒を英文の構造に親しませ、讀方と意味を連伴させるに效多きもの故、初年級から屢々課してゐる。

讀本を開いて後の仕事は口頭練習に於ける說明の不備を補ふのであつて、語句の意義及文法上の關係等を明かにすればよいのである。必ずしも全文を邦語に譯する必要はない。學年の進むに從ひ適宜に教材に連絡して日常必要の類語類句を授けること、生徒が理解し得る程度の英語を用ひて說明すること、慣用語句は單にその意味を示すだけでなく、實例の文を出してその活用を明かにすること、また教材が複雜となり生徒の文法上の知識も相當に進んで來た時には、本文と附屬文との關係、主語、說明語及その形容句の關係等を考へさせて、文の組織を明確に知らせる樣にすること等、何れも注意してゐる。

四　會話及作文教授の方針

第一・二・三學年では讀本の內容について、或は起居、天候等に關して、簡單な英語の會話を練習させる外、教室管理、教授進行上に要する言葉は努めて英語を用ふることにしてゐる。會話はやがて作文の基礎となるからである。外國教師擔當の會話の時間には、殊に初年級に於ては、邦人敎師は教室に出て之と連絡を計ることに努めてゐる。

會話の閑却され勝ちな、第四・第五學年に於ても語句の說明等には出來得る限り英語を用ひ、一定の時間を割いて英語のスピーチを練習させることもある。

下級に於ては讀本の材料を利用するなり、聽方の練習に授けた材料を利用するなりして英文を綴らせ、傍ら折々短い邦文を英譯させる練習を加へることもよい。但しこの際は生徒熟知の英語の中でその邦文の大意に近いものを思ひ起させる程度に止めてゐる。

第三學年からは平易な作文教科書を持たせて、讀本敎授の際、或は文法の知識を授ける際、必要に應じ語句の用法を練習させる目的を以て、敎室に於て或は自宅に於て使用させることにする。

第四學年、第五學年に於ては、每週約一時間を割いて作文敎科書を用ひ、語句の用法の正確なる知識を授け、書翰文の形式等をも大體練習させておく。

各學年を通じて、邦文を英譯させる場合には邦文に拘泥して直譯的の英語にならぬ樣注意し、邦文の大意を摑んで、生徒自身習熟してゐる英語でそれを發表する習慣をつける事に努めてゐる。

五　書取敎授の方針

第一・二學年を通じて、正讀本の教材は復習させて、書取らせ、正しく文字を綴ること、迅速に文字を書取ることを練習させるばかりでなく、習字と聯關して、字體の良否をも注意し、なるべく屢々之を課すこととする。第三學年では前學年に準じ、或は讀本で敎へたところから豫習させて課し、或は敎材を即題として課することとし、少くとも一週一回は之を行ふことにする。第四、第五學年では前學年に準じ每週一回讀本の材料中から豫習して書取らせ、或は會話材料中から即題で課することにする。

六　文法敎授の方針

第一、第二學年では敎科書を用ひず、正讀本敎授の際或は作文敎授の際に隨時歸納的に邦語文法と比較しながら授け、第三學年になつて課する文法敎授の基礎を作ることにする。第三學年では、正讀本敎授の際、或は作文敎授の際に指定の文法書を持參させ、必要に應じて之を參照させることにする。

第四學年では每週一時間を割いて文法敎授に宛てることにする。此際は文章論から始めて品詞論に移る。かくて從來絕えず斷片的に授けた文法に關する知識を綜合し、系統を立てて授けるのである。文法の時間に於ても生徒の了解しうる範圍に於てなるべく多く英語を用ひて說明することが肝要である。

第五學年に於ては讀本敎授の際及作文敎授の際に文法に關する復習を行ひ、特に之が應用に注意させることにする。

一、豫習及び復習（附、辭書使用に就いて）

第一學年では、敎材の量を少くし、豫習を禁じて復習に全力を用ひさせることにする。此期間の敎授は後日の基礎となる故、十分既知の英語に就いて練習を積んで置く必要がある。生徒が豫習することに依つて發音、解釋等に就いて誤つた知識を得ることは却つて教授の妨げになるからである。

第二學年でも復習を主として豫習は强要せず、適當な時期に辭書の使用法を教へる。第三學年以上では教師指導の下に生徒各自に豫習をさせることにする。但し辭書は英字書を使はせる階梯として初めは英和双解の字書を使はせたい。豫習を課する様になつても、生徒が復習を怠ることのない様注意してゐる。

七　各學年時間配當表

	第一學年	第二學年	第三學年	第四學年	第五學年
讀方	五	四	四	三	四
文法	｜	｜	(一)	一	｜
作文	｜	｜	(一)	一	一
會話	｜	一	一	一	一
習字	｜	｜	｜	｜	｜
總時數	五	五	六	六	六

備考　第一學年の會話は第三學期より始める。

（東京神田　三秀舍印行）

外国語教育の革新

（尚志教育論叢第六輯別刷）

外國語教育の革新

廣島文理科大學內
英語教育研究所

尚志教育論叢　第六輯

外國語教育の革新

尚志會

目次

序

この小冊子は主として中等學校の外國語教育を如何に運營すべきか、と云ふ問題を外國語教師のみでなく、一般の教育行政者乃至學校經營者及び一般識者を對象として執筆編纂したものである。皇國國運の劃期的進展に伴つて教育の理念にも目ざましい進展があり國民學校の創設をはじめとして次々にそれが實踐に移されて行くのは同慶にたへないところである。

中等以上の諸學校の英語科が世の論議の中心題目の一となるのは英米を正面の敵として交戰しつゝあると云ふ理由の他にこの様なより根本的な理由もあるのである。

われらの學園に於いては夙に廣島文理科大學英語教育研究所を組織し文理大・高師及び附屬中學の英語關係者の綜合的活動によつて各種の英語教育に關する問題を採り上げて調査研究を遂げ、その成果を世に發表し、また機關雜誌「英語教育」を刊行して聊か斯界に貢獻して來たつもりであるが、今回尙志會の委囑によつて表記の様な趣旨の小冊子を編纂することになつた。研究所ではこの委囑を受けて所員を三つの委員會に分ち、それぐ〳〵目的論・教材論及び教授法論の立場から討議を重ねて、それに基づいて各委員會から一人宛の執筆者を選ぶことにした。この冊子に收められた三篇が卽ちこれである。

従つてこの三篇の內容については夫々執筆者が責任を負ふものであるが、これらの意見がわれらの硏究所の全般的な主張であると見られても差支ない。聞くところによれば中等教育に關する改革要綱の發表も遠くないとの事であり、狀勢の進展に伴つてわれらの關係する部面に於いても今後更に新展開を見るであらうから、外國語教育に關する論議もこの一冊で終末を告げるものでないことは勿論である。當硏究所としても今後更に硏究を續行して適時それを發表するつもりである。

以上簡單にこの冊子の成立の經緯を陳べて序文とする。

昭和十七年九月

廣島英語教育硏究所長

竹中利一

外國語科の構想

丸山學

要旨

外國語は敎へても能率があがらず役に立たぬから止めよう、と云ふ說ほど暴論はない。能率はあがらなくとも、そのまゝすぐに役には立たなくとも、必要ならば斷じてやらねばならぬ。問題は眞に今後の日本人に外國語の智識が必要であるか否かと云ふ點である。これが今日あらためて問題になるのはいま日本は肇國以來の大きな開進の時期にあるからである。

これまでの外國語敎育に弊害が伴つたから外國語科を廢止しよう、と云ふ說も當つてゐない。弊害を伴ふ樣な敎育態度を廢止したらいゝのであつて、皇國民に對して外國語の敎育を施すことが必要であるならば斷じて外國語科は設けられねばならぬ。

問題はすべて將來にかゝつてゐる。

今日以後の皇國の民に外國語は絶對に必要であるだらうか。皇國の歴史的使命の遂行に劃期的な努力を傾注しなければならぬ時機に際會して、日本教育の教科課程の中には相當に新しいものが附加せられねばならず、しかも學校教育の年限は減少の必要がある。この要請は國家的な、從つて絶對のものであるが、その樣な狀況にあつて尙かつ外國語科が日本の普通教育の課程の中に加へられなければならぬとすれば、それには餘程明確な理由が必要である。

その必要性をいまわれわれはこゝで考へてみようとするのである。云ふまでもなくわれわれはこの樣な問題を考へる場合には自らが外國語教師であると云ふ立場に拘束されてはならないので、國家教育の立場からの觀察でなければ意味をなさない。そしてその樣な立場をとることは決して不可能ではない。

またこの場合に過去の實情に拘束されないことも必要である。今日以後の日本は少くとも對外關係に於いては大東亞戰爭以前の日本とは非常に相違した立場に置かれて來た。これも絶對的な現實である。從つて假りに過去の外國語教育が非常に能率をあげ、役に立つて居たとしても今日はそれを廢止する必要があるかもしれないのである。

われわれは外國語科の存置を前提條件としてそれをこれからの日本の教育上の立場に順應させようと云ふ樣なことを考へない。皇國文化をその正しい姿で昂揚させることこそ現前の戰爭を決定的勝利に導くために必要である、と云ふ信念に基づき、それを現實にもたらすためには教育の面に於いて外國語の教育が如何に獨自の役割を持つものであるかを考へ、それを果すためには外國語教育をどう實施したらいゝかと云ふ問題に觸れようとするのである。そのために先づ本文の

一に於いて

過去の日本の外國語教育がいつしか英語中心となり、教授方法の上では非常に進歩したけれども反面において幕末維新の洋學の根底に存してゐた精神と氣魄が沒却されて來た事實に徵し、新しい日本の外國語教育の出發點を決定しようとする。

二に於いて

新段階における國家教育の標語たる「皇國民」とはどんなものであるかを考へ、皇國民たる根本條件の一つとして「識見の長養」を採り上げ、指導的國民を養成する必要を考へ、日本文化の大和性にてらして外國文化に對する皇國民のとるべき態度を明かにする。

三に於いて

教科目としての國語科が國語の「醇正ナル」形態を樹立してそれの傳達によつて國民精神を統一規整すると共に醇化發展せしめるものであることを說明し、外國語はこの國語の活動に對してその醇化と發展に缺くべからざるものであることを述べる。

四に於いて

文化の創造は國民の傳統文化の優秀性に對する自信と發展の意慾に加ふるに異質文化の不斷の刺戟に俟たなければならぬものであり、それがために外國語が國民の中の相當廣い分野に於いて學ばれる必要があることを述べ、日本民族は外國文化を攝取して自らの文化を生成發展させる特殊の能力をもちそれを實踐して今日に至つてゐる事實を說明する。

五に於いて

外國語教育の價値を實用的と教養的とに分けることは適當でない。單なる教養のためであつてもならず、實用價値を追及すれば淺薄なものになる。外國語はあくまでも國語科の目ざす目標と表裏一體となつて精神的なる國力培養の基礎を作ることであらねばならぬことを述べる。

六に於いて

かく考へて來ると外國語教育が一種の技術教育であるとする考は不充分なものであつて中堅有爲の皇國民たるものはすべて或る程度の外國語の「把握」が必要である。廣く周邊の民族を皇化に浴せしめる樣な文化はこの樣な日本國民の活動によつてはじめて形成せられるのである。外國語教育の一時間一時間はこの目標に歸一して遂行せられてはじめて國家教育の不可缺な一教科となる資格を具備して來ることを說く。

七に於いて

これがためには勿論在來の英語教育がそのまゝに延長されてはならぬ。先づ種目において英語以外の外國語が採り入れられねばならぬし、外國語に配當される時間數の減少に伴つて教育の簡素化、重點主義が實施されねばならぬ。それには具體的にどんな方法が考へられるかを述べて、採り上げらるべき外國語の種類、教授方法の着眼及び他學科との關係について述べた。

一

うす暗い古城の一室であつた。神風連の遺品がガラス戸棚に入れて展觀されてゐるのを私は見て廻つてゐたがその中の一つに深く心を打たれて暫くは立去ることが出來なかつた。神風連と云へば明治九年、西南戰爭に先立つて熊本で烽起した保守的な團體で、この人々は文明開化を嫌つて電線の下を通る時はいつも頭上に扇を翳して通り拔けたと云つた樣なことが傳へられてゐる。然るに今私の目に映じた遺品はこの神風連の最高指導者の一人であつた加屋霽堅が書いた蘭學のノートであつた。和紙に毛筆で丁寧に和蘭文字を寫し朱で註を加へ、下に和譯と解釋とを加へたもので餘白には明かに幾十度となくめくつた指跡さへも見られるではないか。頑迷固陋の權化の樣に云はれてゐる神風連の運動の背後にこの樣な蘭學の研究があつたことを知つて私は憮然たるものがあつた。今年の春、場所は熊本城でのことである。

しかし考へてみればこれは異とするに足らぬことかも知れぬ。幕末から維新にかけての洋學が新日本を推進した原動力の最も大きなものであつたことは周知の通りである。松下村塾の指導者は謂はずもがな、當時の日本の殆どすべての國粋主義者は同時にすぐれた洋學者であつたことを吾々は想起すべきである。

爾來約百年、和蘭陀學に始まつた日本の洋學は明治に入つて英・獨・佛の諸國の學問を包含して燎爛たる文明開化時代を招來し、その中で英米との接觸が最も多かつたこと丶、この兩國の對日文化工作の巧妙さも多分にその原因となつて、外國語と云へば英語のことであるかの樣な觀を呈した。日本の殆どあらゆる中等以上の學校では英語が課せられ、しかもそれは他の何れの學科よりも多くの時間數を占める有樣であつた。この間、教材や教授方法の上にも多くの研究が積まれ、この洗練された英語教育の結果として日本國內到るところ英語を以て旅行しても差して不自由を感じないことは、英米の他の屬領と優るとも劣らない位になつた。そして明治初年の英學者の英語と今日の日本人の英語とは、その英語らしさに於いては隔世の感があると思はれる。

この樣な英語の普及が日本文化の進步發達に貢献した事實は如何なる外國語排撃論者も否定する事は出來ないであらう。日本が外國語の教學を英語中心とし、この重點に非常な努力を傾注したことは當時の段階に於ける日本の國勢の伸長のためには決して愚劣な方法ではなかつた。少くともこれによつて當時の日本の急務であつた西歐文化への追攄は容易となつた。このことは明治初年から同時に幾つかの外國語を採用しこれらを並行的に學習して分散と混亂とを來すよりも賢明であつた。そしてまた當時の世界史を回顧するならば英語を使用する國々が日本に對して最も多くを與へ得る立場に在つたことも自明のことである。

かくして過去の日本が英語を主要外國語として採用したと云ふ事實は當然のことであると共に賢明でもあつた

と私は信ぜざるを得ないのであるが、それは直に過去の日本の英語學習の方法が全面的に最も妥當なものであつたと云ふことにはならぬ。批判は常に建設的であらねばならぬから私はこゝで過去の日本に於ける英語教育の方法を徒に批判して快を貪ることを潔しとしないし、また私自身も十餘年以前からこの英語教育に關與して來たものとして批判のための批判に耽ることは許されないことである。たゞ今日のわが國家の立場から改めて英語教育を回顧して新しい日本の建設のために必要な外國語教育を構想する時、必然的に過去の英語教育が採つた方法上の缺陷に眼を向けざるを得ないのである。いま若し過去の英語教育一般が全然不當のものであるとするならばわれわれは白紙から出發して明日の外國語教育を構想すべきであり、それならば回顧は必要としないのであるが、私は過去の英語教育の中には大に今後活用すべきものがあることを信ずるが故に、こゝに若干の反省を試みようとするものである。私はこの文章の冒頭に於いて幕末維新の洋學の中には日本の推進力たらんとする烈々たる氣魄があつたことを述べたが、今日われわれが再びこの氣魄を想起しなければならなくなつた點に今日の日本の英語教育の問題が存在すると思ふ。卽ち救國の學であつた洋學が八十年の歲月の間に言語としての學習の方法や習得の程度に於いて非常な進歩をして來たのであるが、學習に際しての根本理念が十分にこの進步に同伴しなかつた點である。外國語の學問を呼んで「馭戒の學」となしたわれわれの先人の志は近い頃の日本の英語教育の標語であつた「英語らしい英語」を追及する志の中に漂白された狀態で存在したと私は信ずるのである。

この二種の概念は同時存在を許さないものであらうか。これが、日本の英語教育當事者の解決すべき重大な問題であるが、私は過早な結論を避けて、こゝではたゞ日本の英語教育が「英語らしき英語」を、「生きた英語」を追及してゐる間に一般社會から英語教育界に向けられた批難が何であつたかを虚心に省察してみたいと思ふ。國語學者は英語教育によつて日本語の純粹さが喪はれると稱し、國粹論者は日本の國民思想の混亂の原因となると主張し、教育評論家の中には多くの時間を占めて得るところが尠いから時間數を制限することを說くものがあつた。滿洲事變前後から澎湃としてわが朝野に漲つた國粹主義的な思潮は更に强烈な英語教育に對する各方面の論難を誘發することゝなつたのは周知の如くである。それが大東亞戰爭へ發展して來るとこゝで英語は明瞭に「敵國の言語」と云ふことになり他面英語を公用語として使用してゐた民族との直接交涉が生じ、その程度は日毎に昂められる狀況となるに及んで、日本の英語教育は更に新しい觀點から論義の中心となつた。もつと役に立つ英語を敎へよ、とか又は發表能力に重點を置く樣にせよと主張せられるかと思へば、他面では內容を把握せしめる方法を執るべしとも謂はれ、文藝作品中心の教材をやめよとも言はれ、最も力强く改めて叫び出されたことは英米崇拜心を釀成する樣な教授態度を改めて日本語日本文化との對比に於いて教授すべしと云ふことであつた。そしてこれらの大東亞戰爭以後の論議がその以前のものと相違する點は英語教育に對する全面的排擊論が影をひそめてその利用價値が考へられる樣になつたことである。換言すれば英語教育に對する外部からの批判は毛嫌ひ主義の代りに建設的な目的論が中心となつたと謂ふことが出來ると思ふ。

最近私の目に觸れたものゝ中で齊藤清衞博士の「文化普及」と題する文章の中での次の言及は簡單ではあるが

注目すべきものであると思ふ。博士は國文學者であり乍ら廣く文化一般に對する見識を有せられ自ら歐米諸國を行脚せられまた最近まで北京師範大學で教鞭を執つて居られた事實を考へる時更にこの一言はわれわれの肺腑を衝くものがある。曰く「わたしは日本に於ける維新以來の英語教育といふものを省慮し、ある感慨を强ひられるものである。と云ふのは英語の學習は入學試驗通過や英米の科學知識輸入やには利用されたであらうが、英國の本體を知るためには殆ど使はれなかつたと云ふ點である。」（雜誌「文藝文化」昭和十七年四月號所載）

以上述べたところによつても明かである樣に私は過去の日本が英語一本の外國語を採用したことは賢明であつたと考へるし、またその英語の硏究と教授とが高度の進步を遂げた事をも十分に認識し尊敬するものである。ただ今日の日本がその歷史的使命に立脚して大きな開進を發起してゐる事實に鑑みる時に、在來の英語教育は皇國の外國語教育の一分野として更に根本的に考へ直されなければならぬと痛感するものである。この時に當つて「一切の行懸りを捨てる」と云ふことの必要が明日の英語教育を考へる場合に於いては皇國文化の他の部面よりも更に痛切に要請されてゐるのである。大東亞戰爭以前の英語教育に對する批難に對しては英語の硏究者と教師とはその專門の立場から自己防衞的な「英語の必要」を說けばよかつたかも知れぬが、今日となつてはわれわれ自體が國民の一員としてこの問題を考へ直さなければならない。お召しがあれば何時でも銃を執つて起つだけの覺悟をして、そのお召しがあるまで從來の通りの英語を教へてゐればいゝ、と云ふのでは足りない。英語の教室は大東亞戰爭の戰場であるからである。（このことに就いては後段で詳說する。）在來の英語教育を皇國の歷史的使命と今日の立場から反省して、今日以後に於いて必要な方向に轉換せしめる様に努力することがわれわれ英語教師の職域奉公である。今日の日本に於いてどの職域に於いても在來のまゝで濟まして差支ないところはないのである。

わが國の文敎は國民學校の創始を出發點として非常な速度で轉換を敢行しつゝある。その轉換は在來の敎育上の新思潮の採り入れと異つて國家的立場からする必然的且つ根本的のものであることはこゝで私などが云ふまでもない。國家敎育の重要な一部である外國語敎育がこの轉換によつて一大進歩をなすべきことも自明である。既に根本の精神は國民學校の行き方の中でも示されて居り、またその指示を俟つまでもなく皇國の今日の立場を考へるものにとつては明瞭であると謂ふことが出來る。そしてこゝで力說しなければならぬ點は、敎育上のことは要するにその實踐に當る敎師の手に在るのであつて、如何に周到な文部省の訓令や指示も實際敎育者がその精神を體得して實行しなければ何の效果をもたらさないと云ふことである。敎師は一時間、一學期、一ケ年乃至生徒の全在學年間の敎育の實踐者であると共にその範圍に於ける企劃者なのである。私はこの一文をこの様な意味に於ける企劃者たる日本の英語敎育者の反省錄として草するものである。そして新しい外國語科の構想をこの率直な反省から出發させたいと思ふ。

二

文部省は國民學校教育の本旨として「皇國ノ道ニ則リテ普通教育ヲ施」すと示したが、このことは中等學校以上の教育に於いても同樣であらう。卽ち「皇國ノ道ヲ修練セシメ國體ニ對スル信念ヲ深カラシムル」ことを教育方針となすのである。特に外國語教育を考察する場合には、その後段の國體に對する信念の長養について省察されなければならぬのであつて、これを如何なる着意と準備とで實踐するかゞ問題である。

また教育方針の第二に示された「我ガ國文化ノ特質ヲ明ナラシムルト共ニ東亞及世界ノ大勢ニツキテ知ラシメ」と云ふ條項も前述のものと同じ方向のことゝ解して差支なく、外國語教育の企劃と實施に當に念頭に置かれなければならぬ問題である。今や日本國民は名實共に世界の指導民族であり、その意味に於いて大國民として十分な素養が積まれなければならぬ。指導者たるものは自分の力のみを過信して偏狹であつてはならないので、皇國の世界的地位と歷史的使命の自覺に徹することが必要であり、そのために外國語教育の分擔すべき任務は決して輕少でない。勿論外國語教育のみによつてこの重大な目的が達せられるものではないが、外國語を國家教育の中で課する場合の、その終局の目的がこゝに歸一すべきものであることは異論がないところであらう。

今この樣な皇國の道に則つた國民を「皇國民」と呼ぶことゝして、さてその皇國民は如何なる方法によつて錬成せられ得るであらうかを、われ〳〵は考へなければならない。こゝで反省すべき事は在來の教育を受けたものは皇國民でないとは云はれないと云ふ點である。世に改革を毛嫌ひする者は兎角この樣な點を强調して在來の教育を固守する口實とする。小學校が國民學校に變つたからと云つて「春」と云ふ字を「アキ」と讀ませようとしないことは、例へば英語教授に於いてアルフアベットを逆にZから讀ませようとしないと同斷である。英語教育を通じて皇國民たるの自覺を促すべしと云ふ説を聞いて、英語の發音もイントネーションも無視するものと早合點するのもこの傾向の人々である。この樣な傾向を蟬脫する事の出來ないものはわれわれの同志でないばかりでなく、今日の樣な時代を生きる資格を有しないと謂はざるを得ない。

「皇國民」とは何であるかを全面的に解明することは本文の目的ではなく、外國語教育との關聯に於いてその「皇國民」の性格を問題にするのみである。それは旣に國民學校の敎育方針が明かに示してゐる樣に、我が國文化の特質を體得し、明確な國體に對する信念を持つたものであり、こゝに達するためには我が國以外の國の文化についての知識が必要であつて、それとの比較に於いて始めて、我が國體の神嚴さも、わが國民精神の崇高さも自覺することが出來るのである。國民學校は基礎教育であつて兒童はまだ未熟であるが故に、外國語をその教科目に採り入れるに至らないが、國民科は云ふに及ばず理數科・藝能科・實業科等各教科を通じて外國に關する知識を豐富に提示することになつてゐるのは是がためである。眞の自覺は「他覺」によつて始めて成立する。換言すれば日本のことのみを知つて外國のことを知らぬものは眞に日本を知つてゐるとは謂へないのである。この原理を言語に關して適用したのがゲーテの有名な「外國語を知らぬものは自國語を知らぬものである」と云ふ鍼言である。青少年學徒に賜はりたる勅語の中で畏れ多くも「古今ノ史實ニ稽ヘ中外ノ事勢ニ鑒ミ其ノ思索ヲ精ニシ其ノ識見ヲ長ジ」と宣はせ給ふた大御心もまたこの點を指摘せられたものと拜察される。文部省編纂の「國民の道」はこの節を説明して次の様に述べる。「國民の識見を高邁ならしめることは、國運の進展を致し、興亞の大業を遂行するに緊要なる事柄である。識見を長養する途は、たゞ無反省に廣く知識を吸收集積するにあるのではない。皇國臣民として夫々の立場に於いて廣く觀、深く考へ、眞に皇運を扶翼し奉る具體的知識・學問を修得するところにある。」國體に對する知識が信念として形成せられ、我が國文化の特質が諸外國のものとの對比に於いて認識せられて來る時に、はじめて識見の長養が意味をもつて來る。

この自覺は消極的受動的なものに止まつてはならない。我が國の歷史的使命に徹する時に皇國民たるの自覺は指導國民たるの自覺となる。所謂日本世界觀の確立とはこのことを指すのである。旣に國民學校と云ふ基礎敎育に於いて國家はこの自覺に國民を導かうとしてゐるのであるが、中等以上の學校ではこれが更に明確となり、ひいては國民一般に對してこの意味の自覺を强化する如き人格を形成しなければならぬ。皇國民たるの自覺は内省によつて得られるが、その皇國は所謂八紘爲宇の精神によつて立つものであるが故に、その内省は必然的に發展的である。故に皇國民に世界的性格を持たしめると云ふことは、その本來の性格に新に何物かをプラスすると云ふ意味ではなくして、それは歷史的使命の自覺と共に内在的に發生する。皇國民の修養として識見の長養が要請せられるのもこの原理に基づくのである。

八紘爲宇の精神とは歐米流の世界征服の理念とはその倫理に於いて根本的に異なるものである。帝國主義的な植民政策によるにしても、又は資本主義的な經濟政策によるにしても、または共產主義的な攪亂政策をとるとしても、いづれも歐米の國策は彼等の世界をそのまゝに擴張し、それによつて自らの繁榮を來すことを目的とすることには差異はない。日本の國是たる八紘爲宇の精神は自らの持つ世界的性格をもつて他を抱擁し、そこに諧同の世界を實現するものである。歐米人が屢日本民族を以て模倣的民族であると見做してゐる事實は、皇國民の有する大和性を彼等さへも或る程度認識してゐることを裏書するものであらう。自己民族の優越絶對性を無前提の信條としてそれを以て他に臨み、自己の繁榮のために他民族を奉仕せしめる不合理を是認してゐる英米流の國策と、皇國の「萬邦ヲシテソノ處ヲ得シムル」と云ふ大精神とは斷じて同日の論ではない。この皇國の精神は建國以來の倫理であるのみでなく、皇國にとつては嚴肅たる歴史的現實である點が注意せられなければならぬ。そして今日われわれはこの原理にしたがつて更に新なるこの歴史を昂然として實現しつゝある。この時に當つて國家教育の分野に「皇國民の錬成」が强調せられるのはまことに當然であると謂はなければならぬ。

三

當來の教育にあたつては皇國民の錬成と云ふ目標に向つて國家教育の全分野が配列されるものであることは勿論であるが、その中で皇國の使命を理念的に自覺せしめる任務を持つてゐるのは國民學校に於いて「國民科」の名で統合せられてゐる諸課程である。そこでは「我ガ國ノ道德・言語・歴史・國土・國勢等ニツキテ習得セシメ特ニ國體ノ精華ヲ明ニシテ國民精神ヲ涵養」してこの目的を達成しようとする。換言すれば國民としてのものゝ考へ方、感じ方の基準を與へて皇國の歷史的使命に徹せしめようとするものであり、それがまた皇國民としての行動の基準となることも明かであつて、此の點は中等以上の學校に於いても、その理念の及ぶ範圍と深度とに差異はあつても、本質的には同一の趣旨の教科が行はれることになるのである。

國語の教育はこの樣な國民科の一分科として國民學校に於いては「日常ノ用語ヲ習得セシメ其ノ理念力ト發表力トヲ養ヒ國民的思考・感動ヲ通ジテ國民精神ヲ涵養スルコト」が要求されて居るが、上級の學校に於いてはその教材が古典にも及び廣範圍となると共に之に對する要求も更に高度のものとなつて來るのである。即ち國語の種々な表現樣式を理解し、國語による發表能力を十分に獲得する事によつて國民精神の融合統整が目ざされなければならぬ。皇國民らしい國語の理念と運用とは皇國民としての思考と感動との錬成を意味するからである。日本國民としての醇正な思想と情操とが國語教育によつて錬成されなければならぬ。それがやがて國民としての强い精神的團結を來すことであり、國語に對する敬重の觀念ともなるものと思はれる。

文化は直に言語ではないけれども、國語を通じて皇國文化の精神を體得し得る範圍は非常に廣い。更に又文化の創造の爲に國語の關與する分野の廣大なるものがあることを思へば、國語教育が國家教育の中で占むべき位置の重要さは理解するに十分であらう。

國語教育の意義をこの樣に考へて來ると、その實際教授上の着意も自ら明かになる樣である。日常「醇正ナル國語」を使用する樣に陶冶することが先づその第一歩であつて、それが出來て始めて國語の特質の理解も、國語敬重の觀念も生じて來るのである。所謂惡い意味に於ける「精神主義」に墜して、國語尊重を觀念化することは嚴に愼まなければならぬ。言語は一種の生命體である。卽ち人間生活と共に傳承的に活動し變化する。「醇正ナル言語」とは固定した古い「美文」でないことは謂ふまでもない。そこに言語の醇化の可能性が存するのであつて、美しく正しい言語形態を樹立し傳達することが必要となつて來る。國語教育に於いては國民の實際生活に卽應しつゝ國語の醇化がたえず努力せられなければならぬ。そして徒らに漢語や外來語を排斥することがこの目的に副ふものでないことは自明であつて、國民生活の幅の擴大と共に一々の言葉や語法についても不斷に新なる要素を導入し、それが美しく正しい國語の中に秩序よく採用されなければならないと思ふ。

日本語が古くから外國語によつて多大の影響を受けたことは何人も首肯せざるを得ないところであつて、日本語のこの包容性こそ「國語ノ特質」の重要なる一部である。これあるが故にわが國語が東亞語となり世界語ともなる資格を約束されたものと謂ふことができる。

國語教育が國語の特質を理解せしめる事をその目標としてゐる事を考へ、また廣く國民科に於いて「國語ノ精華」を體得することに努める事を考慮すれば、外國語を中等以上の諸學校の教科課程に編入する理由も自ら明かである。卽ち普通教育に於ける外國語科の目的は皇國文化の精華を十分に理解するために、これとの對比に於いて外國の言語及びそれを通じて外國の文化を正しく認識することにあらねばならぬ。この認識は其の國の文化の中核を把握することに向はねばならぬし、それがあつて始めて皇國文化の精華の認識が成立するのである。

國語と外國語の關係は歴史に於ける國史と外國史の關係と同一であつて、國史の崇高さを眞に理解するためには外國史と對比することが非常に有益である樣に、われわれは外國語を知ることによつて、はじめて國語を眞に知り得るのである。こゝに注意すべき事は外國の國勢や地理・歴史等はその國の言語を一々習得しなくとも國語を通じて一應はそれを理解することが出來ると云ふことである。それは地理や歴史だけでなく、外國の政治經濟の組織や宗教・藝術・學術等の諸文化も國語によつて理解し得ることは否定することはできない。またその故にこそ初等教育に於いては外國語を課せずして「識見の長養」を期してゐるのである。中等以上の學校で外國語を課する必要性はこれらの外國の言語を學習せしめることによつて、直接に外國文化に接する途を開く點に存する。例へばアメリカ合衆國の地理を日本語で書き、それを日本國民に讀ましめる事によつて、そこに書かれただけの事實は一應理解せしめることが出來るのであるが、そのアメリカ地理の知識内容は詮ずるところ英語の知識によつて獲得されたものである。換言すれば國語による外國文化の理解は、どこまで行つても間接的知識である。そして更に一歩をすゝめて外國の思想・藝術・國民性等のデリケートなものになれば、この樣な間接的方法ではその中核を把握することは不可能である。間接的理解には發展性がなく、それによつて國民の創造的意慾をかき立てると云ふ樣なことは迚もできるものではない。將來國家の重責を負擔すべき者に對してこの樣な間接的知識のみを與へて放置すべきものでないことは言を俟たぬところであり、又若しそれが放置されたならば、やがて我が國はこれらの間接的知識を作製傳達する役目を負ふものをも喪失することになり、かくしてわれわれは闇夜に羅針盤を失つた航海者の様な立場に立つに至ることは必然である。

皇國將來の發展のためには諸外國の文化を常に明敏に理解することが必須の條件である。こゝに文化と謂ふのは政治・經濟・科學・技術・宗教・軍事等を含む廣い意味であるが、これらは言語なくして外國のものを理解し利用することは不可能であり、しかもその言語の理解の程度が表面的・形式的のものでは足りないことは云ふまでもない。この様な外國語の理解は容易でない。若い時から相當な年數をかけ、その上文化の夫々の部門についての専門的素養をもつてゐなければ高度の國家的に必要な外國文化の洞察は出來ないのである。世には外國文化の輸入のために飜譯局を設けて一切の必要な外國文獻を譯出したらいゝと云ふ議論があるが、國內に現存する文化研究のすべての機關を合した様な茫大な飜譯局でも作れば兎に角（それは今の文化機關を少くとも二倍にすることであるが）それが出來なければ、夫々の方面の研究者がその研究に必要な限りの外國文獻をその研究機關の中で讀解する方法の方が合理的であり經濟的である。

外國語が初等の國民教育の中で課せられない理由は、それが僅かの年數の學習では前述の様な目的を達成するまでに到り得ないと云ふことゝ、皇國民の基礎的錬成としては必ずしも外國文化に直接に觸れなくとも間接的說明にとゞめ教育の重點を皇國の道そのものゝ修錬に置くが故であらう。中等學校に於いて課せられたる諸課程の中でも外國語はそれ自身の獨自の教育效果を持つことが他の學科に比して薄弱である。修身公民科や地理・歷史または理科系統の諸學科の如きは一時間一時間の教科內容が直に生徒の日常生活の指針であり糧であり得るのであるが、これに比すると外國語は中學五ケ年間に履習した總力を以てしても、まだこれを以て外國文化の中核を究明し得ないことは、もとより日常生活の中で利用し得る程度にも容易には到り得ないのである。卽ち外國語科は謂はゞ將來への準備である。そしてこのことは近視眼的な立場からする人の外國語全廢論を誘發することになつてゐるが、眞に國家教育を考へる時は、それが準備的であるが故に、なほ重要なものとなつて來るのである。何故ならば實用的なものよりも準備的なものは日常の修養としては兎角閑却され易いし、これを閑却することは將來に於いて恢復し難い禍根を殘すものであるから、現前の必要に追はれて將來の大計を失する樣な弊は計畫的であるべき國家教育に於いて斷じて採らないところである。

四

日本民族を模倣的民族と觀、日本文化を模倣文化であると見做す人々に對してラフガディオ・ハーンは既に今から八十年前に名論「柔術」の中で種々の反證を擧げてその不當を說き、日本民族こそは無類の同化性・適應性をもつたものであることを道破してゐる。苟くもそれ自身高度の文化をもつた民族であれば、自らのものを捨てて他の文化を模倣したことは、史上にもその例を見ない、と彼は云ふのである。疑ひもなく日本は建國以來多くの異民族の文化を攝取したが、それは皇國本來の文化を捨てゝ新しい外來文化を之に代置したものでなく、寧ろ外來文化を包擁し、同化し、すゝんで在來の文化に適應せしめたのである。少くも今日までの日本文化はこの樣な手順によつて生々發展して來てゐる。「攝取」と云ふ言葉の意味をこゝで吾々は注意して使用しなければならぬ。それは模倣ではなくして寧ろ創造の補助手段なのである。われわれは食物を「攝取」するけれども、それによつてわれわれ自らが食物になるのでなく、自らの發展と活動のためにそれを用ひるのである。外國文化の「攝取」と云ふことが、この正しい意味に用ひられるならば決してそれは不適當な言葉ではない。むしろこの様な外國文化の攝取なくしては一國の文化は發展と活動とをなし得ないものである。

言語そのものが既に文化の一部門であることは注意を要する。外國語を日本人が學習すること自體が文化の攝取であつて、日本人が英語を話す時に既に日本は英語文化を攝取してゐるのである。即ちその時に英語文化が日本化せられ、日本のものとなつてゐるのであつて、日本化することなくして「攝取」することは出來ない。ティ・エス・エリオットの傳統と外來文化との關係についての説明を借りるならば、日本の傳統文化の中に英語が攝取されると云ふことは、それによつて在來の日本文化の配列が多少の動搖と變化とを生じ、入つて來た英語も英國に在つた時のまゝでは存在し得ないのである。そこには新しい秩序の構成が行はれるのであつて、それなくしては傳統は生命を保つことは出來ない。英語も日本化することなくして日本文化に影響を與へることは出來ない。

日本の文化は今にして創造の意慾をゆたかにしなければならぬ。この創造的展開は恐らく二つの手續によつて可能となる。その一つは國民のものゝ見方と考へ方を一つの方向に結集すること、換言すれば皇國民たる自覺に基づく世界觀を確立し、その發動力を活潑にすることであり、もう一つは前に述べた様な言葉の正しき意味に於ける文化的攝取を旺盛にすることである。

創造的であると云ふことは文化的であると云ふことである。現代は文化の時代でなくして「武化」の時代であると、珍妙な造語をした文人が日本にあつたが、新しい日本はうちに世界觀の創造と、他に新秩序の構成を任務とすることを考へたならば、過去のいづれの時機よりも文化的でなければならないことは多言を要しないところである。過去のことは問はず、尠くとも今日の皇國が戰ひつゝある戰爭こそは世にも創造的であり、たかい意味に於いて文化的である。外國語の研究が國の教育活動の中で從來よりも活潑に行はれなければならぬことはこの様な理由に基づくのである。教室は文化創造の道場であると云ふ意味において今日ではそのまゝに戰場である。謂はゞ受働的であり靜的であつた日本の教育が「皇國民の錬成」と云ふ旗識のもとに能働態となり創造的となつた。あらゆる教科の課程がこの様に轉換されたのであるが、その中でも外國語教育の授業がこの様な意味での發展的活動を旺盛ならしめなければならぬことは、前にも述べたところによつて明白であらう。

「且ッ教ヘ且ッ戰フ」と云ふことが今日の皇軍錬成の原理であるが、それはやがて國内教育に就いても言はれ得ることである。われわれは教育することによつて戰ひつゝあると云ふことを十分に體認しなければならぬ。戰後に備へて外國語を勉强しておくのではない。そんな「戰後」と云ふのは決戰的戰爭（總力戰）においては現出する時機はない。また再び日本の學校に外國人の教師が來て以前と同じ様な外國語の教授が行はれると考へるものがあることは遺憾の程度を越えて寧ろ滑稽である。（日本が英米の屬領となつた場合のことを彼等は考へてゐるのかも知れぬ！）私がかつて當來の英語教育について述べた文章の中で「日本の普通教育における英語教育は日本から英語教育を絶滅することを目的とする」と云つたのに對して驚倒した英語教師があつたが、皇國文化が創造的活動に入つて英米文化から學ぶべき何物もなくなつた時に、普通教育に於ける英語と云ふ教科目は除去せられるので、その様な時機の到來を一日も早からしめるためにわれわれは英語教育を行つてゐるのである。この信念とこの氣魄なくして今日の日本で外國語教育は行ひ得るものではない。

　外國語の教育を考へる者がその習得と表出とを別個のものとして論ずることが多いが、創造的な教育に於いてはこの弊は矯められなければならぬ。内に攝取するための外國語と他に光被するための外國語を二元的に考へると、兩者ともに完きを得ない。皇國文化がその旺盛なる創造活動をなす時にそれは自ら外に廣がるのであつて、それだけの内部的な充實なくして徒に外に向つてその勢を張らうとすると、表出活動に無理と破綻とが生じて來ることになる。教學一致と云ひ、知行合一と云ふことが云はれる様に、國の文化の力は内に充實したものがそのまゝに外に溢れて行くのである。知らぬことは教へ得ず行ひ得ない様に、持たぬものを持つ様に見せかけてもその效果はない。世には日本文化を外界に傳達するために外國語教育を旺盛にしなければならぬ、と云ふ様な意見を時々見かけるが、日本人が自ら英米には英語で、獨逸には獨逸語で、ソ聯にはロシヤ語で飜譯して呈出しなければならぬ様な日本文化では、まだ〳〵皇國文化として充實してゐない證據である。吾々は駐日英國大使館が配布した先頃の宣傳文書以外には、英國人に日本語で英國文化を傳達してもらつた記憶はない。重慶やアメリカからの日本語放送もたしかに聽いたが、それは決して文化でも精神でもなかつた。この様な宣傳文書の作者や放送員を養成するために、國家の普通教育に外國語が課せらるべきものでないことは明かである。日本が必要とするのは皇化を世界に光被せしめるための人物であつて、相手を僞瞞して搾取につとめる人物ではない。

當來の外國語教育は日本に於ける漢學の教育の様に發音や音調などはどうでもいゝとは私は嘗て云つたことはない。私は寧ろ反對に外國語を全面的に學習する様に常に主張してゐる。日本で折角支那の古典を教へ乍らその讀方が全く支那語と遊離したことを咨み、その轍を踏まぬ様にと切言したことはある。(雜誌「英語教育」昭和十三年九月號拙論參照)今後注意すべき事はその一語々々の構成にも、音韻や抑揚にも、語の配列にも、その國民のものゝ見方、考へ方が具現してゐると云ふことを自覺して教授すると云ふことである。この様な觀點は在來の立場からすると相當相違したものであるから轉換は容易でない。併し吾々は最善の努力を注いでこれを努めなければならぬ。そのためには過去において吾々が習得したものゝ中にも割愛しなくてはならぬものが出て來る。現在の日本人にとつて「未練」こそ最も大きな敵ではあるまいか。若し將來の日本文化の大きな展開が他の方面の進展に伴ふことが出來ない様な結果が生じたら、それは日本人の文化人が捨て切れなかつた未練のためである。

五

在來の英語教育論は實用的價値と教養的價値に分類してなされた。それが表面に云はれない場合でもこの分類が論者の頭の中では無前提に準備されてゐることが多かつた。教師と生徒との相互活動による有機的作用たる英語教育が二つの價値を追及することになるので、理論の上からはこの兩者を適當に睨み合はせて行けばいい、と云つても、實際教授者の上ではいつもこの兩者の矛盾と錯誤が發生して來た。どちらに重點を置いたらいいかゞいつも惱みの種となつたのである。一つに歸すべき目的がこの樣に二つに分けて考へられたところに英語教育の混亂の原因があつたと思はれる。そしてこれが基づくところは文政當局が示した規則にあるかもしれぬ。例へば中學校の教育は英語を「了解シ之ヲ運用スルノ能ヲ得シメ知德ノ增進ニ資ス」とあるので、この前段から實用的價値が考へられ、後段から教養的價値が考へられたのではないかと思ふ。在來の高等學校規定の外國語の條項について見ると、この分離は更に度を强めて受け取られる。曰く「外國語ハ英語・獨語又ハ佛語ヲ了解シ且之ニ依リテ思想ヲ表ハスノ能力ヲ得シメ、兼テ知識ノ增進ニ資スルヲ以テ要旨トス」この條文を表面的に解釋するならば實用價値と教養價値とは二分してゐるのみならず、前者が主であり後者が從である樣に理解される。

いづれにしてもこの二元的な考へが在來の外國語教育に關して支配的であり、そのために理論上は混亂を生じ實際上は分裂となりがちであつた。しかし今や皇國の教育全般に對して「皇國民の錬成」と云ふ明瞭な單一目標が示され、すべての教科目がこの目標に向つて再配列されつゝあるのであるから、外國語教育に於いても、もつと明瞭な一つの目的が設定され、それに向つてすべての外國語教育が行はれねばならぬ時である。その目的とは何であるか。國民教育の目的である皇國民の錬成と云ふ點に歸一すべき事は言を俟たぬところであるが、そのために諸多の學科との關聯において如何なる部面を外國語科が擔當すべきかを考へることによつてこの目的は明瞭になる。皇國民たるがためには國體の本義を明かにし、國民精神を體得することが第一義であるが、そのためには諸外國と對比して之を理解することが必要であることは既に說いた如くである。そのために既に國民學校の教科目の中にも外國事情を加へることが指示されてゐるのであるが、中等以上の學校ではその方面が更に强化されて外國歷史・外國地理が加へられる。これらの學科によつて皇國の特徵と地位の理解が生じ、ひいては皇國の世界的使命の自覺に導かれることになるのであるが、所謂「識見の長養」はこれをもつて足れりとすることは出來ぬ。國民の言語・思想及び情操の醇化錬成のために外國のそれらのものに對する理解が必要となる。卽ち外國語科が國家教育の中で占める位置は當該國の言語・思想及び情操を我が國のものとの對比に於いて理解するに在ると言ふことが出來る。外國語科の國語科に對する關係は外國歷史と外國地理との國史と地理とに對する關係に比すべきであらう。この場合外國の歷史や地理が夫々の外國で組織された體系と觀點とをそのまゝ持つて來て、日本の國家教育の中で說かれることは出來ない。英國人に說く英國史、米國人のための米國地理は決してそのまゝ日本の普通教育の歷史や地理の教科內容とはならぬ。それはたゞ簡略にされるだけに止まるものでなく、もつと重要な修整が必要である。――卽ち觀點をかへて說かれることによつて始めて日本の學校の教科內容として成立するのである。外國語科の場合にも同じ様な修整が必要であつて、皇國文化との對比に必要な材料が選擇され、外國のもの丶見方、考へ方、ひいてはその國の文化の特質に就いての正しい認識と批判とがもたらされる樣に教育せられるのである。正しく知ると云ふことは自己をすて丶對象の中にとび込むことではない。日本人が外國語を知ると云ふのは、その外國語と日本語とを結び付けることに他ならないのであつて、この關係は私は前に自覺のための「他覺」と云ふ云ひ方で説明した。

所謂「教養」と云ふことが從來あまりに漠然と使用せられ、またあまりに無造作に實行された樣に思はれる。「教養」は再檢討され整理せられる必要がある。徒らに廣く深くと知識を求めるものは結局ファウストと同じ最期の惱みに陥らざるを得ないであらう。生活信念に裏づけられない知識は眞の知識ではない。外國語について教養的價値が考へられた場合にも同樣であつて、なるべく廣い範圍の外國語をそれを母國語とする者と同じ樣に操ることを目的として學習される傾向があつた。外國語は女學校の教科目の中の茶の湯や生花とはちがふ。「外國語の一つ位は知つてゐなくては」と云ふ樣な立場からの外國語の學習は泰平の世の有閑者の場合は知らず、今日以後の日本では許され得ないことである。教養は國家目的の線に沿つて配列される場合にはじめて價値を持つことが出來る。

外國語が教科目として外國歴史や、外國地理と異る點はその發展的な性質であらう。これは言語そのものが一つの文化財であることに起因する。外國語を習得すれば人々はその力を驅使して種々の知識と思想を獲得する樣になるのである。この點で外國語は識見の長養のために獨自の立場を持つのであつて、教室で聞き且つ話した內容はたゞ發足點にすぎないのである。同一國民以外のものとの意思の疎通も、母國語で書かれてゐない文獻に直接に接觸することも出來る樣になる。教科目としての外國語はこれらの場合を十分に豫想して、將來國家の重責に任ずべき者に對してこの廣大な視野を獲得させるのである。そのために教室に於いては出來るだけ多方面な教材を用ひて發展性のある教授を行ふ樣にしなければならぬ。國家は指導的國民が夫々の職域に應じて諸外國の政治・經濟・科學・技術・軍事・藝術・產業等の文化の諸部門に關する正確敏捷なる知識を持つことを要請するのであつて、その要求を果し得るがためには各々の專門的知識の上に必ず外國語の知識が必要である。また皇國の世界に於ける指導的立場が重要になるにつれて廣義に於ける他民族の教化者として立つことが益々必要になるのであるが、この場合にも他民族に對する我が文化の精華を理解せしめるために外國語の智識を必要とすることも云ふまでもない。これらの目的を達成するのに充分な外國語の能力は學校在學中の學習では勿論得られないであらうが、それに對する基礎は普通教育の學校に於いて準備せられなければならぬ。

外國語科が發展的な教科目であることは反面から見ると準備的なものであると云ふことにもなる。普通教育の諸學科は專門教育のそれらよりも概して準備的であると云ふことが出來るが、その中でも外國語科は特にその傾向が强い。自然科學系統の諸學科や修身公民科の如きは非常に日常生活と近接したものであり、國語や國史の如きも外國語に比すればはるかに日常性をもつてゐる。之に反して外國語はたとへ五ケ年の中學校の課程を修めてもまだ前述の樣に日常の會話に用ひて事足ると云ふ域にも達せず、その外國語で書かれた新聞雜誌も讀みこなすことが出來ないと云ふ狀況である。少くとも中學校や高等學校の外國語は將來の專門敎育を受ける場合又はその以後の實生活の間に研究をすゝめ見識を廣めるための準備であると見なければならぬ。この樣な準備性の故に從來屢々英語敎育は世の批難の的になつたのであるが、準備的であるが故に敎科目としての價値が低いと云ふことは不合理な短見である。むしろ準備的であるが故にこれを敎科目の中で重く扱つて行かねばならぬと云へるのである。日常的なすぐに利用のできる樣な知識は敎室で取扱はなくても生徒は好んで積極的に自修するかもしれぬが、準備的なものは放任しておけば閑却せられがちである。外國語の動詞の變化の形を記憶するよりも物象や地理で敎はることを覺えておくことが容易でもあり「實用的」でもある。しかし皮肉なことには今日の生活に「實用的」なものは明日あさつての生活ではもうすぐ非實用的となるのである。文化の急速な發展はあらゆる部門の知識をすぐに「時代おくれ」にしてしまふ。まだ今後どの樣な方面で如何に多くの外國文化と取組まなければならぬかもしれぬ今日の日本にとつてはその基礎敎育に於いて見識を廣めるのに必要な能力に萬全を期しなければならず、そのためには準備的・基礎的な外國語は是非重點をおいて敎へられてゐなければならぬ。その日その日に必要な敎養を旣成品として受領して行くのでは煩雜でもあるし、消極的・防衛的である。この樣な狀況では眞の意味の「指導者的國民」はとても出來るものではない。

六

人間の個人生活に於ける修養が過去の反省と他人との比較を機緣として行はれると同樣に民族生活の發展も亦その過去の文化に省みることゝ他民族の文化と比較することによつてはじめて實行に入ることになる。比較は直接的でなければならぬし、多面的に活潑に行はれる必要がある。外國語の教養が國民の極く一部分に限定されることはこの比較を狹めることであつて發展的民族の採るべからざる方策である。何故なら過去の反省と他との比較なくして民族は自らを知る方法がなく、自らを知らぬ民族は發展することは出來ないからである。卽ち發展的な自己完成のために外國語教育が必要であるが、こゝに發展的と云ふのは、外國語教育の徹底によつて一國の文化が國外に伸展する性格を持つことである。外國文化を攝取することは同時に皇國文化を廣播することの契機である樣な狀態が整へられなければならないので、文化に於いても片貿易は斷じて避けなければならぬ。これを避ける方法は旣に述べた處によつて明白である樣に攝取に當つて自國文化の昻揚と云ふ目的を逸しない樣にすることの他はない。自國文化をより鞏固により高次的にするために役立つ樣に外國文化が攝取されて行つてこそ、その外國文化を積んだ船の歸り荷が出來る。この歸り荷を豐富ならしめる樣な外國語教育をわれわれは自主的外國語教育と稱するのである。かくして外國文化攝取の途が同時に皇國文化昻揚の途となり、外國語教育が皇國の雄渾な國策に對する唯一獨自の奉仕の役を果すのである。こゝに皇國文化と云ふのは個人々々の教養の總和ではない。教養はどこまで行つても結局個人的のものであつて、われわれが今日追及するのはさうした自由主義的な私的所有ではない。國家の世界的立場に基づいて適當な分野に配置されたそれ〴〵の國民が自分の任務の十分な自覺の下に前述の様に外國語の學習を遂げる。こゝに至つて外國語の知識は皇國文化の一部門として個人の手に在る國家財産となり、かくして組織的な外國文化攝取の途が開かれ、同時にそれによつて國外に宣揚すべき性質を有する文化が創造せられることゝなり、所謂外國語の「實用的能力」を活用する實體が整ふことゝなる。實體のない實用はあり得ない。之を逆に云へば宣揚すべき實體の文化があつて始めて實用が價値を生じて來るのである。

この様に考へて來ると外國語教育の目的を教養的價値と實用的價値とに分けて考へることの不合理が理解されると思ふ。外國語教育の目ざすところはその正確な把握にあることは一應異論のないところであるが、この「正確な把握」と云ふことを分析してみる必要がある。それはその外國語を母國語とする人の様な理解の仕方を指すものでない。一つの母國語を別に持つて育つたものにはその様な把握はしようとしても出來ないことで、それは言語がものゝ見方考へ方を表はすものであり、同じことを常に二様に考へることは不可能ではなくても非常に煩雜で困難であることからでも說明がつくであらう。卽ち外國語の正確は把握と云ふのはその言葉の音聲と意味との兩面に亙つてこれを母國語と正確に聯關させることに他ならないのである。日本人に國語を學習させる場合には「醇正な國語」と云ひ、外國語の場合には「正確な把握」と云つて區分するのはこの相違から來るのである。外國語を「正確に」知ると云ふのはそれを國語と「正確に」結びつけることであつて、外國語をその外國のために醇化するのでないことは論を俟たないところである。

外國語の正確な把握はこの様にして當然國語のより深い理解となる。例へば國語だけしか知らぬものは人間の音聲はアイウエオ……の五十音に限ると考へるであらうし、文字は假名と漢字に分類することであらう。それよりも重要なことは地上のすべての人間は日本人の如く思考し、日本人と同様な世界觀を持つものと考へるかもしれぬ。外國語の學習によつてこの偏見は單に理論的にでなく極めて具體的に打破される。國語の言語一般に對する定位の理解が生ずればそこから當然國民的自覺に導くことも出來るし、國語の向上醇化の途も拓かれて來る。

また前に述べた様な外國語の正確な把握から生ずる第二の結果はその外國語の驅使能力の獲得である。外國語の理解でなくして把握を目ざすところに自然に驅使能力が生ずるのであつて、教授に當つて理解能力と驅使能力とを分離して取扱ふことは出來得る限り避けなければならぬ。この兩者を常に綜合的に取扱ふことによつて始めて把握が可能となるのである。外國語を國內で學科目の一つとして學習する場合は如何に方法をつくしても讀む様に話し又書くと云ふことは出來難いであらうが、正確な把握を目ざして教授されたならば外國人として一應の驅使能力を獲得し得ることは疑を容れない。前にも述べた様にこの驅使能力はどこまでも皇國文化の精華を宣揚するためのものであつて、外國人に接近して之に低頭するためではない。從つて外國語の驅使に當つては如何にわれわれの云ふことを相手の外國人に理解せしめるか、が研究さるべきであつて、如何にしてわれわれの使ふ外國語をそれを母國語とする外國人と同一ならしめるかと云ふことではない。

以上外國語教育の目的について述べて來たところを表示すれば凡そ次の様になるであらう。

第一段階	第二段階	第三段階	第四段階
當面ノ目標	ソノ結果	文化面ヘノ適用	終局ノ目的
外國語ノ正確ナル把握	國語ノ理解深化	外國文化ノ攝取	皇國文化ノ昂揚
	外國語驅使能力ノ獲得	皇國文化ノ宣布	

圖表は屢々誤解を伴ふものであるからこゝで簡單に説明を加へるならば、外國語教育は第一段階から漸次第四段階へと進むべきであるが、目的は常に一つであつて第一段階の第一歩においても第四段階で示されてゐる目的に歸一する樣に實行せられなければならぬ。又目標を餘りに迂遠に置くことは避けられねばならぬし、また最初から幾通りかの目標を同時に設定することも不可である。右の表に示す第二段階の二つの結果も決して別個のものではないことは本文の中で述べたところによつて明かであらう。第三段階への前進は普通教育の學校では實現に至るとは考へられないが、これも外國語教育の最終の目的を達成するために當然經過すべき道程として最初から外國語教育を行ふ教師の視野の中に置かれなければならぬ事である。皇國文化の宣布が外國文化の中の必要なものゝ攝取と同じ段階で表裏一體の關係で推行せられることが大に意味があると思ふ。外よりの攝取と外への宣布とが別々の途を採らない樣にするためには皇國文化の振興と云ふ國家的要請を教師も生徒も身を以て體得して居ることが必要である。前に外國語教育は準備的であると云ふことを書いたが、これはこの終局の目的が學校在學中には却々に實現せられないものであることを意味する。元來目的なるものは一つの方向であつて容易に到達

し得る點ではない。換言すれば一時間々々々の授業がその方向に向けられて居ることが目的の目的たる所以である。

同じ意味で第四段階も亦學習者たる生徒の現實の作業としては實現せらるべくもないことである。皇國文化の昂揚は單に外國語教育のみの問題でなく、教育の各部門がこの一點に歸するものであつて、謂はゞその綜合目的である。國家教育の目的たる「皇國民ノ錬成」とは換言すれば右に述べた皇國文化の昂揚に參與し得る國民を養成することであらう。われらの英語教育もこの目的から逸脱しては意味をなさないのである。

七

以上の樣な觀點から皇國教育に於いてあるべき外國語教育を構想してそれを今日の狀態と比較してみると、先づ第一に外國語の種類が擴大せられると云ふことである。卽ち英語卽外國語と云ふ樣な現狀は打破されて、皇國の文化の將來を考慮して他の諸外國語が採用されるであらう。普通教育の外國語としては日本文化の昂揚に役立つ外國語をその重要さに應じて採り上げらるべきであつて、英・獨兩語はその中でも最も有望なものであり、それに次いで伊・佛及び露語が考へられる。この中で現在最も閑却されてゐるのは露語であるが、これはソ聯がわが隣國であると云ふ理由の他にソ聯が今日までに築き上げてゐる文化は閑却すべからざる價値があるからである。近來の日本の指導者のソ聯文化に對する態度はやゝ敬遠主義となり、例へば中等學校の教材等にもソ聯に關してはよくも惡くも觸れることを好まなかつた。この態度は今日一部の人々が英米文化に對して執らうとしてゐる態度と、その根本の心理狀態に於て相似たものがあるが、われわれはそれほど日本精神は基礎薄弱なものとも思はないし、逃げ腰になる樣な卑劣さを採りたくないと思ふ。日本の普通教育の中で相當數の學校は外國語として露語を採用すべきであると信ずる。

現代支那語と馬來語泰語等の大東亞各地の言語をどうするかと云ふことが次に考へられる。大東亞共榮圈に進出する人物の錬成は普通教育を終へたものに對して政府の手で統一して行はるべきものでそれらの人々に對してはその目指す國々の言語が教授せらるべきであることは論を俟たないのであるが、これらは普通教育の外國語とは性質を異にするのでその教育については別個に考へらるべきものである。その理由は外國語教育の目的として既に述べたところによつて明かであらうと思ふが、要するにこれらの言語で書かれた文獻には採つて以て日本文化の內容を豐富ならしめる樣なものは尠く、寧ろ問題はこれらの言語によつて生活してゐる人々を如何にして日本語に接近せしめるかである。日本の普通教育の目標はどこまでも中堅有爲の皇國民を作ることにあつて、外地進出者の準備教育そのものではない。

ギリシヤ、ラテン、サンスクリット等の古典語も亦普通教育の外國語の中に加へられる必要はない。それは日本人が一切研究の必要がないと云ふのでは勿論ないので、國內には若干の秀拔な學者がそれらの一々の言語について存在しなければならぬし、これらの人材の養成は帝國大學等の專門教育に於いて遂行せらるべきである。

前述の様な各種の外國語はそれぐ＼學校別に主として一校に一外國語を決めて之を採用した方が種々の點で便利であらう。國家としてはその重要性に應じて一つの外國語を一つの學校に配當することにする。例へば英語及び獨語を夫々三割、伊・佛・露を各一割、他の諸國語を合計一割と云ふ樣に十分な研究の上に比率を決定して、その率によつて各學校の採用すべき外國語の種類を決定することにしたらいゝであらう。

僻地の女學校や實業學校にまで一律に外國語を課する必要はない、と云ふのはわれわれの年來主張して來たところであるが、今日ではこの點は既に實行に移つた樣である。教育の國家管理が强化せられるにつれて一府縣を一單位として外國語の配當をなし、その外國語に對する時間配當にも差異を設けて上級學校に進むべき生徒はなるべく一括して同一學校に收容して之に對しては相當徹底した外國語の力を附與する樣に時間數も多くする必要がある。その代り中等學校で學校教育を終つて實務に就く豫定のものには今日の半分以下の時間數を充てゝ外國語の基礎的な概念を與へるにとゞめて他の實務に必要な學科に重點を置く樣にする。

これと連關してわれわれは高等普通教育の學科の中に外國文化概論の樣なものを加へる必要を感じてゐる。これは特に女學校、實業學校及び上級學校に進學しない中學校生徒に對して課するもので諸外國の文化の特質・程度及びその顯著なものについて概念を與へるものである。他の諸學科は今後は特に日本的なものに集注整理されるので、これに對して外國の文化に對する見方考へ方を授けて置く必要があると思ふのである。例へば各國の政治形態、經濟組織、科學の傾向、教育組織、重要な宗教及び藝術の特質等を勿論日本語の教科書を使用して教授するのである。なほこの問題に關しては他日機會を得て更に詳しく考察したいと思ふので、こゝではたゞその要旨を述べるに止める。

外國語科の教授內容もその目的の確立に伴つて根本的に整理されなければならぬ。「役に立つ樣に」と云ふことを再考し、皇國文化の昂揚に必要な部面のみを採り上げて、その重要度に應じて教授されなければならぬ。國內に於いて外國人と雜居し、それらの者の指揮指導を受ける場合を豫想した植民地的教授內容を徹底的に除去し外國文化を攝取するために必要な力を附與することになる。外國語の力を讀解力と發表力とに分けて考ふれば讀解力の附與が教授の重點でなければならず、發表力附與のための教授は讀解力の增進に寄與する樣に配慮せられなければならぬ。それは發音や抑揚を無視せよと云ふことでは勿論ないのであつて、われわれは將來の外國語教育が現在の「漢文」の樣な外國語でもなく自國語でもない第三の言語を作り出す樣なことがあつてはならぬことを機會ある每に主張してゐる。（例へば雜誌「英語教育」昭和十三年九月號）また發音を無視しては外國語のスペリングを教へ記憶させることも出來ないし、抑揚のない英語は英語として外國人には理解出來ないのである。要は目標を一つに選んですべての教授作業をそこに歸一せしめ、あれもこれもと云ふ慾望をおこさないことである。

教材にしても同じことであつて英米文化の本質を理解するのに役立つものが選ばれる必要がある。その文章が英米をほめてゐるか貶してゐるか、と云ふことは問題ではないので、これによつて英國とはこんな國であり、米人とはこんな物の見方をするものである、と云つた樣なことを理解し易いものを選ぶべきである。それは必ずしも英國論、米國研究と云つた様な眞正面からの論文でなくても結構であるが、如何にも英米文化の本質を露呈したものでなければならぬ。程度の低いクラスに於いては英國のお伽噺や諺もよし、倫敦の町の風景を描いたものでもいゝ。英人が見た第三國の自然と文明についての文章であつても差支ない譯である。

教授方法の上から云ふと教師が知つてゐることをその通り生徒に教へて記憶させることを主とする方法を改めて、生徒をして自發的に研究させて自ら道を求めて行く様に仕向けることであらう。他に必要な學科内容が相當生ずるので外國語の時間數は減少するだらうと思はれるから、教科書の程度は在來のものに比すれば貧弱なものになるだらう。しかしこのことは普通教育の外國語の低下を意味するものではなく、またさうあらしめてはならない。教育の效果とは教科書に書かれてゐる内容でもなく、教師がどれだけを教壇の上で物語つたかによつて決定するものでもない。生徒をして自らの力によつて探究を續けて行かしめるための力を獲得させることが教育である。外國語について之を云へば教室でどれだけの文字と文章とが教へられたかゞ問題であるのでなく、如何に外國語を理解し驅使する力を得たかと云ふことである。外國語に對する確實な基礎的知識と必要な辭書と參考書とを以てすれば、あとは生徒自らの演錬がものを云ふのである。教室とはこの様な生徒の修錬の場である。以前に一部で行はれた自由主義の「自學自習主義」の弊に陥ることなくして積極的に潤達な修錬を達成する様な授業がこれから實際教育者の手で工夫せられなければならない。

最後に外國語科と他の諸學科との關係であるが、來るべき新しき普通教育の體制にあつては外國語は他のすべての學科と違つた面に向いて立つことになると思はれる。文科系統の諸學科はもとより理科系統のものさへも日本的乃至大東亞的なものに整備されるのであるから外國語との緣は從來よりも薄くなる樣に感ぜられる。(例へば修身科には外國の例話が少くなるであらうし、物理や化學の教科書にあつた片假名や外國語の術語も姿を消すであらう。)そこに外國語科がより孤立的な相貌を呈すると見ることも出來るが、それだけに外國語の分野が廣まると見ることも可能である。則ち少し極端に云ふならば外國語科は他のすべての學科の裏付けと云ふことになる。少くとも外國語科の廣がりは他のすべての學科にまで及ぶことになるので、國民をして益々該博な識見を具備せしめることが必要である限り、外國語科によつて他の各學科に於ける外國とのつながりを認識せしめる方面の任務を分擔することになると視るのは不當であらうか。

× × ×

要するに現下の情勢は國家教育の諸面の中でも特に外國語教育に關して重大な決意を要求してゐる。「英語」を「外國語」に塗り換へ、時間の減少を能率をあげることによつて補ふと云ふ樣な姑息なことでは濟まされないのである。そして我が國の外國語教師は未練をすてゝこの國家的一大開進の先頭に立つて國家百年のための新しい教學を實踐しようとしてゐるのである。この時に當つて切にわれわれの希ふところは教育一般の指導的地位に在る人々がこの一文の冒頭において筆者が指摘した樣な世の一部の短慮な見解に左右されることなく、國家のあらゆる方面への發展に卽應し得る樣な國民教育の體制の確立を考へてもらひたいと云ふことである。この生ける驗ある御代にあつて國民の誰一人として報國の至情に燃え立つてゐないものとてはないのであるが、わけても外國の文化に眼を向け、その教學に身を委ねて來たひとたちが今にして奮ひ立つてゐるのはさもあるべきことであらう。この志情を無にしてもらひたくない、これを正しく導き、これを生かすことによつてはじめて國家教育に脈脈たる發展的氣慨を護持して行くことが出來ると思ふ。（昭一七・八月）

英語教育の意義と教材

小川二郎

一

中學に入學した許りの可憐な生徒が、力一杯の聲を張上げて、何んの餘念もなく情熱を傾けて英語を學んでゐる教室の情景を考へて見よう。西歐文化を代表するこの一つの生ける言葉が、無邪氣な子供の心に喰入る狀態はすさまじく恐ろしい許りのものである。これが大東亞戰爭下に於ける我國の初等科英語教育の現實の姿である。或人は之を憂ひて、國を誤まる基と歎くかも知れない。併し私は三千年の文化を脊負ふ皇國民として教育されて來、また教育されつゝある彼等少年の、この激しいひたむきな外向性、謂はゞ限りなく外に向つて擴がり行く浪漫精神に、躍進して息まぬ日本民族の情熱を感得して誠に賴もしく思ふのである。無邪氣な少年達に、英語教育の實用とか、敵國の理解とか、西歐文化の理解とか云ふイデオロギーはないかも知れない。彼等は只無自覺にこの新たる外國の言葉を學んでゐるのであらう。たゞ併しその無自覺の裡にも、何物かを理解しよう、そしてそれを捉へてみよう、それから折があらば片言でゝも學びとつた知識を實践してみようとする意慾はあるのである。私はそれを思ふ。そして古くして尚且新しきわれわれ民族の小息みなき、よき意味での外征的精神に頭の下がるのを覺えるのである。この異國に向ふたくましき精神を國民の中層に湧立たせ、之を盛上げ持續發展せしめうるものは、英語敎育の持つ重大なる意義である。異國の風物文化を生きた感覺で感じてみるのは、ひとり英語敎育と云はず、廣く外國語敎育をおいて他に道はない。人々はこのことを深く考へてみなければならない。

今この英語學習の同じ熱意が、文化も歴史も傳統もない未開の民族の中に見られるとすれば、私は反對に暗澹たる氣持になるであらう。それは彼等未開の民族が、恐らく無意識ではあつても彼等の征服者の文化の中に自己を沒れさす姿態であると云ふより他には考へようがないからである。文化を持たないものは高度の文化の中に卷込まれて自主性を失つてしまふ。それが文化現象の流動の姿である。大東亞聖戰下に御稜威の御光に照し出された弱小民族の魂を失つた、自主性を喪失した歐化の悲劇をわれわれは澤山に見出してゐる。御稜威の下に集ひ來るものを凡べてその本然の姿に於て生かしめ給ふ皇恩の尊さとは異なり、彼等に强制された、そして彼等の側に於てもまた進んで影響されて行つたであらう歐化主義は、彼等を魂なき傀儡にしたに過ぎない。それが私の感傷をそゝるのである。これと我が國少年達の英語學習の熱意とを同日に談ずるならば、それは我國の歴史と文化と傳統とを無視した無謀の行爲と云はねばならぬ。

この少年達の英語學習の熱意に應へることが、進展する日本民族の浪漫精神を育成することになるとすれば、英語教育の意義は重大であり、その意義を生かすためには、教材の問題が何よりも大切になつてくる。思ふに英語の構造を教はることによつて、我々の知的精神的訓練は行はれるわけであるが、その内容となり、その裏付けとなる教材内容自體が受持つ情意の陶冶を私は重視したい。英語教育も、各教科目と聯絡を保つて、生徒の全人的陶冶を計らねばならないが、われわれの教養を以て受持たされる英語教育は、情意の陶冶に重大な責任を持つてゐる文科的性質を多分に帶びたものであるからである。情意の陶冶と云つても、勿論それのみを目的とせよといふのではない。英語教育と云へば、語法形式のみを教へれば仕事が終つたやうに人も思ひ我も思ふやうな一方的の考へ方がないでもなかつた。さうした英語教育觀のみに立つと、ゑてして英語教育の非能率が云々されるのである。中等學校に於ける英語教育は、單に平易なる文章が讀め綴れ話せれば仕事が終るのであるか。確かにそれ丈けの能率の獲得でも尊敬せらる可き能力の育成である。實用主義の人はそれで滿足するのである。併し中等學校に於ける英語教育には英語を通して西歐の文化を研究し理解し批判する素地の基礎付けを行ふことが要請せられてゐると思ふのである。それはまことに初歩的な基礎工作に過ぎぬかもしれない。併し之を中等學校に於て行ふのでなければ何處で行はうと云ふのであらうか。更に或る論者は云ふかも知れない。中等學校より更に上級學校に進む者は卒業生の三割にすぎないのに、尙且凡べての生徒に英語教育を課していゝのであるかと。私もそれを疑ふ。故に從來の如く一律に英語を外國語として課することに疑問を持つてゐるのであるが、少なくとも中學校の一部に於ては、授業時間數は半減されても、將來の指導者を養成するために英語は課せられねばならない。そのためには英語の代りに獨逸語でもよいであらうが、要するに西歐文化を代表する言葉は敎へられなければならぬ。それも將來必要な者丈けに敎へると云ふ重點主義も考へられるが、敎育は何時の時代でも機械的に能率的に許りは行はれない。それは理想ではあるけれども若干の犧牲は止むを得ない。勿論犧牲を好むわけではないけれども、十分愼重な制度を考案した上で起る犧牲であれば止むを得ないとしなければならない。それが人生のあり方であるからだ。それと云ふのも、文化の高さはその底邊の長さに比例するからである。細長い金字塔は不安定で、それが巍然と聳えるためには土臺が宏大でなければならない。英語敎育の無駄、若しそれが無駄だとすれば、高い金字塔の建設に必要な礎の構築だと思へばいゝのである。而も私はそれを無駄だとも犧牲だとも考へてはゐない。それは英語の形式を理解せしめることによつて、國民精神の外向性を育て、且つ敎材内容による情意の陶冶に資しうるからである。謂はゞ心の窓を打開き外氣を流入せしめうるからである。もつとも、それには皇國民としての情意的陶冶に役立つやうな積極性を持つた敎材が適當に選擇せられることが前提になければならぬ。云ふ迄もなく中等學校に於ける英語敎育では高き意味での西歐文化の攝取は望まれない。それへの可能性の育成であるからだ。そこで私は高き文化の攝取以前に、英語敎育による情意の陶冶を考へてみたのであつた。語學といふ點から云へば、それは勿論國語敎育によつても行はれることであるけれども、外國語敎育からはまた別種のものが獲られる。と云へばそれと皇國精神との背反を懸念せられる向きもあるかも知れないが、例へば政策的な意味を持つた植民地向きの如き英語敎材を採用しない限り、その心配は先づない。何んとなれば英語敎育を通して皇國民錬成の責任を分擔しつゝあるわれわれの教育的自覺の熱意からも、歐化の危險は防げると信ずるが、他學科の、とりわけ公民科教授者の、國家意識昂揚への直接的な努力を信賴すれば、次代の國民が已れの在る可き姿を忘れ、西歐人の考へ方や感じ方を模倣し、之に泥むとは考へられないからである。私が曾て外人に日本語を教へた經驗からすれば、日本語の簡單な用法は直ぐ覺えられたが、直ぐまた忘れられた。然るに教材として用ひた竹取物語の精神內容は本文の完全なる理解によつて何時までも記憶せられた。卽ちこれは教材の內容が及ぼす力である。彼等はこの素朴なる物語から日本的なもの、それは適確に表現せられない性質のものではあるが、物語の與へる情緒性に感動したのである。これが語學敎育の創造する大事な點である。私の云ふ外國語敎育による情意の陶冶は、言葉の正しき理解と把握、卽ち語學的錬成の齎らすさうした效果を指すのである。かうした敎育がわれわれの精神發達にどれ丈け大きな意味を持つて來るか、計り知り難いものがある。さういふ理想は外國語敎育によらなくても行はれると考へる人もあるであらう。併し精神とか文化とかは多く言葉によつて傳承せられ傳達せられるものであることゝ、言葉といふものゝ性格を深く考へるならば、外國語敎育は西歐文化に直接に接する唯一の道であることが理解せられ、必ずしも外國語敎育によらなくてもよいとする繩張爭ひのやうな偏見は解消する。日本語で語られる外國文化は、已に日本の文化財となつてゐるので、なまのまゝの外國文化とは云へない。卽ち言葉とは精神であつて、日本語とは好むと好まざるとを問はず日本精神を語るものであるから、日本語で語られる外國文化とは、已に外國文化ではなく日本精神に同化せられたるもので、日本の文化財である。例へば坪内逍遙のシェイクスピア飜譯は日本文學であつて英文學ではない。この理からすれば周知のことゝは思ふが、外國文化の正しき理解と批判と同化とは、その國語に對する正しき知識なくしては決して望まれない。外國語の理解が卽ち外國文化・外國精神の理解を意味する。文化の孤立は文化の衰退を意味するのだし、日本的世界觀の樹立を目指す限り、その構想の中に外國文化が當然有機的に接收されてくることを思へば、萬々が一にも英語教育が沒落すると假定しても、一般外國語教育は決して亡び去るものではない。

外國文化をその原型に於て理解せしめることは、大國民錬成に重要な事項である。この場合、中等學校英語教育に於ける外國文化といふ意味の解釋が問題とならうが、文化とは必ずしも高度の科學知識や文藝精神などに限つたものではない。文化とは精神のことであるから、I am a boy. と云ふ單純な文章の中にも、英國精神は捉へられるのである。之は決して「私は少年である」といふ邦文とは同じではない。主語と補語との中に叙述動詞を包む英文の構造は、叙述動詞を最後に配置する日本文とは、思考形式の相違を示してゐる。而も a boy によつて彼が聯想する觀念内容は、John であり Robert であらうが、我は太郎を思ひ次郎を描いてみる。boy と少年といふ簡素なる語彙にして已に彼我兩民族の歴史と傳統の相異が窺へる。この道理を深く思ひみるならば、英語教育を從來の如く中等學生全部に、教授時間數の四分の一にも當る多くの時間をかけて課することは不可であるとしても、只僅少の一部分の者にのみ課し、他の多くの者には必要とあらば飜譯を與ふれば可なりとする考へ方の如何に早計であるかゞ分るであらう。と云つても私は飜譯を否定するのではない。飜譯は外國文化接收の最も具體的な方途であるから、私は寧ろ今日迄餘りに外國文化を紹介するに大切な飜譯の仕事が、眞實な價値に於て理解せられず尊重せられず無統制のまゝに放置せられてあつたことをなげいてゐる者である。高度の外國文化をその原型に於て、即ちその國語に於て理解し批判し同化し得る人士は、外國語教育を重視しすぎたと云はれる今日と雖も皮肉なことながら國民の極少部分に限られてゐるから、外國文化を我が物とする直接の道なる飜譯は從來の如く定職なき者の糊口の資をうる道といふ風な侘しいものとはせず、高き知性と情感とを具備する知識人を動員して組織的に、希はくは國家的經營の業としたい。かくの如く飜譯を必要としなければならぬ程、學問の世界に於てさへ外國語に通曉する人の數が僅少であるとて、それが直ちに外國語教育の廢止の理由とはならない。國民の中層が I am a boy. といふ英文の構造を通して彼我の精神の相異を把握してゐることが、東西文化の綜合の礎となる故に大切なのである。中等學校に於ける英語教育の根本的意義は爰處から發し、爰處に終つてもいゝのである。生きた外國語を通して彼を知ることに、文化の向上が約束されてある。

この問題を更に進んで教材の側から考へてみよう。先きに述べた竹取物語のやうに、心に殘る教材が選ばれねばならない。心に殘るものとはわれわれの心意發達に役立つものといふことに外ならない。心意發達と云つても、それには知識を向上せしめるものと、情意を高揚し純化し錬成するものとの二つが考へられるが、前者は英語教育に關する限り後者程大切ではない。知識の向上は中等學校に於ては必ずしも英語教育に俟たなくとも、他の學科で十分に行はれるからである。子供の時代に情意を正純に高揚發達せしめて置くことは、われわれの一生の精神生活を決定することになるのである。「子供は大人の父」と云はれるやうに、情意の陶冶は、とりわけ子供の時代を逸しては萬全を期しがたい。そのためには如何なることがわれわれの精神發達に役立つたかを一々指摘してみることは出來ないけれど、心に殘り、何時までもなつかしまれるやうな內容を教材に盛ることが必要である。私の記憶に浮んで來るものを思ひつくまゝに拾つてみれば、先づ中學四年の時に教はつた Longfellow の *The Village Blacksmith* である。日曜每に教會にお參りする敬虔なこの鍛冶屋は、娘が合唱隊の中に交つてうたふ聲を聞いて亡き妻のことを思ひ、固い荒くれた手で涙をぬぐうのである。そして每日を喜びつゝ悲しみつゝ働き乍ら暮して行く。詩人はこの鍛冶屋の生活から、われわれの運命と行爲と思想の形成の仕方を學びとつて感謝の念を捧げてゐる。今にして思へば、この詩の思想と感情は大人のものである。併しそれが情感の形で私の記憶に殘り、折ある每に思ひ出されては私の精神の糧となつて來た。さうして Each morning sees some task begin, Each evening sees it close; Something attemped, something done, Has earned a night's repose. の主格の用法の、日本語とは趣の違つてゐることが指摘せられ教へられたことが、深く心に殘つて、言語形式の上からも、未知の世界を開き示されたやうな驚きを經驗したが、この驚異が、異國的なものゝ理解と攝取に重大な機緣となることを思ふのである。それには詩の良さもさることながら、教授者の適確なる教授法がより以上に印象的であつたことが考へられなければならぬので、餘談ながら、教育は結局教授者の人の問題であることを思ふ。同じ Longfellow の詩では *The Arrow and the Song* が心に殘つてゐる。この詩は私が教はつたものではなく、或女學校を參觀したとき、偶然之が三年の教材として教授せられてゐたのであつた。詩人が矢を射たところが何處に落ちて行つたのか分らなくなつてしまつた。又詩人が空中に歌をうたひ上げたところ、その歌が消えて聞えなくなつてしまつた。ずつと後になつて詩人は、その矢がこはれないで樫の木にさゝつてゐたのを見出し、消えうせた歌が初めから終りまで、友人の心に記憶せられてゐるのを知つたといふ意味のこの詩は、大人になつてゐた私の心に深く印象づけられたのである。大人の私が感動したのでは、中等學生の教材としていゝのか何うかは決定出來ないのであるが、Mary E. Burt 編の *Poems That Every Child Should Know* の卷頭には、この詩が載せてあり、編者の頭註によれば、六歳の少女が好んで編者に暗誦して見せたのであるし、その子は澤山の詩を暗んじてゐたが、この詩が一番の氣に入りであつたゝめ、その子に敬意を表して卷頭に掲げるとのことである。その少女は勿論アメリカの子供であるが、日本の子供の心にも必ず訴へるものがあると思ふ。子供はこの詩から深い意味を汲みとることは出來ないであらう。併しこれが心に殘つて居れば、大人になつてから反趨することで色々と敎へられるところがあるであらう。花は時が來れば開く、われわれとしては、その時の準備に萠芽を養ひ育ててやることが大事である。

この二つの詩は道徳的價値を以て、われわれの心にふれて來るものであるが、哲學的意味を以て人間性を敎へるものに、Wordsworth の *We Are Seven* が思出される。この詩の主人公である乙女のもつ死の觀念は、大人の常識的な死の觀念即ち死を消滅と考へる大人の常識と性質を異にしてゐる。死は肉體の消失ではあるが靈の永生することを教へるのは宗教である。そこでわれわれは死者の靈を祭る。それは大人になつてから宗教の教化をうけて行ふ尊い行爲であるが、詩人はその尊い精神主義の起原を、八歳の女兒の言動の中に窺知する。卽ち大人の宗教心は子供の時に已にあつたものである。あつたものが再發見されるのである。云ひかへれば大人の宗教心とは已に子供心に宿つてゐる神性の復興である。この理は單にこの詩に盛られた死生觀の問題に限らず、人生百般の事象に通ずる眞理なのであつて、無から有は生じないこと、全然種のないものから芽が出る筈がないことを語つてゐる。「子供は大人の父である」と云ふこの詩人の思想は、かうした體驗から生れたのに違ひない。中學生であつた私に、この理窟は分らなかつたが、この素朴な詩のこゝろが神祕な死生觀を植付けたことは確かである。同じ詩人の *I Wandered Lonely as a Cloud* は第一行目からして、子供であつた私の心を無限の世界に解放してくれた。實利とは緣が遠いやうに思はれるユークリッド幾何學の、多角形の邊を無限に擴大すると圓になるとする規約が、相對の世界から絕對の自由無碍の世界に私の心意を飛躍さしてくれたよろこびと同じものを、私はこの詩の第一行から卽座に感得し得たのである。われわれは大空に向つて高揚するやうな歡喜を、時々經驗する必要がある。謂はゞ無限に擴大する精神、浪漫的精神の涵養が大切である。飛躍しようとする大國民の精神は絕えず無限大を憧憬することがなければならない。この詩はさうした理想を暗示してくれた。而もこの詩の最後の節で "inward eye" といふ言葉が、深く內に省みるといふ愼重な氣分を暗示して、無限に高揚しようとする心を哲學的な叡知で抑制する効果を持つてゐた。今になつてこの詩が私の精神發達に及ぼした影響を沁々と思ふのであるが、次代の子供達にもこの感激を經驗さしてやりたいと思ふ。

ワーヅワスの詩のやうに哲學的知慧を目醒ますといふ物々しいものではなくとも、素朴なる子供心の淸純な情感をかき立てるものでは、私自身生徒に敎へて感銘の深かつた Christina Rossetti の *Who Has Seen the Wind?* がある。木の葉がふるへて懸るとき、木々がおじきをするときに、風が通りすぎてゐるといふこの詩は、木と風とを通して、自然界に對する子供の注意を、卽ち情緒をしみこませられた知的關心を、喚起するやうに思ふ。動物のやうに無自覺の肉體運動の快樂に沒頭する子供等に、周圍の自然に情感を通して知的な注意を呼起さしめることは、生活を通しての指導であるから、只空粗な抽象概念を以て自然現象を敎へるより一層敎育的である。

受驗準備に役立たないからといふので詩は敬遠され勝であるが、詩の集約的語法は文法形式の十分な知識がなくては理解出來ない。語學的形式から見ても已にさうであるとすれば、内容からする詩の生徒に對する精神的敎化の宏大さを私の如くに認めるならば、敎材としての詩の採用とその取扱ひには、從來よりも愼重に考慮が拂はれねばならないと思ふ。これは散文の場合も同樣であつて、語學敎授だからとて、單に形式を敎へること許りを重視して内容を叮嚀に考へて見ないのは語學敎育者の落入り易い缺點である。今後語學敎授時間の短縮が實現されゝば、短時日の間に能率を上げなければならないといふ熱意と焦燥とから、内容を無視した形式一點張りの圖表式敎材編成が行はれる心配がある。これは形式を暗誦せしめるのに便利で能率的だとする敎授者卽大人の一方的な考へ方から生れて來る。若し學ぶ方が高等專門學校以上の學生で、已に一つの外國語に通じて居り、必要のために新しい言葉を學ばうとする意志と能力のある者なら、この形骸的教材は極めて有效である。尤も速成講習會的に精神內容を餘り考慮に入れて居らない能率主義から見ての話ではあるけれども。從來我が國の英語教育は能率が上がらぬと稱して非難する人が多かつたが、さう云ふ人には、世界各國の都市で外國人の旅行者目當てに開かれてゐる速成語學教授所のやり方を以て、我が國の高等普通教育である中學校の英語教育に當て嵌めて見ようとするものがあつた。中學校の英語教育は英語の學習能力をつけると共に皇國民錬成の精神教育の一端を荷負ふものである。さうしたことについての認識不足が無責任に素人批評を英語教育に投げかけてゐた。しかもそれが、能率といふ現實問題に立脚してゐる丈けに英語教育者自身の信念をさへ動搖さすといふ不穩な力を持つてゐたのである。況んや素人が附和雷同するのは理の當然であつた。これは只に英語教育に限つたことではなく、普遍的眞理に根ざさない、かゝる無責任な常識論が何時の時代にでも、種々の形をとつて、一時的にではあつても、世の安寧を損ねることを警戒せねばならない。今後支那語とか馬來語とかゞ中等學校に採用教授されることになるであらうが、是等の言葉は、その採用理由から當然實利を主とした實際に役立つための教授が行はれねばならぬ。その點英語教授とは精神的に相異がある筈である。英語教育は一つには東西文化の交流にたづさはる將來の指導者階級育成の一役を受持つてゐるので、實利のみを目指してゐるものではない。されば實業學校ではともかく、中學校の英語教育では、簡單なる會話が出來るとか文章が綴れるとかで能事終れりとする一方的な實利主義丈けで終始するわけには行かない。從來は知らず、今後大東亜新秩序建設下の英語教育はそれではいけないと思ふ。小さいながらも、將來西歐文化を正しく批判し攝取しうる能力の基礎付を目的として居らねばならぬ。さう云ふ意味から從來の如く中等學校全般に英語を外國語として課することは、大東亞共榮圈を確立するための廣い意味の國民教育の立場からは不必要で是正せられねばならない。生徒各自の將來の可能性に應じて、文化語としての英語又は獨逸語、佛蘭西語を學ぶものと、實用主義の支那語又は馬來語を學ぶものといふ風に、重點的に教育目的の具體化を計る必要があるからである。英獨佛語の教育は勿論實地に役立つ一方、西歐文化を理解しうる能力の育成を目的として居り、支那語馬來語の教育は何よりも先づ實地に話せ書け讀めることを要請する。重ねて云ふが、中等學校の英語學力では西歐文化の理解を求めるのは困難だと云ふ人々には、私の云ふ英語教育が、將來の可能性を目指すものであることを良く理解して欲しいのである。

かゝる私の英語教育觀からすれば、教材を選ぶにも、形式を重んずることは語學教育の上からその必要は言ふ迄もないことながら、それ許りでは十分ではないので、精神を重んずることが當然要求される。その意味で私は詩の教材論を簡單に述べたのであるが、散文に於ても同樣に考へてゐる。一口に西歐文化と云つても、知識的に之を教へ理解せしめるには、外に方法もあるのであつて、必ずしも英語教育に俟つ必要はない。それでわれわれの立場としては、未だ幼稚なる生徒に西歐文化に接觸せしめるとしても、それは知的によりも、より多く情意的にすることが望ましい。その意味でも私は詩の教材論を略述したのであつた。從つて散文を教材にする場合にもこの考へ方を以てしたいのである。それに適ふものとして、中學生時代に教はつたものでは、Oscar Wilde の

The Happy Prince を思出す。その他の散文教材としては餘り記憶に殘つて居るものがないので、例示することが出來ないのを殘念に思ふ。樂しい記憶に殘つて居るものとは何らかの形で精神發達に役立つたものである。英語の形式さへ教へられればよいとしたやうな、あとに精神的に何物をもとゞめない教材の多すぎたことを、遺憾に思ふ。内容のしつかりしない形式許りの教材は直ぐ忘れられる證據であつて、何を苦んで英語を學んだかと云ひたくなるわけである。

Wilde の *The Happy Prince* は四・五年程度のものであるが、低學年のものではイソップ物語などがよいであらう。さういふ風に英語を教へるにはやはり西洋のものがいゝのであつて、日本物の燒直しは好ましくない。と云つても精神内容のない西洋の食事時の煩瑣な作法などを教材にしたのをみたことがあるが、之は何うかと思ふ。Don't make a noise while you eat. はいゝとして、Don't drink from the end of the spoon. だの Don't cut the bread with the knife. と云ふに到つては、人間を徒らに末梢的にする許りである。Don't の用法を教へるためとは云へ、國民學校の國語讀本にこれに似たやうな愚かしい内容の國語教材があるであらうか。之は全く教材編纂の指導性の缺除であり、思想の貧困を示す以外の何物でもない。It is a dog. や I am a boy. には思想がある。併し「匙の先きから飮むな」とか「小刀でパンを切るな」とか云ふのは、黄毛人の子供になら兎も角、西洋人と食事を共にする機會の皆無に近いわれわれの子供に、むつかしい英語で教へるとは何うしたことであらう。日頃やかましく要求される英語教育の實際的活用への意圖さへこんな教材では汲みとれない。よし西洋人と食事を共にすることが將來あるとしても、このやうな些末な、愚かなる貴族趣味的な、而も何うでも情緒のない教へは何うでもいゝことである。それにも拘らず、之を教はる生徒が、このやうな些末事に興味を覺え、引いてはこの愚かな作法知識によつていさゝかでも優越感を獲るやうになつたとすれば、英語教育の害毒とでも申すより外はない。それも生徒ならばまだしも、れつきとした英語教師が、かゝる知識に愚かしい自負をほのかにでも感じるとしたら、それこそ笑へない喜劇である。否、悲劇であらう。かうした些末事から意味のない歐米心酔が生れて來ないものでもないからである。純眞なる生徒が英語形式を覺えるためと稱して、このやうな文章を强制的に暗誦させられてゐる姿は、涙なくしては見られない姿である。

科學的教材も、内容的には幼稚でも、英語によつて科學知識を習得出來るのであつたり、或は既知のものでも日本語ではなく英語で讀解出來るといふ悅びが生徒に感ぜられるのであればいゝであらう。但し英語教育にまで科學教育をやかましく言はねばならぬとは私は考へてゐない。科學教育にまで色目をつかはねばならぬといふのは、英語教育者のだらしなさを示すもので、將來の英語教育にたづさはる者の教養が變るのであればともかく、われわれの受けた教養では、しつかりと文科的教養を保持す可きで、何んでも御座れの雜學を私は輕蔑する。その他地理・歷史の教材も、一方で已に科學的教材を取入るのであれば勿論よいであらう。とりわけ偉人の傳記物などは出來る丈け取入れたい。併しこれら文學以外の方面から教材を選ぶには、それぞれの方面の專門家の意見を求めることにしたいと思ふ。例へば科學的教材を取扱ふ時、生徒の方が先生より知識的に豐かであつては物笑ひで、それもその場の座興にならぬでもないが、内容の理解は、語學的形式の知識許りでは何うにもならぬことがあるから、餘り專門的な内容のものはさけ、科學隨筆風のものを採用するのがよい。科學的教材を取入れることが必要だと云つても、語學形式を敎へるのがわれわれには先づ第一であるからである。專門的內容のものはその道の專門家にまかすのがよい。これらの敎材が西歐文化の香をかゞしめる程度であつても、英語を通してなされるところに意義がある。異國の言葉を以て直接に異國の文化に觸れうる能力は、何時の時代になつても指導者階級は持たねばならぬからだ。中學校の英語敎育は今後さうした意義を益々附加されて來るであらうし、來なければならぬと私は考へてゐる。英語敎育の轉換期にあたつて私は深くそのことを思ふ。東亞共榮圈の中に英語が通用するからといふ一方的な實利主義丈けで、英語敎育の必要を說くことは淺はかなことである。二十世紀西歐文化を代表する一つの言語としての英語を敎へることは、東西文化の綜合を企圖し得るものが皇國民以外にないのであつてみれば、この大目的を達成するための手段であることに思ひを致し、高い精神的立場から考へ直されねばならない。それは云ふまでもなく、從來の先進國の文化を吸收するための手段であるとする考へ方とは別個のものであつて、異國文化と同じ水準乃至はそれより高い立場からそれを硏究批判するといふ考へ方からする英語敎育なのである。かうした目標が確立されゝば、形式の側からは勿論のことこの大目的に添ふ可きやう精神內容の側からも愼重に考慮され、適當なる敎材が選ばれてくるであらう。

二

今日程英語教育の不人氣な時はない。それはまことにやむを得ないのであつて、それがために英語教育の必要をムキになつて辯じ立てるのは感心しない。東亞共榮圏の中では英語が通用するとか、敵國を知るために必要であるとか、色々理窟をつけてみることも出來るであらう。しかしそれをわれわれが言つて見て何うなるといふのであらう。われわれとしては高く國家の立場から之を考へて見なければならない。そして時代の推移とにらみ合せて之を考へて見なければならない。東亞共榮圏に英語が通用するからと云つても近い將來には通用しなくなる筈である。さうだとすればそんな理由は果敢ないものになつてくる。私が先きに左樣な一方的な實利主義を退けた理由は爰處にある。敵國を知るために必要とする議論も一理あるのであるが、さう云ふ議論を立てると、また定つて英語教師は頭ごなしに叩かれてしまふのである。英語を習つた時に、英國國民性などを教へて貰つたことはないとか、それを把握した人は殘念ながら英語で飯を喰つてゐる人ではなく他の部面で活躍してゐる人であるといふのである。この議論は大部見當外のもので、われわれは英語で飯を喰つてゐる者丈けが敵國を知つてゐると思つてゐるのではなく、敵國を知るためには英語を知らねばならぬと思つてゐるので、そのためにも英語教育は大切だと思つてゐるにすぎない。併しさうした議論にも頭を下げてゐてよい。大いした議論ではないから之に對してムキになる必要はない。只時代は推移しつゞけてゐることを心にとめて置くことが必要である。時代が移るとすれば、その波の間に間に起伏する現象面で理窟を考へ出して議論してゐては駄目である。例へば現に東亞共榮圏で英語が通用するからとて、これからの英語教育も今迄通りでよいといふことにはならない。教育といふものはさう云ふ間に合せ的な考へ許りではいけないのであつて、事實また間に合せ的にやるとしても、現實に則してやるのには舊習を墨守することでは意味をなさない。と云つても、英國が沒落するから英語は無用であるといふ風な考への足りない議論を持ち出すのは云ふ迄もなく愚かなことである。われわれとしては國家教育の立場から英語教育を考へてみなければならない。私心を離れて皇國民錬成の立場から考へて見なければならない。

國民全體が今迄通り英語許り學ぶ必要はもうなくなるのである。それは英國が亡びるからといふ豫想の上で云ふのではない。これからの日本は今日迄の日本ではないからである。今日迄の日本は西歐を先進國と稱してゐた。併しこれからの日本はさうした考へ方をしない。それは歴史的事實なのである。時代が移つて來たのである。それで西歐の文化を下から仰ぎ見るといふ風な態度は止揚されたのである。英語を學ぶことは確かに西歐の文化を取入れるための一手段であつた。併し英語教育が直接そのために今日の我が國の文化水準に寄與したと考へるのは早計である。それは英米植民地の原住民が文化的に世界的水準に決して達してゐないことを見れば分る。固有の文化のないところに如何に高度の文化が流入しても、眞の文化は生れない。我が國今日の文化水準は西歐先進國のものを取入れたことによるのも事實であるが、文化現象はさうした表面的解釋では解決がつかないもので、實際のありやうは、我が國古來の傳統的文化があつたから、西歐の異種的文化を入れて今日の現狀に達したのである。と云つても一に一を加へると二になるといふ風に解釋してはならない。文化は精神であるから、數量的に計算は出來ないものである。文化とは一に一を加へると五にも十にもなつてゐるかも知れないものである。尤もそれは固有文化の傳統のある國家の場合のことで、植民地では原數一がない場合もあるから、云ひかへるならばさういふ土地では精神がないのであるから、異種的文化が流入すると、進歩するどころか反對に墮落するものである。零に一を加へるが一ともならず、却つて負の現象を生ずるのである。卽ち異種的文化が流入して來なければ、小さい乍らも、固有の文化を形成し得たかも知れないのに、政治的に植民地化してしまつたために、精神的獨立が獲られず、固有文化の芽生える餘裕も獲られず、墮落してしまうのである。それで西歐文化を取入れるにあづかつて基礎的な力をなした點は、誰が何んと云つても英語教育に認めて貰はねばならないが、英語教育をしたから今日の我が國の文化が出來たなどゝ英語教育關係者は思ひ上つてはならないのである。文化の歴史に於ても、公武合體說は成立たない。われにたくましい文化力があればこそ異種的文化を接收し同化しうるのである。今迄もさうであつた。之からもさうである。われに積極的精神力がなければ押し流されるのである。それが各異種的文化現象間の鐵則である。食ふか食はれるかといふ危機感は、表面はのどかに見える精神の問題に於て最も深刻である。精神は眼に見えない丈けに、氣づいた時には取返へしがつかぬといふ絕望の淵にせまつてゐる危險がある。之は個人の場合でも同じであつて、脆弱な精神の持主は、異國的教養を受けることによつて段段日本人離れがしてくる。それでは例へば米國人にでもなり切つてゐるのかと思へばさうでもない。生粹の米國人から見ても鼻持ちのならぬ人物になつてゐるのである。かうした中間的存在を植民地人と云ふ。文化とはさうした妖術を行ふのであつて、水の如く低い所に流れ込み、水の如く弱き者を溺れさすのである。日本人離れした米國的文化人がありとすれば、彼は米國文化に喰はれた精神的敗北人である。英語教育がこのやうな弊害を齎すといふ事から非難されたことがある。これは英語教育丈けの責任ではないのであつて、國語とか國史とか修身とか、その他國家意識發揚を受持つ可き學科の教授者等の責任でもあつた。されば公民科といふやうな課程が考へ出されたのではなかつたか。併し今それをとやかく言はないとしよう。さうして責任を一手に英語教育に負ふとすれば、英語教育にそのやうな弊害が現はれ出した時は、英語教育が眞の目的意識を忘れて、惰性でその日暮しを始めた時であつた。何んのために英語をやつてゐるのかといふことを、自覺してゐる英語教師も少なかつたし、まして生徒に於ては尚更さうであつた。そこで政治的動搖を受けるや、樣々の理由をあげて英語教育を難ずるものが現はれ、之に對して英語關係者は辯駁を試みるといふ不愉快な大人氣ない現象が現はれてきたのである。

國民教育の根本精神は永久不變であつて、最近それが皇國民錬成といふ具體的形態をとつてきたが、從來とてもその精神で教育は行はれてきたのであつたであらうが、今日ではそれが何人にもはつきりと自覺されるやうになつたことは結構なことゝ言はねばならない。諸々の教科課程がその精神の實現に組織せられ工夫せられるのであるが、英語教育もその精神實現のためにする一方法である。方法は現實に則して變更せられる。從つて變更を受けるのは英語教育許りに限つてゐるわけではない。英語教育の根本理念は西歐文化の接收同化にある。ところが中等學校に於ける英語教育の學力を以てしては、文化精神を接收同化する迄に到らないと云ふのであるが、それは文化精神の解釋によることで、私は先きに It is a dog. も I am a boy. にも精神はあると述べたが「それは犬です」と云ひ「私は少年です」と日本語で云ふのとは、精神が違つてゐるのである。彼我の文章の語順の差異に已に精神の發動樣式の相異が窺はれる。また dog と犬、boy と少年、といふ語彙の違ひに彼我の歴史的傳統の相異が窺へる。かうした出發點から已に精神は彼我相比較してみれば違つてゐるのである。かういふことからも已に彼の文化を攝取することにはならぬであらうか。文化は特別に彼の科學知識や文藝精神にのみ宿つてゐるわけではない。それが何んの反省もなく、It is a dog. I am a boy. と鸚鵡返へしに口授せられたり、日本語に云ひかへられたりしてゐたのでは、語學教授上さうすることが技術的には大切なことではありながら、精神のない技術に終つてしまふのである。精神を考へないかうした教授法によれば、語學學習は西洋人自身に習ふこと、出來れば洋行することが理想となる。英語教育の根本理念が西歐文化の攝取にあるのでなければ、私も精神を無視したこの教授法に賛成する。支那語や馬來語を教へる場合には、oral method とか direct method とか稱せられる方法が効果的である。英語教授にも實地に役立たせる部面は相當に廣いのであるから、例へば東亞共榮圏では英語が通用するといふ論者はこの點を强調するのであらうから、English through English の教授法も大切であると信じる。しかし少くとも今日では、支那語・馬來語を教へる目的と英語を教へる目的とでは違つたものがなければならぬと思ふのである。卽ち今更らしく繰返へして云へば馬鹿にされるかも知れない程自明のことながら、英語教育は西歐文化を攝取する一方法なのである。その意味からすればこそ英語教育と並立して獨逸語教育が考へられて來たのであると思ふ。獨逸語教育の採用は決して單に政治的意味からなされるものではない。

今日迄の英語教育の組織は變更せられる筈である。しかし英語教育は廢止せられない筈である。英語教育は衰へても、語學教育はなくならない。文化は絶えず交流して居らねば死滅してしまふから、文化交流の先決要件である語學教育は滅びないのである。英語の片言がしやべれるからとて得意になつてゐたやうな卑屈な優越感は、英米文化を下から仰ぎ見るといふ劣敗感から生れたものであるから、戰捷が結局は民族精神の優秀に歸することを考へれば、日本民族の西歐先進民族に卓越するといふ自覺を覺醒せしめることになる大東亞戰爭の完遂によつてかゝる劣敗者的優越感は拂拭せられるであらう。そのこと丈けでゝも大東亞戰爭は遂行せられる價値がある。文化は國力と共に進展するものであるから、今後の日本人は西歐文化を對等の立場乃至は一段上から取入れてくることにならう。取入れることは附加する事ではなく、同化することを意味する。文化のありやうはさうしたものである。この立場から私は(一)に於て教材論を述べて來たのであつたが、論述し來りつゝ英語教育のある可き立場を更に明確にして置く必要を感じたので、(二)に於て英語教育の精神的側面を述べてみたのであつた。論述の形式は逆になつたが、教材論は語學教育の根本理念から出て來る筈であるから、英語教育の意義を考へ直してみ、且は又今後の方向を考へてみた次第である。それは決して目新しいことの發見ではなかつたが、それ丈けにわれわれ英語教育者の今後の行動に安心を與へてくれるものであつた。たとひ完全なる自覺にのぼせて行動はしてゐなかつたにしても、われわれの努めて來た道はそれに外ならなかつたからである。けれども今日われわれの仲間には社會的に指導者の地位にありながら、高い思想も深い感情も持たず、只神經の先きで物を云ふやうな醜態を演じてゐる人がないではない。それが腹の据つてゐない證據である己が左顧右眄的媚態を糊塗するものであつたり、徒らに職業仲間を罵倒して自分一人丈けで潔ぎよいやうな興奮を感じてゐたりすることであつたりするのは、如何に轉換期の動揺に心迷つてのことではあるにしても淺ましいことである。と云ふのは彼等には何等の建設的意嚮がないからだ。英語教育の新方向を決定する人はわれわれであるといふ自信を持ちたいが、それは必ずしもわれわれでなくてもよいので、他にあつてもよい。しかしそれを實踐して効果あらしめるものは、われわれ英語教育の實際に當つてゐる者以外にはない。實踐の道は前述の如く目新しいものではない。この古きものを新しく自覺にのぼせて確固たる信念を以て實踐して行くことがわれわれの使命である。信念は一朝にして出來上る性質のものではないが、日々の反省と研究とが作り上げて呉れるものである。英語教育の問題は行きつくところ迄行つて、やがては落着くであらう。われわれはその時を待たなくても腰を落つけて仕事をやれると思ふ。さういふ風に自信を持つことが必要である。信念は與へられるよりも自分で作り上げて行く可き性質のものである。それは英語教育に關する限り確固たる日本的世界觀の上に打ち樹てられる。

獨逸では外國語教育は、明確に外國征覇の手段とせられてあるらしいが、一般外國語教育は西歐文化の接收と同化であるといふ私の論旨は言葉の不足から所によつてはそれに近いやうな誤解をまねくかも知れない。私は外國語教育を單に敵國を知るための學問とは考へてゐない。皇國民錬成のための外國語教育は、單なる外征的精神といふ風な政治的意味を持つものではない。また中等學校に於ける英語教育の今後の重點の置きかたを情意の陶冶に置いた私の考へ方は、佛蘭西に於ける古典語學習がそれ自身一つの知的精神的訓練手段であるとするユマニテ的考へ方即ち國家觀念を明確に自覺にのぼせないところの人間陶冶といふ抽象的語學教育觀と同一視される憂ひがないでもない。それも私の言葉の足らないことに起因するのであらうが、英語教育を日本的世界觀の上に樹立しようとする私の考へ方は、皇國民の錬成といふ具體的方向に沿つて進み行くものである。そのために私はDon't drink from the end of the spoon. といふ風な無自覺的教材の選擇を排したのであつた。それに對してI am a boy. と「私は少年です」といふ極めて初歩的な彼我の表現差異にも注意を集注したのである。單なる外征的精神は我を彼に押付けることであり、單なるユマニテ的觀念は個人主義的教養を出でない。皇國の精神は彼をしてその所を得せしめるのであり、我の恩澤を洽からしめるのである。また個の眞の生き方は個に生きることではなく、全體の中に個の位置を見出すことにあるのを教へる。その立場からする私の教材觀に照し出されたロングフェローやワーヅワスの詩は、昔ながらの教材でありつゝ新しい意味を以て取上げられてくるのである。

外國語教授法をめぐつて

永原敏夫

一

端的に語學力の養ひ方を取上げて考へて見よう。英語教育の功罪は、教育の根柢にある精神や教材よりも、むしろその效率について多く論ぜられたやうであつた。云ひかへれば語學力が一方の大きな問題とされたのである。事實、われわれが教室で日々見得る生徒の語學力は、果してこれが一週六時間前後を割いて五ヶ年間學習して來たものであらうかと、長大息させるやうなのが極めて多い。彼等が一體どういふ過程の教授を受け、どういふ態度で學習して來たかは、われわれの大きな關心事でなければならぬ。

英語教育が論議される際に、屢々「從來の方法」とか「近來の方法」といふやうな語が極めて簡單に、あたかも深い根據と確實な內容とをもつもの丶如くに用ひられて來た。ひと口に「從來の方法」と云はれて、人々は何を思ひ浮べることが出來るであらうか。わが國に英語教育始まつて數十年、全國幾千の中等學校で行はれ來つた所を、今假りに一堂の中に展觀し得るとしたならば、人々はその雜多な樣相にあきれかへるであらう。なる程その日その日の教材を「讀む」ことはなされたにちがひない。又多くはその英文の「譯」とか「解釋」とか云つたものを與へてゐるであらう。しかしその讀み方にしても、教授者の「模範讀」を缺いたり「模範讀」とはいくらひいき眼に見ても言ひかねるものであつたり、大多數の生徒が「讀む」機會を與へられなかつたりしてゐるのをわれわれは實地に視てゐる。「解釋」とか「譯」とか稱せられる作業も千姿萬態であることは云ふをまたない。英語科設置の目的の一つに「英米の國民性を知らしめる」といふ條目があるのを知つて驚いたと告白する英文學者があつたとしても、これを以て全英語教育者の怠慢を責めるわけにはいかない。多くの英語教育者の中には折にふれてこれを說き、これを敎へて居る人も少くはあるまい。さういふ取扱は特定の題目を掲げて一定の時間を特設した取扱とは異つて、形の上での記憶は伴はなくても、生徒の中にいつかは攝取され消化されて居るものである。「從來の方法」といふやうな語は、さういふ語を用ひる個々の人の極めて狹い範圍の經驗や記憶について云はれる場合が多いので、われわれに多少の參考資料は供しても、却つて門外の人を誤らせる場合の方が多いものである。

　同樣に「近來の方法」といふ語にしても、自分の子弟の受けてゐる某校の某先生の方法ともいふべき狹い限られた範圍での素人觀察でもつていはれてゐる場合が多い。H・E・パーマ來朝以來或は直接法《ディレクトメソッド》、或は口頭法《オラルメソッド》、或は新教授法等、一世を風靡するかの概があつたが、これらの名稱が果して何を意味するか、かつて「直接法」

の名に於て、英語教育界の三大家が、それ〴〵、具體的には可なりに異つたものを考へてゐたといふ事を知れば思ひ半ばに過ぎるものがあるであらう。諸所の研究會等で「口頭法」によると稱せられる授業を視るのに、教授者の口頭提示のみいたづらに行はれて、生徒が實際に口頭練習を行ふ時間は五分七分にも足りないといふ情景に接することは一再に止まらない。このやうな現狀に於いて「近來の方法」を非難し「從來の方法」を責めても、それは正しく妖怪變化に刀槍を擬して、實體を追求することを怠つてゐるに等しい。

しかし、それだからとて、われわれはかやうな言說に對して何の責任をも感ぜず無耻であつてよい、とはいへない。かういふ狀態を放置して來た處にこそ、われわれ英語教育に携はるものは深刻な反省と自責とを痛感し、この時この際、更に大いなるべき次代の　皇國民の錬成に、われわれの執るべき道をあやまつてはならない。今や新しい歷史の下、皇國民教育の諸課程の中での外國語――こゝに云ふ外國語とは自然大東亞圏外に於ける主流文化を表はすものをいふ――の教育、特にその教授法を考へるに當つては、空疎な代表的名稱をさけて、三四の實際的な意見を提出して見ることゝしたい。それは先に見たやうに、ある名稱に對して讀者の共通概念を要求するには周到な定義づけと、詳密な教案例とが必要であるが、それはこの小冊子によくし得ることではない。

二

普通教育課程に於ける外國語科の目標は、これを實用的立場から見れば、外國語學習の基礎根柢に培ふ以外にはないと云つてよい。基礎力の培養といふ中にも、これに用ひ得る時間の多少や時期の早晩、人的要素の諸條件で、程度はいかやうにもならうが、大まかに測定して、われわれの企圖し得る目安は、在學四ヶ年間の一週時數計二〇時と見て、中等程度の生徒五〇人以下の教室で、有爲熱心な教授者の平均到達點は現行教科書の三學年中期程度、卽ち消極語彙約二〇〇〇餘、現行第三卷中平易な教材をさまで困難なく讀解し、簡單な構文による表現力をもち、基礎的な文法知識の大體を摑んでゐるといふ邊であらう。

この程度の語學力が中等教育修了者の生活にどういふ意味をもち得るかといふことは、こゝでは觸れない。唯しかし、正しい態度をもち徹底的訓練を經て錬成修得せられたこの程度の語學力は、爾後の旺盛な意欲や適切な指導によつていかやうの進步發達をも期待し得ることは疑へない。假りにこれを上級學校進學者のみに就いて考へて見ても、正しい態度で學ばれ、よい訓練を以て授けられた現在の三學年程度修了者の將來性は、誤つた態度とその日暮らし的教授で五ヶ年學修をした者に比すれば、その差は天地萬里で、前者が無限に繁茂する可能性を藏する健全な根を地盤にしつかりとすゑてゐるに對し、後者は僅かに過度の灌水施肥にも、萎縮枯瘦を枝葉にもたらす病的な根づきしかしてゐない。實際高等專門學校では年齡と語學力の大きな不平衡は學べば學ぶだけ語學力を損ずるといふやうな面妖な相すら呈する事例も乏しくないのである。

一度地をはふ癖のついた植物を根もとから立直させることの殆んど不可能なやうに「言語活動」といふ生活に於ける一つの慣習的事實の修得は、正しい習慣づけが行はれるかどうかゞ、後來の發達を殆んど決定的に左右するものである。入門期及びそれに續く初學年の教授訓練に重きを置くのはこれが爲であるが、外見上の教材の平易さが往々教授上の愼重な用意を缺かせ、生徒に取返しのつかぬ邪道に踏みこませるといふ誤りを犯させることが多い。これは然るべき資格ある教授者によつて犯されることもあるし、一方には外國語教授者採用に廣範圍の選擇圏を與へた制度のために起ることも少くない。世人は習つたものは教へられるといふ單純な考に誤られ易い。特に外國語科のやうに初期の學習方法の正否が後の發展可能性を決定し、學習方法の正否は教授者の用意の適否によつて左右せられるやうな學科に於いては、かやうな單純な考へ方は時としてはいのち取りでさへある。「わからなければ兄さん姉さんに習ひなさい」といつた風の不用意な母親の一言が、弟妹に兄姉の學力、時には人物までも輕侮させる原因となつたり、兄姉をして弟妹が救ひ難い劣弱感に陷る動機をつくらせたりする家庭の悲劇が、そのまゝ國家に於いてくりかへされる危險をわれわれは感じて來た。

この教授者の問題は單に「用」を主とした語學の面にのみ重大なのではない。われわれが目標とする他の部面、外國文化の理解攝取とか、それによつて一層確實に「日本」のあり方を知り之を育成するに役立てるとか、さういふ精神の陶冶に干與する、外國語科でなければ果せない部面に於いては更に重大な問題となるのである。八面完備《オールラウンド》でなければならぬといふことが、こゝ十數年來英語教授の部面でも要請され、從つて又教授者に要求されて來たのであるが、これがいはゞ技術的末梢的な面でのみ强調され、ともすれば教育者としての確信とか肚とか國民的自覺とか、ましてその實踐的な態度がゆるがせになつたり、形式化し皮相化したといふことが、勿論皆さうであつたとはいへぬにしろ、全般的な低調無氣力の原因でもあつたらうが、英語英文學に關する講義を一定年間「聽いて」さへ居れば英語教師になれるとする制度の下に、無批判無選擇的に英語教師が採用せられて來たことは、この時に當つて、凡そ國家教育の大業に與かる者の深く省みなければならぬところである。

一外國語の手ほどきをするさへ、これを正しく行ひ得るには、八年九年たゞ單に英語を習ひ覺えたといふことで足る譯のものではない。ましてや「敎へ」の本義をあきらめ、人の子の師たるの道を踐み行くことは、なま易しい修練や覺悟で出來る筈のものではない。

中等敎科目としての外國語科に許される時間數は恐らく幾分の減少を見るであらう。しかも國家が外國語を必要とする方面の最低基準は決して低下しない。たとひ普通敎育課程の學力は低下のやむを得ないとしても、後に旺盛な枝葉の繁茂を期待し得るだけの根幹は正しく且つ健全に養ひ育てなければならぬ。その任に堪へ得る外國語敎育者としての適格性を見究めて、これが採用にも養成にも最も心を拂はれねばならぬ時期である。時勢は外國語敎授者の需要を緩和する情勢にある。有爲の人材はこれを外國語敎育の圈外に逸せぬやう十二分の配慮がなされねばならない。

三

さて語學力――それは多分に技能を通じての知識である――の成りたちを少しく考へて見たい。ひと口に「語學の四重目標」といふ語が數年來用ひられて來てゐるが、「聽・話・讀・書」の四重の性能を以て成立してゐることは、常識であるといへよう。しかしわが國家機能の一翼にあつて語學力の演ずる役割から見て、その四能力の何に何程の重さを置くかといふことは、教育部門では重大な問題でなければならぬ。この問題をめぐつて最近まで渦卷いてゐた英語教育界の主流は、一方ではこの四性能を圓滿に發達させねばならないとする英米人に發した專門人筋の主張があり、これは「聽・話・書」特に前二者を强調するいきほひをなし、他方では「讀解」萬能を說く反動論があつて、口頭偏重に眉をひそめた素人的論說の左袒を得る形となつた。過去十餘年の間、英語教育に携はつたもの、特に中等教育界にあつては甲乙なくこの渦卷の外に超然たり得ることは出來なかつた。その流のいづれかに卷かれてあらぬ方に持去られたり溺れ沈んだものも多い。意識するとせぬとの差こそあれ、大多數は飛沫を浴びて袖や裾を濡してゐるのである。

特にわれわれの遺憾とするのは、その二流のいづれにせよ、何らの準備・研究をするでもなく、確たる信念もなく、たゞ漫然と時流に棹さし身を投じたものゝ少くなかつた事實である。先に述べた「口頭法」のはきちがへなどもみなこの徒である。かつて「小學教員は教育說の新研究を追うて過敏症に陷り、中等教員はこれに耳を塞いで不感症にかゝつてゐる」との言を耳にしたことがある。勿論何の據りどころもない俗說で實相を傳へるものではあるまいが、英語教育者の教授法研究に對する眞劍さについては必ずしも十分であつたとはいへない。

とまれわれわれは本題に歸らう。「聽・話・讀・書」のいづれに重點を置くかといふ問題については、今や歷史が決定的段階に立たせてくれてゐる。これ程明確に行く手を示されるといふのは百載不遇の一期である。

われわれは外國語教育の究極最要の目標を考慮して、これを「日本文化の振興」に置いたのであるが、更にこれに到達する三つの道のうち、「外國語の正確な理解」に重點を附した。これを語學の四重目標のうちに求めればとりもなほさず、「讀解」「聽取」であり、社會各部の活動から考へて、この二者のうちでは「讀解」が壓倒的に主位を占めなければならないことは云ふまでもない。この結論だけから見れば、これは決して新しいことではない。明治開國の昔から、外國語修得の目標は常にこゝにあつたので、變にパーマづれを引張つて來て餘計なおせつかいを燒かせるから、いたづらに事態を紛糾させたのである。といふならば、それは恐るべき早合點、重大な誤見である。

同じ高嶺の月を仰ぐにも麓の道を選ばなくてよいとはいへない。道を選べばこそ月に光もそはるといふものである。正しい道程を經てこそ正しい目標に到達する。正しい手段を選んで初めて徒勞を省いて效果を確實にする。特に銘記せねばならぬことは、正しい心構へを以てなされねば、どんな達成もそれは魂のない死物にすぎぬことである。これはわが民族の信仰であり歷史の事實である。

四

語學力養成の立場から正しい道程、正しい手段のあり方を考へる前に、われわれが先に大略の見究めをつけて

見た、中學校四ヶ年修了程度の語學力が、普通教育課程でどういふ意味をもつかをあらまし考へなければならぬ
先にはこの達成が爾後の旺盛な意欲や適切な指導によりいかやうにも進步發展し得るものであることを述べたのであるが、普通教育課程はそれ自體が完成教育としての意味をもたねばならないことはいふまでもない。それが後來いかなる發展の可能性を含むにしても、たゞ「用」の立場からのみ眺めればこの達成は無意味で徒勞でしかない。實社會では用ひるによしなき半成の道具で、なまじつか場ふさげになるばかりである。過去の英語教育でさへ中には愚者に名器を授け狂人に利刄を持たせたやうな危ふさを生じたとも見られてゐる。ましてこの程度のものでどうならうとも考へられるのである。新しい躍進段階に臨む皇國民教育にあづかる外國語教育の意義をしつかりと摑むことが、敎へる者學ぶ者共に必須の要件となるのはこゝにある。語學教育のうちに內在する價値、語學教育のみがひらく智慧、語學の「用」に先んじて存する「用」に確信を抱き、その啓培發揮が圖られなければ、その達成がいかほど高くあつても、われわれの教育は魂のない器械をつくり、惡達者な職人を產むに過ぎないであらう。

さりとて本來その未來に何の約束づけもされてゐない無限の可能性を藏してゐる。青少年に對し、われわれが「用以前」の道の完成に急である餘りに「用」を無視し、後に何程かでも語學を必要とする場合にその健全な根づきが與へられてゐないといふやうでは、われわれの教育はたゞ失敗であつたといふだけではすまない。その犧牲の大きさ、國家の損失は計り知れぬものがあらう。本文の問題は又この「用」と「用以前」とへの二つの道

をよく合致させることが出來るか否かにもある。

五

さて語學力養成といふ立場から、正しい方法手段は何處に求めたらよいか。われわれは「讀解力」の確固とした地盤を置くことを要求されてゐる。しかし讀み且つ解くにしても種々の段階がある。それは外國語にのみならずわれわれの國語についても、讀解力は知性、教養、洞察、視力等種々な條件に左右せられる。母國語によつて一定の教育を受けたものが、その母國語による讀解力を超えて外國語の讀解力を獲得することは自國内に育つ限りあり得ない。それ〴〵の母國語の讀解力に匹敵する外國語の讀解力を得ることは最高理想で、われわれの直接目標は勿論こゝにはない。がこれに到り得る道を拓いておくこと、少くとも後來の努力によつてこれをめざし進む時の障害を殘さぬやうにすることがわれわれの義務である。云ひかへれば「直讀直解」の土臺石をすゑることである。「直讀直解」への道は「すなほに讀みとる」習慣をつけることである。

われわれは餘りにも多くの、すなほに讀めない、否すなほに讀まうとしない生徒に接してゐる。彼等はその知能では中等學校で學級の上位をしめ、所謂出來る生徒であつた筈であり、その英語の成績點も八、九〇%を得てゐたのである。しかも教室で指名されるといさゝかでも英語を習つたとは思へないやうな「拾ひ讀み」をし、暗號を解讀するやうな手順で意味のとれぬ呪文を唱へるが如き解釋を施すのである。彼等も中等學校の最初の英語の授業には異常な期待と熱烈な希求の心を以て接したにちがひない。未だ味はつたことのない「ことば」への目ざめを經驗し、新世界征服の希望に胸をふくらませたにちがひない。その目ざめは無視され、その希望は芽生えのうちに枯らされたとしたら、これは誰が責を負ふべきであらうか。自分はともすると彼等に向つて「英語は譯のわからぬことを書いてあるのではないぞ」といつて見たり「もつとすなほに讀めないかなあ」とこぼす。しかしそれはただ自分の胸におけない感慨をもらすにすぎない。英語はどうせ譯のわからぬことが書いてあるもの、それをわかるやうにする手品は先生だけのものだといはぬばかりの顔をされると、今更すなほに讀めといふのこそ無理な注文であるとあきらめねばならぬ。

「すなほに讀みとる」ことは「すなほに學ぶ」こと、ことばの本性に從つて敎へ又學ぶことである。これは「自然法《ナチュラルメソッド》」「心理法《サイコロジカルメソッド》」の昔にかへつて、敢て不自然な非心理的方法を用ひることではない。すなほな學習の出發は、言語と音聲との不離の事實からせられなければならぬ。發音訓練はともかく入門第一の問題である。所謂「口頭法」の輸入以來、不當に發音訓練が重視されたかの感を與へたので、英語教育界の內外を問はず、その過重視を責めるのみならず、逆に「發音などをやかましくいふからいつまでも讀解力がつかない」といふやうな說さへ唱へられ、その訓練がなほざりにされたかの感を與へる結果さへ生れてゐる。それは恐らく一部に發音訓練の眞義を辨へないで、正しく發音し得ることゝ、發音記號に轉寫し得ることゝを混同したり、われわれの發音習慣に反して口蓋に響かせる英米人の發音をまねる爲に妙な鼻音を强ひたり、必要以上の無益有害な負擔を課したものがあつたにもよるであらう。しかもさういふ無益な努力を强ひられたものが決してすなほに發音し得るやうになつてゐないのである。

發音に注意させるといふことは、たゞに外國語に於てのみでなく、われわれの國語に於ても重要なことであつて、新しく制定せられた國民學校の敎科書「ヨミカタ」にあつてもその訓練の爲には思切つた試みがなされてゐるが、子供が自身やその周圍との關聯に眼を開き、その生活の一つ一つに自覺をもち得るやうになつた年頃に、外國語音とその訓練によつて母國語音にも改めて注意を拂はせることは一層大切で有效である。發音は知識ではなくて感覺筋肉の訓練によつて達成し得るものである。もとより知識が訓練を助けその勞を省きはするけれども、結局は「慣れ」の狀態まで進められなければならぬ。これは最初に正しく出發し爾後たえずこまめに注意を拂へば學習者の側には何の負擔にもなることではない。

こゝに考へておかねばならぬことは、人は最初に學ぶ外國語の獨學が殆んど不可能であるに對し、一外國語を正しく學習し得たものは次の外國語は或程度の獨學が可能であるといふことである。それは最初の外國語を學ぶには「手引」が必要であり、「その手を引く者」に語學に關する限り全責任があるといふことを意味する。つまりわれわれは發音の「好模範」を提示し得ると同時に學習上の「好模範」でなければならない。特に模倣が先行條件である發音の敎授訓練では、敎授者は正しく聽かせることゝ正しく聽分けること、又正しく發音する道を示し敎へることが出來、誤つた音に對しては潔癖であり過ぎる位でありたい。

七

しかし「讀解」を最要の目標とするわれわれに發音はそれ程重視しなければならぬものであらうか。ローマ字による正綴法を採用する現代の主外國語では正綴字が必しも表音的でないから、外國語の獨修を心がけてその發音法のわづらはしさを感ずる時、人は出來れば視覺に訴へるだけで解讀したいといふ慾望さへ感ずる。しかし思考も傳達もことばと結びつき、ことばは聽覺と結合してゐるといふ嚴たる事實と、格別の天分をもつ者が特殊の訓練を經た者でない限り、どんなに速い讀みも半意識的な發音器官の助力を通して行はれてゐる、われわれの母語に於ける經驗とは、單なる「視讀」の不可能に近い困難さを知らせてくれる。音聲を離れては「讀み」が不可能であるとすれば、正綴字に對してそれぐ〵自己流の發音を與へてゆけばよいではないかといふ意見が出る。

われわれは先に普通教育の對象である青少年はその未來の發展の程度と種類とに無限の可能性を包藏してゐるからは、その敎育は又無限の發展に應ずる基礎工作がなされねばならないことを述べた。更に語學がもつ「四重目標」といふ語を借りた。われわれの目標が分離したばらばらの四個の目標ではなくて四重の嚙み合ひ重り合つた四つの目標であるといふことは意味深いことである。

「讀みとる」といふ作用は視覺的であり聽覺的であり知能的である。その視覺的な部面は「書く」作用と表裏相補ひ、聽覺的な部面はたゞ「聽く」作用だけでなく「話す」作用にも蔽はれてゐ、知能的な部面は「聽く」「話す」

「書く」作用の間に錬られ鍛へられ整理され貯へられた單位の綜合力の發揮による。「讀みとる」前に「讀む」といふ眼と口と耳との作用が「聲」を發すると否とにかゝはらず行はれねばならぬ。そこに淀みがあり停頓があり狂ひがあり跳躍があれば、「讀みとり」は速さを失ひ難澁を生じ誤解を來たす。

假りに「讀みとる」だけを目ざしても「聽く」「話す」「書く」面を離れることは出來ないだけでなく、「聽く」「話す」「書く」訓練が「讀みとり」の正しさ速さを左右し、同時に「聽く」「話す」「書く」それぞれの發展的素地を固めることが出來るとすれば、これらの基礎訓練の爲に割かれる時と力とは些かも惜しまるべきではない。殊にこれらの基礎訓練には聽覺や筋肉運動の訓練が與かる分野が廣いので、年少の頃に行はれゝば學習者には知能的負擔が比較的少くて、しかもその效果は永續的であり潛勢的である。

だから「發音」といふ一分科から考へて見ても、自己流の發音は、いつも出たとこ勝負で文字と文字、語と語と、いづれにも通有性を保持し難く、又それは完全に「自分のもの」にもなつてゐないのに「自分だけのもの」でしかない、全然社會性を缺く結果になり、同時に個々の語に對する聽覺像が形成されるいとまがないから語學に重要な役割を果たす「記憶」が働く場がない。結局そこには辭書と首ッ引の暗號解讀的な「讀み」しか出來ないことになる。

以上われわれは餘り長く發音の問題に留つたかの感があるかも知れない。しかしこの問題はすでに見て來たやうに、言語活動の第一條件でありその訓練の如何があらゆる部門の後の發展に影響し、尙又その訓練は通常考へられる程に困難な仕事でなく、その效果はたゞに當面の外國語の修得に干與するのみでなく、母國語に對する開眼ともなり、他の外國語への有力な手引ともなる。

更に發音訓練とは唯一個の音の訓練といふだけでなく、數個の音の意味をもつ結合やその連續、つまり語を、句を、文を貫いての發音訓練の謂であつて、音義一體の不離の關係をそのまゝに受取ることは、文構造から見た表現形式の把握と共に、その國語の情感をぢかに汲み、深い「讀みとり」に仕上げを加へる。又その國語を生んだ民族の性情さへさとらせることは、大雜把にフランス語の抑揚、ドイツ語の勢調、イギリス語の强弱表裏に富む律動や、わが國諸地方人それぞれの話振りを思合はせれば足るであらう。發音とその教授訓練との意義を詳かにすれば、そこには語學の全分野に互る問題が包藏されてゐるのである。たとへば、學習に於ける他力と自力との問題がそれである。

八

發音訓練の容易は又これが生徒にとつては主として他力の學習であるといふ點に存する。しかしこれをいつまでも他力のまゝに賴らせておくことは教育者の道ではない。一日も早く他力から自力への切りかへがなされねばならぬ。指導機の後尾にくつついて進むばかりでは能がない。自ら計器を調べ天測が出來ねばならぬ。辭書が廣く發音記號を採用してゐることは今の學生にかういふ手段を供してゐる。それでも尙航法を誤る時には教官席からちよいちよいと舵を引けばよいのである。

この問題はしかし、發音に關してだけ考ふべきことではなく、語學教育の全分野に亙つて、又各教科共通に適應されることであるに違ひない。たゞ語學はその出發に於いて獨學の不可能であるといふ性質が、それだけ多く自力への切りかへを重くさせるのである。

他力から自力への切りかへは二つの面から指導されねばならぬ。一つは絶えず自律學習への訓練を授けることであり、今一つは自學自習に堪へるだけの基礎を築いてやることである。世には放任を以て自律への訓練だとうそぶき、基礎能力を附與する爲の懇切な指導教授は獨立心を奪ひ自學精神を滅ぼすとするものさへある。かういふ獨善漢は教育者の風下にも置けない輩である。さういふ恐れがあるとすれば、一層その訓練指導は周到なる計畫を必要とするのではないか。

自律學習への訓練と自學自習に堪へ得る基礎力の培養とは、畢竟表裏一體をなすものである。最も卑近な一例として、辭書の使用に就いて考へて見るのに、一定の時期に達すればみづから英和辭書を用ひて豫習することを習慣づけねばならぬが、その前後に於ける教授者の態度は決定的な重要さのあるものであるといふことが、果してどれ程に認められてゐるであらうか。われわれは日常接する學生の豫習振りを通してこの態度を次の數種に推定分類することが出來る。イ、辭書を以て豫習せよと命じ放しにされてゐたもの。ロ、辭書の組成や使用法につき指示されたもの。ハ、更に若干の實地指導練習を經たもの。ニ、爾後久しきにわたつてその適正な補導の怠られなかつたもの等。イ、ロに屬するものの多數が辭書に對する正當な使用法を知らず、遂には所謂「三文」「虎の卷」の類に走つて自律學習の醍醐味を知らず、永久に外國語を仇敵視するに至ることは明白である。ハにしてもニによつて補はれるのでなければ決して正常な發育を期し得るものではないが、更に之に加へるに、辭書使用期に至る前に、外國語の眞の理解に到達する道が築かれ、その構文精神を把握し、又その文を構成する各語の性質用法に慣熟する態度が養はれ、多少ともその可能な力の培養に努力が拂はれてゐなければ、いかに完全な良辭書を授けても結局猫に小判となるに過ぎない。

九

辭書を活かして使ふことが出來る前に、活きた外國語のはたらきがのみこめなければならない。これをのみこませる他力は、自律的態度へ向つて働きかけ、そこに養はれて行く力、眼、勘が自學の土臺石となり自力そのものになつて行く。

語法といひ句法といひ、單に外國語句とそれに對應する日本語表現との等式的な教授や記憶の強制にとどまつては、ことばの活きたはたらきは解せられない。所謂慣用句《イディオム》法の取扱が概ねこの程度に過ぎぬことは外國語科を無限の材料を詰込む最も困難な諳記學科に終らせ、外國文は有機的構造をもたない語句の羅列としか受取らなくさせる。

「直接法」の「事物觀念と外國語とを母國語の仲介を經ないで直接に結びつかしめる」といふ定義自體に疑問も抱かずして、犬の繪を指して This is a dog. と聽かせて能事畢れりとする如きは、われわれの唾棄するところである。「直接法」と呼ぶからには、活きた場に於いて活きた外國語を直接に具體的に捉へさせることでなければならぬ。活きた場に於ける活きたことばのはたらきが捉へられ理解されることは、外國語の生命を捉へ、外國語の表現精神を直接に味解する境地への道を開くだけでなく、母國語の生命に新しく眼を開きその表現精神を體得する道を悟らせる。

「活きた場」とはただ「外國語的雰圍氣の中」でといふやうなその場限りの場面や、教授者と數人の生徒のみが納得してゐる教室英語の連發で生徒の大部分が煙に卷かれてゐるやうな場面をいふのではない。その日その日の教材を具體的に生き生きと把握させる爲の、のつぴきならぬ場面の構成が工夫されねばならぬ、しかもわれわれの對象は常に異つた生きた生命體の集合である。その「場面」の構成は時々日々死んだ類型の押しつけであつてはならぬ。この一つの仕事にも味ひ得る喜悅はともかく、かういふ眞劍な努力の反映が生徒をして學科に對する眞の興味を振起させ、自律學習への潛勢力を與へることをわれわれは見逃し得ない。

「活きた場」に於いて「活きた外國語を」捉へさせるといふ意味で、われわれが適正な手段方法を適正に使用することは勿論必要である。大きなしつかりした精神とか態度とかを肚において、出來るだけの有效な技術をそれぞれの精神によつて驅使するのでなければならぬ。われわれが日本人である限り、われわれの錬成道場の基調が根本の精神にあつても技術の末にないことは、よしやその主題が外國語であらうとなからうと變りはない。「外國語は外國語を通して」といふことも、單に一つの外國語をその外國語で說明するとか、外國語のある表現を他の表現に置換へるとかいふやうな、安易な淺薄なところに目標を置くのでなく、活きたはたらきを活きた場面に捉へるといふ直解の根本精神に立つて見なほさなくてはならぬ。「教授用外國語」にせよ「外國語の雰圍氣」にせよ、われわれは肚のすゑ所を決めてその利用を心掛けなければ、外國語學習はその眞の目的を逸脫する恐れがないとはいへない。

一〇

以上、われわれは主として語學の「用」の立場から、特にその初期の教授訓練について眺め來たつてすでに與へられた紙數を超えんとしてゐる。發音訓練にせよ、辭書使用指導にせよ、そこに包括される幾多の問題は全語學教育の問題であり、これに臨むわれわれの態度は同時に語學學習の方向を決定することを見て來た。われわれの四ヶ年の教授訓練がそのまま、語學力の自由な驅使の一面である外國文の眞の讀解、といふ域にまでも到達し得ないのはやむを得ぬことであるが、それに向つての練成の諸部面の中に、「用」の世界の總ての基礎力が正しく養はれると共に、われわれの教科のみが强力に參加することの出來る陶冶面や、われわれの教科によつて增補强化される價値面の存在を體認することが出來る。正しい理會の下に正しく行はれる語學教育は、數個の生命を生む爲になされる幾億萬の精子の犠牲浪費に比せられるべきではない。

すなほに讀みとる爲にすなほに讀む、それには聽、話、讀、書の相關の理に立つて徹底的修練が行はれると共に、理解を助け記憶を確實にする爲には具體的事實から共通現象を捉へ、更に具體的事實へ應用發展させる過程がくりかへされる。或は又其の理解の爲又眞の理解の何ものであるかを悟らせる爲には、そのことばを生みその語の背後にある文化的な又自然的な事象の解明が試みられる。かゝる演練がどういふ敎育的意味をもつかを詳論するのはここに課せられた仕事ではない。しかし異つた思考の下になされる外國語表現を通して、直下にその思考へと進む語學修練が、それ自身言語表現を通しての思考力の鍛錬であり、外國語の學習は一般言語現象を科學することであり、異國的なものの究明こそ我が國振りを顧みるよすがとすれば、語學に於ける「用」の達成が又貴い「用以前の價値」の達成となることを知る。

正しい語學力の正しい養ひ方こそ、今この時のわれわれの問題である。

【追記】本稿上版中に政府は中學校四學年高等學校二學年の新制を發表し、この施行細則・要目等は目下文部省で審議中と聞いてゐる。本稿中の數字はこの發表に基いて校正の際一二訂正したのであるが、更に高校に於ける一ケ年の短縮は、一層學校に於ける外國語敎授能率增進を要求すること切なるものがある。われ〳〵への負托は極めて大きい、正に一大決心を要する秋である。筆者は本稿に倘書加ふべき多くのことを遺してゐるが、本稿の精神に於ては何の變更をも必要とせぬことを信ずるものである。

日英米佛諸製法特許
帝國發明協會優等賞受領

ミツワ肝油ドロップス

藥學博士 河合龜太郎創製
農學博士 吉田正信監製

ビタード

▽特徴△

一、ビタミンA・Dの濃度強大、且AとDの含有比率人体に最も適正。

二、ビタミンB、カルシウム、鐵、キナ等を合理的に配劑しあるを以て、單なる肝油より効果遙に廣大。

三、脂肪を完全緻密に乳化しあるが故に、消化吸收迅速容易。

四、從來の肝油の缺陷を補ひ、胃腸障碍、下痢等の副作用なく。

五、取扱、服用に便利な固形乳劑で而も美味佳香。

賣捌元 東京 丸見屋商店藥品部
製造元 河合製藥所

時局の要求に應じて生れた
強力ビタミンA・D劑

尙志會館增改築竣成

◆室　數＝洋　室　三　室
　　　和室（八、六、及四半）十二室
　　外に食堂、應接室、ホール等整備。
◆室　料＝一圓、一圓五十錢、二圓、三圓
◆食　事＝當分朝食のみ（三十五錢）

增改築工事中は種々御迷惑をかけました。漸く竣成去る七月二十六日竣工式を擧げ、八月一日より開館致しました。充分御利用願ひます、尙會員外の方へも御吹聽、御紹介の程願ひます。

◎御宿泊御希望の節は廣島文理科大學敎育博物館構內尙志會館宛豫め御一報下され度

昭和十七年十月一日印刷
昭和十七年十月五日發行

編輯兼發行人　廣島市千田町尙志會　前田壽夫

印刷人　廣島市大手町七丁目一番地　增田計雄

印刷所　廣島市大手町七丁目一番地　株式會社增田兄弟活版所

發行所　廣島市千田町　尙志會
振替口座　會費部廣島五六九〇番

外国語科指導書 中等学校第一学年用

外國語科指導書

中等學校第一學年用

はしがき

今般中等學校制度の根本的改善に伴ない、各教科目にわたり新要目の制定をみたが、これに即應した新教科書の發行は二三のものを除き、明年度を待たねばならぬ實狀にあるため、昭和十八年度は應急の處置として、第一學年はさきに文部省に於て選定せられた教科書を用ひ、新制度の趣旨に則つて教授せられることとなつた。

依つて本社に於ては文部省指導の下に、新制度の趣旨の理會徹底をはかり、また實際教授に當つての態度、教科書の取扱ひ等について各權威者に執筆を依頼し、本書を編纂發行して教授者各位の御參考に資することにした。

固より本書は極めて短時日の裡に編纂しなければならなかつたため、萬全を期することはできなかつた。殊に新要目の精神を實際教授の上に具現すべき方法について詳述するの餘裕を得なかつたことを遺憾とするものである。

各學校御當局に於かれては、この點十分御諒察の上、更に一段の研究工夫を御願ひする次第である。

昭和十八年三月

中等學校教科書株式會社

目次

第一、中等學校外國語科教授要目

中學校
高等女學校

一、外國語科教授要旨

外國語科ハ外國語ノ理會力及發表力ヲ養ヒ外國ノ事情ニ關スル正シキ認識ヲ得シメ國民的自覺ニ資スルヲ以テ要旨トス

外國語科ハ英語・獨語・佛語・支那語・マライ語又ハ其ノ他ノ外國語ヲ課スベシ（中學校）

外國語科ハ簡易ナル程度ニ於テ英語・獨語・佛語・支那語・マライ語又ハ其ノ他ノ外國語ヲ課スベシ（高等女學校）

二、外國語科教授方針

一、平易ナル現代外國語ニ付聽方及話方ヲ練リ讀書力及作文力ヲ養フベシ

一、發音・語彙・語法ヲ正確ニ習得セシムルト共ニ國語ト比較シテ外國語ノ特質ヲ明ニシ言語習得ノ力ヲ增進スベシ

一、外國語ノ習得ヲ通ジテ外國ノ事情ニ關スル認識ヲ得シムルト共ニ視野ヲ擴メ國民的自覺ノ深化ニ資スベシ

三、外國語科教授事項

第一學年

中學校　百三十六時（每週四時）
高等女學校　六十八時又ハ百二時（每週二時又ハ三時）

聽方及話方・讀書・作文

聽方及話方ニ於テハ初ハ發音ノ基礎的練習ニ重キヲ置ク

讀書ニ於テハ讀方・解釋・書取・暗誦ヲ課ス

作文ハ既習教材ヲ應用シ話方ト聯絡シテ練習セシム

既習ノ教材ニ付習字ヲ課ス（支那語ヲ課スル場合ヲ除ク）

第二學年

中學校　百三十六時（每週四時）
高等女學校　六十八時又ハ百二時（每週二時又ハ三時）

聽方及話方・讀書・作文

前學年ニ準ジ更ニ進ミタル程度ニ於テ之ヲ課ス

第三學年

中學校　百二十八時（每週四時）
高等女學校　六十四時又ハ九十六時（每週二時又ハ三時）

聽方及話方・讀書・作文

前學年ニ準ジ更ニ進ミタル程度ニ於テ之ヲ課ス

既習教材ニ基キ文法ノ大要ヲ授ク

第四學年

中學校　百二十八時（毎週四時）

高等女學校　六十四時又ハ九十六時（毎週二時又ハ三時）

聽方及話方・讀書・作文

前學年ニ準ジ更ニ進ミタル程度ニ於テ之ヲ課ス

修業年限二年ノモノ

修業年限四年ノモノニ準ジテ教授スベシ（高等女學校）

夜間ニ於テ授業ヲ行フモノ

修業年限四年ノモノ第一學年・第二學年及第三學年ニ準ジテ之ヲ授業スベシ（中學校）

修業年限四年ノモノニ準ジテ授業スベシ（高等女學校）

四、外國語科教授上ノ注意

一、我ガ國ニ於ケル外國語學習ノ意義ヲ明ニシ教材ノ選擇・授業ノ方法等ニ意ヲ用ヒ適切ナル指導ヲ爲スベシ

一、發音ヲ授クルニハ教師ノ模範ヲ第一トシ萬國音標文字・注音符號等適當ナル發音記號ヲ利用シ必要アルトキハ口形圖・蓄音機等ヲ活用スベシ

單語ノ發音ヲ正スノミナラズ文章ノ抑揚・強勢等ニ留意スベシ

一、綴字ヲ授クルニハ單ナル暗記ニ依ルコトナク發音トノ聯關ニ意ヲ用フベシ

一、聽方及話方ハ讀書及作文ニ關聯セシメテ之ヲ課スベシ

一、讀書ニ於テハ聽方及話方・作文及文法ヲ綜合的ニ取扱ヒ大意ノ把捉ニ慣レシメ直讀直解ノ力ヲ養フベシ

一、書取ハ各學年ヲ通ジテ成ルベク頻繁ニ之ヲ課シ聽方ノ練習ニ資セシムベシ

一、暗誦ハ生徒ノ正確ニ會得セル文章ニ付隨時之ヲ課スベシ

一、授業ニ當リテハ力メテ既習ノ外國語ヲ用ヒ聽方及話方ニ慣レシムベシ

國語ヲ用フル場合ニハ其ノ醇正ナランコトヲ期シ之ヲ尊重愛護スルノ念ニ培フベシ

一、風俗習慣ニ關シテハ彼我ノ異同ヲ明白ニシ又實物・

繪畫等ヲ用ヒテ意義ノ了解ヲ助クル等知識ノ增進ニ資スベシ

一、豫習及復習ヲ指導奬勵シ自學自習ノ態度ヲ養フベシ

一、教材ハ分量ノ多キヲ望マンヨリハ之ヲ精選シテ基礎的知識ノ徹底ヲ期スベシ

一、教師間ノ打合會ヲ開催シ教材ヲ研究シ教授方式ノ統一ヲ圖ル等授業效果ヲ大ナラシムベシ

一、他教科トノ聯絡ニ留意シ特ニ文法ニ於テハ國文法ノ知識ヲ活用スルニ力ムベシ

一、第二學年ノ終リニ生徒ノ成績、父兄並ニ生徒ノ希望等ヲ斟酌シテ次學年ニ於ケル學習ノ繼續如何又ハ種目ノ變換ニ付適切ナル指導ヲ爲スベシ

一、支那語ニ在リテハ中華民國ノ標準音ニ依リ其ノ標準語ヲ課シ上級學年ニ於テハ文語文（簡易ナル程式文ヲ含ム）ヲ加フベシ

一、「マライ」語ニ在リテハ「マラッカ」地方ヲ中心トスル地域並ニ「ジャワ」島ヲ中心トスル地域ニ行ハルル「マライ」語ニ重點ヲ置キ正確ニシテ氣品アル「マライ」語ニ習熟セシムベシ

一、「マライ」語ノ綴字ハ「マライ」半島式及東印度式ヲ用ヒ上級學年ニ於テハ適宜「アラビヤ」文字ヲ授クベシ
上級學年ニ於テハ必要ニ應ジ初歩ノ蘭語ヲ加味スルコトヲ得

第二、中等學校外國語科教授要目の解說

序

昭和十八年度より中等學校制度の根本的刷新に伴なひ、外國語教授時數および教授要目も革新されるに至つたが、十八年度には新教授要目に據る教科書の編纂が間に合はず、随つて從前の教科書

を使用して、新要目の精神を體して教授するより外に道はない。

茲に外國語科の「教授要旨」「教授方針」「教授事項」「教授上の注意」等について大體の解說を試み、新教授要目による教授上の參考に資せんとするものであるが、教授者はこれを基として、更に研究を積み工夫を重ねて、外國語の教授を通しての教育効果を高められるやう切望する。

一、「教授要旨」解說

新制度による中學校および高等女學校の外國語については

外國語科ハ外國語ノ理會力及發表力ヲ養ヒ外國ノ事情ニ關スル正シキ認識ヲ得シメ國民的自覺ニ資スルヲ以テ要旨トス

と定められてゐる。今やわが國は總力を擧げて大東亞戰爭の完遂と大東亞共榮圈の建設とに邁進してゐるのであるが、これ等の廣大な地域の民族に日本精神を宣揚し、日本文化を紹介して、わが國の眞意を理會せしめ、大東亞の新建設に提携協力せしめるには、日本語の普及と共に外國語の利用をも考へなければならぬ。また一方外國文化を攝取してわが國文化を昂揚し、大東亞共榮圈內諸民族の指導者としての豐かな文化を發達せしめなければならぬ。それには外國語の修得は必須であり、國民の中堅となるべき現在の中學校および高等女學校の生徒が、在學中外國語の基礎の力を習得して置くことが必要である。每週規則正しく何時間か外國語を聞き・話し・讀み・書く間に、生徒は知らず識らず視野を擴め、他人の考へをも容れるやうになるから、自然大國民の襟度が養はれる。併し中學校および高等女學校の授業時數では、その外國語について專門的な術語とか難解の文章とかは學べぬ故、日常使はれる如き平易な現代文を選んで教授せねばならぬ。この外國語も、單に讀むだけとか話すだけとかを特に訓練するのではなく、將來如何なる種類の職業に就く者にも役立つやうに、理會の方面と相並んで發表の力をも養ふべきである。それ故「理會力及發表力ヲ養ヒ」とあるわけである。

教室に於ける日常の教授は、大部分上述の語學力の養成に終始するのであるが、外國語の教授者は、單に外國語の了解および發表の兩方面の修練だけを以て、能事畢れりと考へるべきではなく、教材中の語句文章に關聯して、外國に關する正しい認識を得させ、外國とわが國とを對比せしめることによつて、わが國肇國の理想と皇國民の使命とを十分自覺せしめねばならぬ。即ち外國に對する正しい認識を得させ、また正しく批判する力を養ひ、識見を擴め、進取の氣象を養ひ、以て大國民たる資質を啓培することは、外國語教授に於て特に意を用ひなければならぬ點である。從來の教授要旨に、

外國語ハ普通ノ英語・獨語・佛語又ハ支那語ヲ了解シ之ヲ運用スルノ能ヲ得シメ知德ノ增進ニ資スルヲ以テ要旨トス

とあつたのに對比して、趣を異にすることを知らなければならない。これが爲には、敎授者自らが先づ正しく認識し正しく批判する能力を有つことを要件とすることは言ふまでもなく、常にみづからの敎養を高め、從來の態度について反省を加へることが肝要である。外國の秀でた點を識るのみでは、外國の眞の姿を知る所以ではなく、少くとも敎授する外國語を語る國民の歴史・國民性・思想・風土・藝術等について、認識を深めることに力めなければならぬ。

尙外國についての認識は、他の敎科科目に於ても與へられる機會があるわけであるが、外國語科に於ては、外國語を通じ、外國語に卽して與へるべきで、國語を以てする說話に多大の時間を費して、外國語學習の主たる目的を忽にしてはならない。次に

外國語ハ英語・獨語・佛語・支那語・マライ語又ハ其ノ他ノ外國語ヲ課スベシ

とあるが、これは中學校および高等女學校に於て課することの出來る外國語の種類を擧げたもので、學校の所在地、卒業生の將來の生活などを考慮し、關係當局と協議して決定するのである。外國文化の攝取には、高度の文化を有する外國の言語が優るであらうが、特に實用を主として隣接諸國の言語を敎授する場合もあるわけである。

二、「敎授方針」解說

「敎授方針」は「敎授要旨」を敷衍して敎授の方針を示したものである。

一、平易ナル現代外國語ニ付聽方及話方ヲ練リ讀書力及作文力ヲ養フベシ

の中、「聽方及話方ヲ練リ讀書力及作文力ヲ養フベシ」は要旨の「理會力及發表力ヲ養ヒ」の敷衍である。「聽方及話方ヲ練リ」とは、言ひ換へれば、口頭での理會力および發表力を養ふべきことであつて、讀書力や作文力の養成と相並んで、その基礎とも言ふべき口頭練習を忽にしてはならぬとの謂である。

一、發音・語彙・語法ヲ正確ニ習得セシムルト共ニ國語ト比較シテ外國語ノ特質ヲ明ニシ言語習得ノ力ヲ增進スベシ

「語彙」と言へば「發音」も含まれるのであるが、外國語の敎授に當つては、發音の敎授は特殊の重要性があるので、殊更に「發音」を取り出したのである。外國語の語彙・語法の敎授に當つて、國語のそれと比較して、外國語と國語との表現の差異を意識せしめることは、やがて正しい日本語を使はうとの意欲と努力とを生み、母國語に對する認識を深化することになり、更に第二の外國語を學習する必要が起つた場合、その學習を容易ならしめることになる。實に國語を愛護する精神や外國語習得力は、指導國家の中堅國民として、又大東亞共榮圈內諸國に進出する國民として、當然有つべき資格である。

一、外國語ノ習得ヲ通ジテ外國ノ事情ニ關スル認識ヲ得シムルト共ニ視野ヲ擴メ國民的自覺ノ深

化ニ資スベシ

は、要旨の解説の中に既述したが、國民的自覺を促すことを主要目的とする教科は、寧ろ外國語科以外にあらうが、外國語科もこれ等諸教科と協力して、「國民的自覺ノ深化」に貢獻せねばならぬ。

三、「教授事項」解説

第一學年

聽方及話方・讀書・作文

聽方及話方ニ於テハ初ハ發音ノ基礎的練習ニ重キヲ置ク

文字を見せる前の口頭練習中に於て、殊に外國語學習の初期に於て、文章の聽方及話方の練習と共に、發音の基礎的練習を徹底的に行ふべきことを示したのであつて、外國語學習の最初の數時間乃至十數時間を、單語の發音練習にのみ用ひよと言ふのではない。

從來の規定では、外國語は

發音・綴字・聽方・讀方及解釋・話方及作文・書取・文法ノ大要並ニ習字ヲ授クベシ

とあつたが、新規定では、聽方及話方・讀書・作文の三分節として、讀書に於ては、讀方・解釋・文法・書取・暗誦等を綜合的に指導することに改められたのである。尚讀方に關聯して、發音・綴字等の指導を行ふべきことは言ふまでもない。三つの分節は各別の時間に分つことなく、いづれの時間に於ても、これ等の分節を聯絡せしめ、或は綜合して指導すべきであつて、殊に初學年に於ては、基本的文章の聽方・話方の練習より始めるがよい。尙從來の分節から發音・綴字等が除かれたが、これはこれ等のものを輕視した爲でないことは言ふまでもない。次に

讀書ニ於テハ讀方・解釋・書取・暗誦ヲ課ス

とあるのは、讀本敎授に當つて、所謂「譯」だけで能事畢れりとせず、文章の讀み方も正しく指導し、語句文章に譯語を與へるのみならず、必要な說明を加へて「解釋」し、既習敎材を敎科書を離れて聽き取り且つ筆寫し得るやうにするため「書取」を課し、本文を見ずに外國文が言へるやうに「暗誦」を課するのである。第一學年の敎材は基本文型の習熟徹底に適するものが多いので、これ等の文章を反覆練習することに依つて徹底的に習得することは、第二學年以後の學習を容易ならしめるばかりでなく、能率的にするのであるから、十分の注意と熱意とを以て授業に當らねばならぬ。

作文ハ既習敎材ヲ應用シ話方ト聯絡シテ練習セシム

和文外國語譯の形式を取る場合にも、既習の語句や語法の反覆練習を目標とし、筆寫に先立ち十分に口頭練習を行ひ、筆寫の後にも、之を正しく音讀させる等の取扱ひが必要である。

また作文は特別の時間を設け、或は特別の敎科書を用ひないで、讀書の敎材から重要な或は適切な語句および語法を選び、之を資料として、作文力を養ふ指導を行ひ、併せて讀書力を確實ならし

めることを工夫せねばならぬ。尚作文は豫め細案を作成して指導し、第一學年に於ては、讀書力と作文力との並進を期し、方法としては、口頭による練習を活用するがよい。

既習ノ敎材ニ付習字ヲ課ス（支那語ヲ課スル場合ヲ除ク）

と但書のあるのは、漢字の習字は藝能科書道で課するから、支那語の場合には行はないのである。「習字」に用ひた語句文章は、改めて發音・讀方・意味・語法等を吟味し、十分に習熟せしめねばならぬ。

第二學年

聽方及話方・讀書・作文

前學年ニ準ジ更ニ進ミタル程度ニ於テ之ヲ課ス

第三學年

聽方及話方・讀書・作文

前學年ニ準ジ更ニ進ミタル程度ニ於テ之ヲ課ス

第三學年以上に於ても、聽方及話方の訓練を繼續すべきことを示すものである。

既習敎材ニ基キ文法ノ大要ヲ授ク

文法的說明は必要に應じて隨時行ふのであるが、この學年に於ては、纏めて大要を授けるのである。既習教材のみから例文の取れないこともあらうが、成るべく既習教材から歸納せしめる方が理會も記憶も容易である。

第四學年

聽方及話方・讀書・作文

前學年ニ準ジ更ニ進ミタル程度ニ於テ之ヲ課ス

四、「教授上ノ注意」解說

一、我ガ國ニ於ケル外國語學習ノ意義ヲ明ニシ教材ノ選擇・授業ノ方法等ニ意ヲ用ヒ適切ナル指導ヲ爲スベシ

外國語科の授業に於ては、先づわが國に於ける外國語學習の意義を理會せしめることが肝腎である。外國語學習によつて外國の文化を優れたものと誤り考へるごとき弊に陷ることは固より、漫然外國語を學習するごときことも嚴に戒めなければならない。教授要旨・教授方針等に示された所を明らかにして、外國語學習に對する國民としての立場を明確ならしむべきである。教材の選擇・授業の方法等も勿論この立場から考究され、工夫されなければならない。

一、發音ヲ授クルニハ教師ノ模範ヲ第一トシ萬國音標文字・注音符號等適當ナル發音記號ヲ利用シ必要アル時ハ口形圖・蓄音機等ヲ活用スベシ

發音教授に當つて、英語等では萬國音標文字を、支那語では注音符號を利用するのは便利でもあり能率的でもあるが、これ等はどこまでも利用するもので、發音を正すことが主體であることを忘れてはならぬ。教授者は自分の發音を正し、これを模範として、出來るまで幾度でも根氣よく繰り返させねばならぬ。口形圖や蓄音機も十分注意して選擇し活用すべきである。

單語ノ發音ヲ正スノミナラズ文章ノ抑揚・强勢等ニ留意スベシ

單語の發音には相當に注意して指導する教授者も、文章の抑揚乃至强勢等には案外無頓着な場合を見受ける。個々の單語にアクセントがあり、綴の切れ目があるやうに、文章には强く發音される語もあり切れ目もある。單語のアクセントを變へると意味が變ることがあるやうに、文章でも抑揚次第で意味が變ることがある。單語のアクセントが重要ならば文章の抑揚强勢等も亦重要である。

一、綴字ヲ授クルニハ單ナル暗記ニ依ルコトナク發音トノ聯關ニ意ヲ用フベシ

綴字と發音とは必ずしも一致しない。併し發音が正しい場合には容易に綴り得る語も少くない。語全體としては綴字と發音とが一致しなくとも、綴が發音と一致する場合も決して少くない。暗記だけによる綴字は忘れ易いが、發音と聯關させて覺えれば永く記憶される。この習慣がつけば、新

語の綴字の覺え方が容易になる。

一、聽方及話方ハ讀書及作文ニ關聯セシメテ之ヲ課スベシ

時としては讀書又は作文の教材と離れた事柄――例へば學校の行事――などに就いて聽方及話方の練習をするのもよいことであるが、原則としては讀書および作文の未習又は既習の教材に關聯せしめて口頭練習を行ふ方が、これ等の教材の徹底に役立つであらう。

一、讀書ニ於テハ聽方及話方・作文及文法ヲ綜合的ニ取扱ヒ大意ノ把捉ニ慣レシメ直讀直解ノ力ヲ養フベシ

讀本教授を「譯」と言つたりすることから、とかく「譯」をつけさへすればよいと思つてゐる生徒が少くないやうである。故に教授者は讀書の教材を聽方及話方・作文及文法に關聯させて「綜合的ニ取扱ヒ」、「讀書卽ち譯」といふ誤つた觀念を拂拭するやうにせねばならぬ。

尙今日までの讀本教授では、語句の意味構文の說明には相當の注意が拂はれてゐたが、パラグラフ全體の大意を取らせると言つた方面への指導は不十分な憾みがあつた。大意把握の練習は今後大いに奬勵せねばならぬ。更に從來の中學校および高等女學校卒業生中には、どんな簡單な外國語文でも、音讀後改めて譯をつけなければ意味のとれぬものが少くない。これも亦今後改めねばならぬ。外國語學習の初めから直讀直解の習慣をつけることに留意せねばならぬ。

一、書取ハ各學年ヲ通ジテ成ルベク頻繁ニ之ヲ課シ聽方ノ練習ニ資セシムベシ

書取を課するのが、單に單語の綴字を覺えさせるためだけでは十分ではない。同時に聽方の練習をも兼ねさせるがよい。假に五つの短文を問題とした場合に、その中四題を書き取らせ、殘りの一題は國語で意味を書かせるなども試みてよからう。

一、暗誦ハ生徒ノ正確ニ會得セル文章ニ付隨時之ヲ課スベシ

暗誦が外國語の學習に重要なことは言を俟たないが、教室に於ける暗誦をみると、生徒はただ求められる外國語文の語順のみに注意を拂ひ、抑揚や强勢などは少しも構はない事がよくある。これは改めねばならぬ。「正確ニ會得セル文章ニツキ」暗誦を課し、その文章は之を聽く者に意味が判るやうに、正しい發音・正しい抑揚・正しい强勢を以て暗誦せしめねばならぬ。

一、授業ニ當リテハ力メテ既習ノ外國語ヲ用ヒ聽方及話方ニ慣レシムベシ

單に讀本教授のみならず、作文の教授でも文法の教授でも、國語で說明したり問答したりする代りに既習外國語を用ひると、聽方及話方の練習にもなり、既習語句の復習にもなる。外國語の學習が結局既習語句の反覆練習に依存することを思へば、教授者が容易に言へまた生徒が理會しさうなことは成るべく外國語で言ふ方がよい。直讀直解は直聽直解が本であるから、その意味からも成るべく既習語句を使ふ方がよいわけである。

また教室管理・教材の説明等に力めて外國語を用ひることは、外國語の雰圍氣を増す所以であつて、學習上の効果が少くないのである。外國語の時間と言ひながら、外國語の授業か國語の授業かを疑はれるやうでは、生徒の學力の向上は期待し難いのである。但しこの際生徒の力を考へて、これに適應せしめることに留意しなければならぬ。外國語を用ひることは、教授者の話す力を保持し、又は向上せしめる點からも得策であるが、生徒の理會に困難であつたり、餘りに迂遠な説明に多くの時間を費すことは戒めなければならぬ。

國語ヲ用フル場合ニハ其ノ醇正ナランコトヲ期シ之ヲ尊重愛護スルノ念ニ培フベシ

外國語の意味を國語で言ひかへる時などに、場合場合にふさはしい國語を使ふやうに心掛け、醇正な國語を使はうとの意識的努力を通して、國語を尊重し愛護する念を助長するやうに力むべきである。殊に國語の一特質たる敬譲法については、教授者は固より生徒の國語譯等に際しても、その適正を得ることに力め、國語をみだすなどのそしりを招くことのないやう留意して、國語の醇化に協力せねばならぬ。

一、風俗習慣ニ關シテハ彼我ノ異同ヲ明白ニシ又實物・繪畫等ヲ用ヒテ意味ノ了解ヲ助クル等知識ノ增進ニ資スベシ

教材の語句文章の解説中特に外國の風物に關するものは、成るべくわが國のそれと比較してその

異同を明らかにし、知識の增進を圖るのは、延いては海外への關心を深からしめ、これとの對比に於て、わが國を見る習慣を養ひ得るが故に、よりよくわが國を知り之を愛する氣持をも養ひ得るのである。

一、豫習及復習ヲ指導奬勵シ自學自習ノ態度ヲ養フベシ

中學校および高等女學校の外國語教授時數は從來に比し減少されたのであるから、教授者は各方面に能率の向上を圖らねばならぬが、その中の一つは豫習および復習を一層能率的に行はしめることである。生徒に對してただ豫習せよ復習せよと命ずるだけでなく、かうかういふところに注意して豫習し、復習はどういふ風にするかを指導することが大切である。かういふ豫習復習を奬勵して、教室に於ける授業の徹底をはかると共に、自學自習の良習慣を養はせることが出來れば、授業時數の減少による缺陷も補はれることが少くないであらう。

なほ豫習に於ては、生徒の負擔を適正ならしめることに注意しなければならぬ。負擔の過重となることは固より戒めなければならぬが、輕きに失することも、生徒の正しい學習態度をつくる所以ではない。初學年に於ては、筆記帳の記入などの事柄についても指導して、正しい學習態度を訓練することが肝要である。

一、教材ハ分量ノ多キヲ望マンヨリハ之ヲ精選シテ基礎的知識ノ徹底ヲ期スベシ

殊に昭和十八年度の第一學年に於ては、新制度にふさはしい教科書が間に合はず、止むを得ず從來の教科書を用ひねばならぬが、基礎の基礎を築くべき第一學年のこと故、進度を氣にする餘り不徹底な授業を續けるやうでは、却つて將來の外國語習得に惡影響を及ぼす恐れがあるから、「分量よりは徹底」を標語として毎時の授業を進めるやうにする。教科書を終ることが目的ではなく、生徒に學力を得しめることが目標であることは、極めて明白であるにもかかはらず、時には、進度にとらはれるものがないとはいはれない。尚生徒の學力の振はないのを、單に生徒の素質或は不勉强にのみ歸することなく、指導者の工夫・親切・熱意について反省する餘裕のあることが望ましい。

一、敎師間ノ打合會ヲ開催シ教材ヲ研究シ教授方式ノ統一ヲ圖ル等授業効果ヲ大ナラシムベシ

外國語の教授時數は減少を見たのであるが、中學校および高等女學校卒業生の外國語の力は低下してもよいと言ふのではなく、出來得れば從來以上に高めることが望ましい。それには結局毎時間の授業を能率的に行ふより外に途はない。教授者間に打合會を開いて教材の研究をすれば、自分一人では氣のつかぬところにも注意が届き、自分だけでは不明の箇處も明瞭になり、隨つて教室に於て一層大なる自信を以つて授業することが出來るから、生徒の頭にも深い印象を殘す結果となる。しかのみならず、同僚の取扱ふ教材をも知ることが出來るから無駄な重複が避けられ、その時間を必要な練習に振り向けることが出來る。まして教授方式の統一が出來れば、能率は益々上るわけで

ある。

一、他教科トノ聯絡ニ留意シ特ニ文法ニ於テハ國文法ノ知識ヲ活用スルニ力ムベシ

「國文法ノ知識ヲ活用」して外國語の文法の知識の增進に資するのであるが、これは國文法と比較した方が外國語文法の理會を助けると思はれる事項だけを利用すればよいので、あらゆる事項を一一比較したのでは、却つて混亂させる結果ともなるから注意せねばならぬ。

一、第二學年ノ終リニ生徒ノ成績、父兄並ニ生徒ノ希望等ヲ斟酌シテ次學年ニ於ケル學習ノ繼續如何又ハ種目ノ變換ニ付適切ナル指導ヲ爲スベシ

「生徒ノ成績」や「父兄並ニ生徒ノ希望等ヲ斟酌シ」たりするのは、各學校が「次學年ニ於ケル學習ノ繼續如何又ハ種目ノ變換ニ付適切ナル指導ヲス」る材料を得るためである。生徒や父兄の自由意志のみで繼續や變換を行ふのではない。これ等を斟酌して學校が、適正なる敎育的指導を行ふのである。その結果、若干の生徒は第三學年以後は外國語の代りに實業の授業を受けるやうにもならうし、又或ものは例へば、英語の代りに支那語を學ぶといふやうになるのである。

一、支那語ニ在リテハ中華民國ノ標準音ニ依リ其ノ標準語ヲ課シ上級學年ニ於テハ文語文（簡易ナル程式文ヲ含ム）ヲ加フベシ

支那語はその發音・語彙等が地方により相違してゐるが、中學校並に高等女學校に於て敎授する支

那語は、中華民國の標準音により標準語を課すべきである。尙從來支那語の發音は、語・文を構成する單字に重點を置く傾向があつたが、今後は語彙を單位として正確な發音を會得させるやうに指導すべきである。また發音の表示は、注音符號によるのを原則とするが、第一・二學年に於て英語を學び、第三・四學年に於て支那語を習ふ生徒には、ウェード氏式羅馬字綴方を用ひ、隨時注音符號をも會得させるやうに指導してもよい。

上級學年には口語文の外に文語文を課し、その中には簡易な程式文を加へるのであるが、學習する年數並に毎週授業時數を考へて斟酌しなければならぬ。

一、「マライ」語ニ在リテハ「マラッカ」地方ヲ中心トスル地域並ニ「ジャワ」島ヲ中心トスル地域ニ行ハルル「マライ」語ニ重點ヲ置キ正確ニシテ氣品アル「マライ」語ニ習熟セシムベシ

マライ語の使用せられる主なる地域即ち東印度とマライ半島には、多種の民族があり、それぞれの方言を有つてゐるが、これ等多數の方言に通ずることは極めて困難であるから、これ等諸民族の共通語であるマライ語を習得するのが得策である。而して共通語たるマライ語にも、地域により發音・語彙・文法に若干の相違があるが、學校に於て課するものは、マラッカ地方を中心とする地域に用ひられるものとジャワ島を中心とする地域に行はれるものとに重點を置くべきである。

尙マライ語の發音は單純であり、文法も簡易であるから、意思を通ずるには語彙を羅列すれば足

りるとして、從來その學習を輕視する弊風があつたが、指導的地位に立つべき者としては、正確にしてしかも氣品あるマライ語に習熟せしめるやう注意すべきである。

一、「マライ」語ノ綴字ハ「マライ」半島式及東印度式ヲ用ヒ上級學年ニ於テハ適宜「アラビヤ」文字ヲ授クベシ

上級學年ニ於テハ必要ニ應ジ初步ノ蘭語ヲ加味スルコトヲ得

マライ語は、現今に於ては羅典文字とアラビヤ文字を以て綴られてをり、羅典文字を用ひる場合には、マライ半島式（英國式）と東印度式（和蘭式）との二樣があり、兩者の間には若干の相違がある。それ故兩式を統一して新しい綴字の制定を見るまでは、兩式を知る必要がある。

アラビヤ文字を用ひるときは、マライ半島と東印度とに於て差違はないが、これは廣く行はれてゐない。しかしながら、アラビヤ文字を以て綴つたものは、インドネシア民族の主な宗教である回敎との關係が深いから、指導者としては之に理會あることが望ましいのである。故に上級學年に於ては、適宜アラビヤ文字を授けることとしたのである。

尙將來東印度に於て活動しようとするものには、初步の和蘭語を加へることを得ることとしたのは、東印度に於ては、和蘭人のみならず上層の原住民のうちにも、和蘭語を話すものが相當にあり、また東印度に關する文獻には和蘭語のものが少くないからである。

五、結　語

教授要旨に明示してある外國語教授者の使命は

一、次代の中堅國民たるべき中等學校の生徒に、わが國の無限の發展に寄與するために活用すべき外國語の堅固なる基礎の力をつけること

二、外國語の學習を通じて言語意識を盛にし、內は國語の醇化と愛護とに資し、外は言語習得能力の增大に培ふこと

三、外國語の學習を通じて外國の事情につき正確なる認識を與へ、將來皇國の傳統的文化の進展のために、外國文化を正しく批判し之を攝取醇化するの素地を作ること

であるが、これ等はいづれも皇國民錬成上大切な訓練であり、外國語の敎授者にして初めて出來る仕事である。外國語の敎授者はその使命の重大なのを自覺し、牢固たる信念と燃ゆるが如き熱意とを以て、日々の本務遂行に邁進すべきである。

（終）

外國語科指導書
中學校第一學年用
實費金十錢

昭和十八年四月六日印刷
昭和十八年四月十日發行

著作兼發行者　東京市神田區岩本町三番地
中等學校教科書株式會社
代表者　山本慶治

印刷者　東京市京橋區木挽町一丁目七番地
須田正一
東東二、五一五

發行所　東京市神田區岩本町三番地
中等學校教科書株式會社
日本出版文化協會會員番號　一一七五二二

中等學校教科書株式會社

新制中等学校外国語科の教育

日本放送協會編

文部省

新制中等學校教授要目取扱解說

日本放送出版協會版

日本放送協會編

文部省

新制中等學校教授要目取扱解說

日本放送出版協會版

序

今般中等學校教育に一大刷新が加へられ、新制度は來る四月より實施せられることとなつた。正に明治五年學制施行以來の劃期的改革である。新制中等學校教育は、皇國の道に則つてよく國體を護持し、皇國の負荷に任ずべき皇國民錬成の徹底を期するものであつて、あらゆる點に於て從來のそれと異つてゐることは論を俟たない。しかも教育の實效は教育經營の實際に携はる教育者各位の指導如何にあるのであるから、教育者諸氏はよく新制度の眞精神を十分に了得せられて、萬全を期せられねばならない。

茲に於て日本放送協會では昨年新制度の發表を見るや學校放送「教師の時間」に、「新制中等學校講座」を設け、文部省國民教育局長を初め教學官の方々十氏に委囑して、新制中等學校教育の趣旨と教授要目の取扱ひ方についての解說を放送した。その後本講座の刊行を要望せられる向が多いので、ここに講師自身の加筆補正を得て上梓することとした。

なほ近く放送と同時に續いて刊行の豫定の「新制中等學校臨時措置」に關する解說講座と併せ讀まれるならば、新制度の根本趣旨並に取扱の原則的理會とともに、その臨機運用の完全を期し得ることと信ずる。敢て大方の御精讀を奬むる次第である。

昭和十九年三月

日本放送協會

目次

新制中等學校教育刷新の要旨……文部省國民教育局長 纐纈彌三……一
新制中等學校に於ける課程運營の方針……文部事務官 岡田孝平……七
新制中等學校國民科の教育……文部省教學官 松久義平……一四
新制中等學校理數科の教育……文部省教學官 內藤卯三郎……二九
新制中等學校體錬科の教育……文部省體育局總務課長 石井通則……四九
新制中等學校藝能科の教育……文部省教學官 櫻井役……六〇
新制中等學校外國語の教育……文部省教學官 櫻井役……七一
新制中等學校家政科の教育……文部省教學官 松久義平……八〇
新制中等學校の修練……文部省囑託 佐藤和韓鵄……九六
新制農業學校の教育……文部省教學官 武田憲治……一〇八
新制工業學校の教育……文部省教學官 柏忠夫……一二三
新制商業學校の教育……文部省教學官 糸魚川祐三郎……一四二

新制中等學校外國語科の教育

文部省教學官　櫻井　役

外國語科の地位　中等學校制度の劃期的刷新に伴ひ、教科課程も亦新たなる構想を以て再編成されたのであるが、外國語は、中學校に於ては國民・理數・體鍊・藝能・實業の諸教科と共に一教科として、第一・二學年にこれを必修せしめ、第三・四學年に於ては、外國語科と實業科を選擇教科とし、その何れか一を選擇履修せしめることに定められ、高等女學校に於ては家政・實業・外國語の三教科を增課教科として、その中について一若くは二又は三を選擇履修せしめることに規定せられ、實業學校に於ては實業科の一科目として、商業學校竝に拓殖學校に於ては全學年に亙り、必修科目とすることに定められ、農業・工業・水產の諸學校及び女子商業學校に於ては、增課時數を割いて外國語を增課し得ることに定められたのである。實業學校に於ては、外國語は商業、拓殖等の實務に關聯するところが多く、學校の種別に隨つて教授內容に特色があり、實業科の諸科目と緊密に聯絡せしめるのを適當とするので、これを教科とすることなく、實業科に屬する一科目として課することに定められたのである。

かくの如く、學校の種別により教科或は科目の別はあるけれども、皇國の道に則ることを最高の原則として、忠良有爲なる皇國民を鍊成するために設けられたものであることは謂ふまでもない。隨つて外國語の教授は、その特色を發揮すると共に　他の教科科目とひとしく皇國民の鍊成を究極の指標とすることを忘れてはならないのである。

教授要旨　外國語は「外國語の理解力と發表力とを養ひ、外國の事情に關する正しき認識を得しめ、國民的自覺に資するを以て要旨とす」と規定されてゐる(註一)。外國語の教授は、要旨の前段に示されてゐるやうに、外國語の理會力と發表力との養成を任とすることは、自明のことと謂ふべきであつて、從前の中學校・高等女學校の規定に於ても、外國語は「外國語を了解し、之を運用するの能を得しめ」ることを要旨としたのである。舊規定には、了解し運用するの能といひ、新規定には理會力及び發表力とあつて、表現を異にするけれども、その意味するところは異るものがないのである。

學習の意義　しかしながら、外國語を學習して、理會力と發表力とを養ふ所以に關しては、反省を加へる必要あることを感ずるのである。從來に於ては或は好奇心や虛榮心を滿足させるがために、或は一身の出世榮達を圖る方便として、或は明確なる目標もなく漫然たる態度を以て、或は外國の燦然たる物質文化に眩惑されて、これを模倣し、これに追隨せんとするが如き極めて卑屈な態度を以て、外國語の學習を志すものも絕無とはいひ難かつたのである。かかる無自覺な態度、卑屈な態度、或は功利主義・個人主義的思想は、斷乎としてこれを排擊しなければならないのである。外國語を學習するのは、これを活用し、これを驅使して、外國及び外國人に對する認識を深くして、彼等に對處する方法に過誤なきを期することがその一つである。外國及び外國人について識ること乏くしては、國運の進展を圖ることは望み難いのである。次には、外國の文化を考察して、我が國文化の充實と發展とに貢獻することであり、更に、日本精神、日本文化を海外に宣揚することである。かくして肇國の大精神を顯現し、萬邦協和の新しき世界の建設に寄與して、鴻業を扶翼し奉ることを窮極の目標とするのである。

今や戰局は長期に亙る苛烈なる決戰段階に突入して、前線・銃後は決死の力を戰爭の完勝に結集してゐるのであるが、大東亞戰爭の完勝は、謂ふまでもなく大東亞建設の完成と相俟つべきであつて、この廣大なる地域に新しき文化を創造し、十億の民族に皇國の大理想を理會せしめて、共榮圈建設の大業に提携協力せしめるがためには、固より日本語の普及につとめることを緊要とするのであるが、また一方に於ては、外國語の利用に力めて、建設工作を推進すると共に、廣域圏外の諸國に共榮圏の理念と構想とを徹底せしむべきであつて、大東亞の建設工作に於て外國語の分擔すべき役割は、輕からざるものがあり、しかも推移して止まざる外國の情勢を認識するの必要は、いよいよ加はつて行くのである。

外國の認識　從前の規定に於ては、外國語の教授は、外國語を了解し運用するの能を得しめるとともに、知徳或は知識の增進に資する（註二）ことを要旨としたのであるが、舊規定の後段は、新制の教授要旨に於ては、既に述べた如く、外國の事情に關する正しき認識を得しめ、國民的自覺に資することに改められたのである。この改訂は外國語學習に關して、一層主體性を明確にし、能動と進取とを指向するものであつて、特に注意を要するところである。

ここにいふ外國の事情に關する正しき認識とは、外國の眞の姿を知ることであつて、固より模倣・追隨乃至偏狹・固陋の態度を以てするものではなく、視野を擴大し、識見を高邁にし、積極進取の氣魄を育み、中正なる批判力を養ひ、己を知ると共に彼を知らしめ、指導的地位に在る國民の資質を啓培して、皇國の使命達成に協力せしめることを目標とするのである。謂ふまでもなく、外國についての認識を得しめることは、ひとり外國語科のみが任とするものではなく、國民科を初め他の教科に於ても外國及び外國人に關する認識を得しめ、國民の自覺を深める機會は少くないのであるが、外國語の教授に於て與へられる外國の認識は、外國語を通じ、或は外國語に卽するところに、特色の存することを注意すべきである。凡そ一國の言語と文學とは、その國の文化と國民性とを反映し具現するものである。卽ち國語はその國民が歷史的に形成した社會的所產であつて、國民の精神的血液ともいはれ、思想の表現・傳達乃至思想の形成は、すべて國語に依存するのであるから、おのづから國民の考へ方、感じ方、物の見方を反映するものであり、文學に於ては一層それが顯著に具現されるのである。しかも、國語又は文學のうちに反映する思考・感動・表現などの樣相は、飜譯書を通じてはこれを把握することが困難であり、また飜譯書を最もよく理會し得る者は、實に外國語學習の經驗に富む者であることは、識者のひとしく認めるところである。隨つて外國語に卽して、直接的に外國に關する認識を深めることは、外國語教授の獨擅場といふべきである。

外國及び外國人に對する認識の深淺は、文化は固より、國防・產業の上にも至大なる關聯があり、窮極するところ民族の安榮乃至衰頽に關することを知らなければならない。嘗て秀れたる固有の文化を誇つた印度と支那とが、共に廣大なる國土と數億の民族とを擁しながら、憐むべき現狀に陷つた原因は、一二三にして止まらないであらうが、古來の文化に陶醉して、外國に關する正しき認識に乏しく、保守に傾き退嬰に陷つたことが、有力なる原因として數へられるであらう。支那の兵學者孫子は、その謀攻篇に「彼を知り己を知れば、百たび戰つて危ふからず、彼を知らず己を知れば、一たびは勝ち一たびは負く、彼を知らず己を知らざれば、戰ふ每に必ず敗る」と述べてゐるのは千古の至言である。また佛蘭西を破局に導いた一因として、獨逸が英佛の情勢を識ること精しかつたのに對して、英佛が獨逸を知ること甚だ淺かつたことが指摘されてゐるのである。外電は、偉大不遜なる米英が、我が國に對する正しき認識を得ることを怠つて慘敗を重ね、俄かに日本語の研究に著手したと傳へてゐるが、このことは盟邦獨逸の指導者が、夙に英語の研究を奬勵して、英國及び英國文化の認識に努めたことと好箇の對照をなすものである。

言語意識　教授要旨に次いで、教授方針を解說すべきであるが、教授方針は教授要旨を敷衍したものであつて、既に觸れるところも少くなかつたのである。ただここに注意を喚起すべき一事は外國語と國語との關聯である。卽ち外國語の教授に於ては、國語の醇化に協力し、國語尊重の念に培ふことを力むべきである。「外國語を知らざるものは、母國語を知らざる者である」といふゲーテの語は、しばしば引用されるのであるが、獨逸の先哲を待つまでもなく、外國語の語彙・語法などはこれを國語の語彙・語法と比較對照することによつて、外國語の特質が明かにされ、同時に國語の特質を會得するに至るのである。而して外國語の特質を明かにすることは、外國語學習の效率を高め、國語の特質を會得することは、やがて國語を尊重し愛護する精神を昂揚する所以である。かくの如く、外國語の教授はその方法宜しきに合ふならば、外國語を正しく習得せしめ、母國語に對する認識を深め、言語意識を鋭敏・活潑にし、言語習得の力を增進するのである。かくして養はれる能力は、他の外國語の學習を容易にするのみではなく、綜合し、分析し、或は推理し、歸納する心理的のはたらきを練磨し强化することを見のがしてはならないのである。

外國語の教授は、往々國語の醇正を紊すとの非難も聞えるのであるが、外國語の教授はむしろ國語の醇化に寄與するところが大なるべき筈であるから、解釋・作文など國語を用ひる場合には、教師も生徒も倶に醇正なる國語卽ち標準語の使用を心がけ、文法の指導には、適宜國文法の知識を活用するなど、教授の效果を擧げることに努むべきである。

種目の擴張　新制の規程に於て注目されるのは外國語の種目が擴張されたことである。從前の規程に依れば、中學校に於ける外國語は、英語、獨語、佛語、支那語の四箇國語に限られ、高等女學校に於ては英語又は佛語に限られ、實業學校に於ては種目については特に規定がなく、實施の狀況は、英語が最も多く、支那語がこれに次いでゐたのであるが、新制の規程に於ては、中學校、高等女學校を通じて、英語・獨語・佛語・支那語・マライ語又はその他の外國語と定められた(註三)のであるから、國際狀勢、土地の狀況、生徒の將來などを考慮し適當の種目を選擇して課することが肝要である。かくの如く種目を擴張したのは、さきに述べた改訂教授要旨の趣旨に卽應するものであり、我が國の東亞或は世界に於ける地位の向上に伴つて、生徒將來の活動地域と職域とが著しく擴大することが明かに豫想されるからである。

活用能力の養成　外國語の種目は擴張されたが、各學校とも授業時數は減少されたばかりでなく、修業年限も短縮を見るに至つたのであるから、自然學力の低下が憂へられるのであるが、新制中等學校の外國語教授に於ては、定められた教授時數を十二分に善用して、堅實なる基礎を築くことを旨とし、語彙・語法など量に於ての減少は已むを得ずとして、教材を精選し練習を徹底せしめて、外國語を活用する能力の伸長を期してゐるのである。從來に於ては、生徒に授けられる語彙・語法などは相當の量に昇つたのであるが、根柢が鞏固でなく、運用する能力の薄弱なものが少くなかつたのである。新制に於ては、この通弊に鑑み量に於て遜るとしても、質に於て優ることを目標とするのである。而してこの目標に到達するためには、一層教授の能率を高め學習の效果を增すことを緊要とするのは自明の理であるが、これを助成するがために考慮されたことの一つは選擇履修制を採つたことである。この選擇履修制は、生徒の語學學習能力、生徒の將來などに關し、過去の實績に徵し將來の豫見に照らして、中等教育に於ては全生徒に對し、全學年に亙つて外國語を課することは、これを必要としないといふ結論を前提とするものではあるが、外國語學習に對する能力に於て幾分優るところがあり、その希望が一層確實であると認められる生徒に學習せしめるのであるから、從來に比して教授能率を增進することが期待されるのである　選擇履修は、生徒の意思に基くのではあるが、學校當局者は生徒の能力、希望などを考慮し、父兄の意見を參酌して、適切なる指導を加へて決定することを要するのである。中學校に於ては、初に述べた如く、第一・二學年には外國語を必修させ、第二學年の終りに、第三・四學年に於て猶ほ外國語の學習を繼續するか、或はこれを中止して實業科を履修するかを決定するのであるが、依然外國語の學習を繼續するものについては、第一・二學年に於て履修した外國語をそのまま繼續する場合と、他の外國語、例へば、第一・二學年で英語を學習したものが、第三・四學年では新にマライ語の學習を始める場合とが考へられるのである。但し後の場合卽ち種目を變換することは、學校の事情により實施を困難とする場合もあらうと考へられる。高等女學校に於ては、最初の學年から選擇履修制によるのであるが、外國語を履修するものについては、第二學年の終りに於て、中學校に於けると同樣の措置を講じて、漫然學習を繼續することのないやうに指導すべきである。

尙一層教授能率の向上を圖るがためには、一學級の生徒數を二分して授業を行ふ分割教授の方法なども考へられるのであるが、事情の許す限りこれを實施して、教授の效果を大ならしめることが望ましいのである。

分節の整理　教授能率向上のために更に考慮を加へたことは、外國語教授の分節を簡素化して、綜合的取扱の徹底を圖つたことである　從前の規定では、外國語教授の分節は、發音・綴字・聽方・讀方及び解釋・話方及び作文・書取・文法・習字など多岐に亙つてゐたのであるが、新制要目では、これを統合して、聽方及び話方・讀書・作文の三分節とし、これ等三分節はそれぞれ特定の時間を設けることなく、讀書(註四)を中心として綜合的に指導することを原則とする。

讀書に於ては、讀方・解釋・書取・暗誦を課することに定められて、從來の分節から發音・綴字が除かれてゐるが、發音・綴字は、讀書の讀方・書取に關聯し、また聽方及び話方の練習は固より、作文の練習に際しても指導すべきであつて、決してこれを閑却せんとするものではない。從來讀本の敎授は卽ち解釋と考へられて、語句の解釋に偏傾しこれに終始する傾向が著しかつたのであるが、この通弊を匡して、適宜聽取・書取・暗誦・作文等を加味し、また大意の把捉に慣れさせ、直讀直解の力を養ふことを期すべきである。

作文は、既習敎材のうちから重要な語句、基礎的な語法を選び、話方と聯絡して口頭練習より始めるなど適切有效の方法を工夫すべきである。從來生徒の作文力は、讀書力に比して著しく遜色があり、相當數の語彙を有ちながら、その知識は斷片的であり、これを結合する基本的語法に慣れず、單語の機械的羅列に終るものの多いことが指摘されてゐるが、これは練習の不足と語感の貧弱とに因るところが多いのであるから、口頭竝に筆頭の練習を强化して語法の會得、語感の涵養に努むべきである。しかも作文の練習は、讀書力を確實にすることを忘れてはならない。

文法は、讀書・作文の指導に際し、必要に應じ授くべきであつて、いはゆる文法のための文法に墮して不要の事項に涉ることは、これを戒めなければならない。第三學年に於ては、文法の大要を授けることに定められてゐるが、これは低學年に於て斷片的に授けられた知識を整理し、讀書・作文の力に資すべき須要の事項を加へて授けるのであつて、既習敎材に基いて歸納的に指導することを原則とする。

學習の指導　授業の效果を高めるためには、指導者の創意、熱意などに俟つところが甚だ多いことは謂ふまでもないが、生徒の學習意欲と學習態度に依るところも亦極めて多いのであるから、生徒の豫習・復習については、具體的・實際的方法を懇切に指導してその實行を督勵し、自學自習の良習慣を確立せしめることが肝要である。生徒の學習を指導し督勵するに當つて、特に留意を要するのは、生徒の負擔を適正にすることであつて、輕きに失するのは學習の效を擧げる所以でないが、生徒は外國語のみを學んでゐるものであるといふやうな錯覺に陷つて、生徒の精力を語學に集中せしめたり、或は家庭に於ける學習時間の大半を語學のために費さしめるが如きは、甚しく中等教育の目的に背くものであつて、嚴に愼まなければならない。指導者は、徒に教材の多きを冀ふことなく、教材の進度を適正にし、周密に教授の過程を計畫して、その徹底を期し、又自己の創意・注意・熱意等について反省する餘裕を有たなければならない。

教師の教養　以上、外國語科の教授要旨・教授方針・教授時數減少に對する方策等について解說したのであるが、この解說より自ら導き出されることは、外國語の教育に携はる者に對する要請である。その一つは、生徒に對して我が國に於ける外國語學習の意義を明かにすることである。常に我が國の主體性を堅持することを第一義とするのは勿論のことであるが、博く大いなる包容性の上に立つことを忘れてはならない。古來我が國民は、我が國の主體性を堅持しつつ、廣く東西の文化を攝取し、同化する包容性を發揮して、文化を生々發展せしめたのである。次には、外國語の指導者は、外國語を通じて外國の事情に關する正しき認識を得させるのみではなく、國語の醇化に協力することをも任とするのであるから、語學の研鑽に精進し、教授方法の改善に努力すると共に、外國の風物・藝術・歷史・國民性等についての識見を長じ、また國語に關する教養を高めることが要望されるのである。かくして、堅き信念と、これより溢れ出づる熱意とを以て事に當るならば、その使命の達成は期して待つべきであらう。

註一。商業學校の教授要旨(案)には、「商業ノ實務ニ從事スル者ニ須要ナル外國語」と限られ、「我ガ國商業ノ振興ニ資セシムル」ことが追加されてをり、拓殖學校の教授要旨(案)には、「拓殖ノ實務ニ從事スル者ニ須要ナル外國語」と定められ、「國民的自覺ニ資スル」は、「開拓地農業ノ振興ト拓殖ノ使命達成トニ資セシムルモノトス」(農業拓殖科)、「産業ノ振興ト開拓ノ使命達成トニ資セシムルモノトス」(商業拓殖科）と改められてゐる。

註二。「中學校令施行規則」には、「外國語ハ普通ノ英語、獨語、佛語又ハ支那語ヲ了解シ之ヲ運用スルノ能ヲ得シメ知德ノ增進ニ資スルヲ以テ要旨トス」と定められ、「高等女學校令施行規則」には、「外國語ハ普通ノ英語又ハ佛語ヲ了解シ且之ヲ運用スルノ能ヲ得シメ兼テ知識ノ增進ニ資スルヲ以テ要旨トス」と定められてゐた。尙實業學校の外國語には敎授要旨、要目などの規定がなかつた。

註三。商業學校の敎授要目(案)に於ては、「英語、獨語、佛語、露語、支那語、マライ語又ハ其ノ他ノ外國語ノ內一若ハ二箇國語」、拓殖學校の敎授要目(案)に於ては、「英語、支那語、マライ語又ハ大東亞共榮圈內ニ行ハルル重要外國語ノ內一又ハ二箇國語」を課することになつてゐる。

註四。讀書の敎科書(第一・二學年用)は昭和十九年度の初までに中學校用及び高等女學校用の英語敎科書が中等學校敎科書株式會社より實業學校用の英語・獨語・支那語及びマライ語敎科書が實業敎科書株式會社より、何れも文部省の指導の下に編纂出版される豫定である。

昭和十九年三月十五日印刷
昭和十九年三月二十日發行
初版八〇〇〇部

新制中等學校教授要目取扱解說

㊕定價二圓
特別行爲税相當額十錢
合計二圓十錢

編纂者 東京都麹町區内幸町二丁目二番地
社團法人 日本放送協會
金川義之

發行者 東京都芝區田村町一丁目テキストビル
奥屋熊郎

印刷者 東京都牛込區西五軒町五二番地
白井祐吉

印刷所 東京都牛込區西五軒町五二番地
帝國法規出版株式會社印刷工場
(東東四)

發行所 株式會社 日本放送出版協會

出版會承認い430652號

會員番號一二二五二八

本社 東京都芝區田村町一丁目テキストビル
振替東京四九七〇一番
電話銀座七〇七・六二六六番

關西支社 大阪市東區北久太郎町二丁目黒川ビル
振替大阪五五九二二番
電話船場三八九五番

中部支社 名古屋市西區御幸本町通四丁目
振替名古屋一九三三番
電話本局三五七番

九州支社 熊本市上通町三丁目
振替熊本三〇〇〇番
電話八九六番

配給元 日本出版配給株式會社

金二圓十錢（稅込）

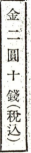

英語科教授要目と教授の実際

廣島高等師範學校附屬中學校

英　語　科

教　授　要　目

と

教　授　の　實　際

1932

緒　言

豫て當校に於て實施して來た英語科教授については，その實際概略を公にして來たのであつたが，昭和六年二月七日文部省訓令第五號を以て示された中學校新教授要目により，時間數その他につき少しく改正を加へる必要が生じたので，こゝになほ多少の增補改訂を施して，梓に上すことにした。

當校の英語教授は，その目標の實際に卽すべきを考慮し，その方法の合理的普遍的なるべきを期して，實施二十餘年，概ね良好の結果を得て居るものと信ずる。今こゝに改訂を加へるに當つても，一層生徒の自學自習の精神を强調した以外，何等根本精神や方法の大綱に及んだものはない。增補の大部分は廣島高等師範學校生徒の教授演習に當つてその指導の便宜上加へたものである。

しかしながら，なほ時勢の變遷に伴つて更正すべき點もあることと思はれるが，それらに就ては幸に大方の垂示を俟つて加筆し，教授細目等と共に，改版の機會に於て補訂を加へたい考である。

昭和七年三月

目　　次

教授要目

教授の實際

附

廣島高等師範學校附屬中學校

英語科教授要目

教授の目的

英語教授の主要な目的は，現代普通に行はれる英語を，聽き讀み書き且つ語り得る能力を與へ，これによつて知識收得の門戸を廣め，又英語國民との間に思想を交換する道を開くと共に，彼我の國情風俗人情等の異同について正確な認識を與へ，一方豊富な思想に接することによつて，穩健中正な國民性の養成に資するにある．

了解力發表力の養成に就いては，努めてその一方に偏することを避け，各々その圓滿な發達を期する．思ふに此等は互に相俟ち相進んで始めてその實績を完うするであらう．

教授要旨

教　　　材

教材の選擇は教授の目的に照らし，生徒の興味に鑑み，廣く諸般の事項に關するものを取る．その排列及び分量は，生徒の能力と教授時數とに適合させ，徒らに多きを望まない．

分科及び統一

教授の便宜上，發音，綴字，聽方，讀方，解釋，話方，作文，書取，文法，習字等の各分科を設ける．各分科は共に相助けて，英語學習の進歩に寄與するやう，完全に統一せられねばならぬ．

此等の分科の統一を圖り，時間を節約すると同時に，生徒の知識を整頓させるためには，成るべく同一の教材について種々の方面から教授し，特定の分科の教授のみを目的とする授業時間の設定は出來るだけこれを避ける．

教　　　授

教授に當つては，教材の排列及び教授の方法を工夫し，成るべく意味を直覺させ，稍進んでは既知の英語と比較し，常に英語によつて思考させることを努める．國語の助を借る場合には，彼此對照してその語法の差を明瞭に意識させることが必要である．

擔任及び聯絡

各學年教授の聯絡を充分にするために，同一の教師が生徒の進級に伴うて引續き同一の生徒を教授する．

但し教師の個人性から生ずる缺陷を補ふために，初學年以外では他の教師が授業の一部を負擔することがある．

教授要項・毎週時間數及び採點單位

學年		教授要項	毎週教授時數	採點單位		
				聽方解釋	讀方 話方 作文	文法 書取 習字
I		發音，綴字，語形及び語法の基本練習．簡易なる語句文等の聽方，讀方及び解釋，書取．簡易なる話方及び作文，習字．	5 { 讀本講讀……4.5 話方(外人擔當)‥0.5	I	I	
II		前學年に準じ稍程度の進みたる聽方，讀方及び解釋，書取．簡易なる話方及び作文，習字．	5 { 同 上……4.5 同 上……0.5	I	I	I
III		平易なる語句文章の聽方，讀方及び解釋，書取．平易なる話方及び作文．文法の大意．	6 { 讀本講讀……4 話方(外人擔當)‥0.5 文法及び作文‥‥1,5	I	I	I
第一種	IIII	前學年に準じ稍程度の進みたる聽方，讀方及び解釋，書取．前學年に準じ稍程度の進みたる話方及び作文．	3 { 讀本講讀……3	I	I	
第一種	V	前學年に準じ稍程度の進みたるもの．	3 { 同 上……3	I	I	
第二種	IIII	前學年に準じ稍程度の進みたる聽方，讀方及び解釋，書取．前學年に準じ稍程度の進みたる話方作文．文法の大意．	5 { 讀本講讀……3.5 文法及び作文‥‥1.5	I	I	I
第二種	V	普通の語句文章の聽方，讀方及び解釋，書取．前學年に準じ稍程度の進みたる話方及び作文．	6 { 讀本講讀……4 副讀本講讀……1 作文……1	I	I	I

教　授　要　目

A 各 分 科 別

I 發音 (Pronunciation)

(1) 發音は個々の音 (Speech Sound), その結合したもの, 進んでは單語(Word), その連續, 等を正確に聽取り且つ發音させて, 聽取及び口頭發表の能力を養ふ. 但し英語學習上の興味を減殺せぬやう注意することが必要である.

(2) 發音は第一學年の初期, 讀本を始める前に, 入門(Introductory or Preparatory Course) 敎授を行うて, 之に全力を傾け, 單語の意義, 綴字等は副材料として敎授する.

(3) 入門の初には, 先づ音を授け, 後に文字及びその名稱を示す. Alphabet は入門期を終へた時に授けるのを可とする。

(4) 發音敎授の敎材である基語 (Key-word) は, 先づ子音 (Consonant) を, 後に母音 (Vowel) を中心として排列する。之を敎授するに當つては, 先づ單獨の子音の發音を强調し, 母音に及び, 發音の基礎を作ると共に, 發音器官 (Organs of Speech) の活動を容易にするやう充分に訓練せねばならぬ.

(5) 英語の各音は國語音と嚴密に區別し, 新にその基礎を築くことに努めなければならぬ.

(6) 各音の敎授には諸種の發音器官圖, 鏡等を用ひて, 各器官の位置運動等を明確に意識させる.

(7) 語又はその連續を發音させるに當つては, 音の强弱 (Accent or Stress) 抑揚 (Intonation) に留意させ, その正確な再現を期することは特に肝要である.

(8) 敎授の目的で授ける音は比較的容易なものから始める。

(9) 矯正及び練習の目的には舌位 (Tongue Position) の前後高低の極端なものを交互に發音させて，舌の運動を自由にし，又近似の音を連續發音させて微細の區別を意識させる。

(10) 矯正及び練習の際には次の事項に注意しなければならぬ。

a. 音の性質の許す限りはこれを延長發音させること。

b. 有聲音 (Voiced Sound) を無聲音 (Breathed Sound) で發音させること。

c. 聲帶を緊縮させないこと。

d. 姿勢を正しくさせること。

e. 敎師生徒共に口部の運動に注意する習慣を養ふこと。

(11) 發音は綴字と聯關して敎授し漸次に綴字の一般法則を悟らせる。

(12) 發音記號 (Phonetic Symbols) の敎授は數種の母音について數次の練習を經た後に，漸次に之を授ける。

(13) 各學年を通じて毎時間一定の計畫に基いて秩序的に發音を練習させる，各音練習の回數は毎學期二回以上とする。

(14) 發音の正確明瞭でないものは，假借なく之を矯正し，進級と共に發音の完成を見ることを期せねばならぬ。

Ⅱ 綴字 (Spelling)

(1) 綴字は單語の綴方の正確な觀念を與へて，一見各語を辨別し又正しく之を書き表はす能力を得させる。

(2) 綴字は書取練習の外に相當の時間を割いて口頭又は筆頭によつて單語の綴方を練習させる。

(3) 綴字は發音と聯關して敎授し，成るべくその一般法則を悟らせるやうせねばならぬ。

(4) 綴字を練習する際には，音節 (Syllable) の切方に注意させ，その一般法則を悟らせる。

(5) 綴字は上級に至るまで之を閑却せず，充分に練習を行ふ。

Ⅲ 習字 (Penmanship)

(1) 習字は運筆を練習し，書法に熟し，速く且正しく筆書し得るやう練習させるのが目的である。

(2) 姿勢及びペンの持方に注意し，嚴重に指定の方法に從はせねばならぬ。

(3) 英語を書く時はペンを用ひさせる，初年級では萬年筆の使用を禁止する。

(4) 習字帳による練習は最初の二年間之を課す，その後に於ても注意して書法の上達を圖り，且つ常に習字帳で學んだ書體を用ひさせる。

(5) 習字帳の書體は Smith's Style を採用する。

(6) 作文習字書取等の助を兼ね，習字帳以外に，教科書等の筆寫を行はせることがある。

(7) 一二學年受持敎師は習字帳と同じ書體を用ひなければならぬ。

Ⅲ 聽方 (Hearing)

(1) 聽方は耳によつて，英語を正しく捕捉し同時に理解させることを目的とする。

(2) 聽方の材料は，主として讀本中から選び，原文の儘又は多少變更して用ひる。

(3) 讀本以外に材料を採る時は稍程度の低いものを用ひ，生徒の理解力に適するものでなければならぬ。

(4) 聽方を行つた場合は，大凡次の方法によつて之を發表させ

る。

(a) 原文の儘之を復誦させる。

(b) 原文の意味を自己の英語又は國語で發表させる。

(c) 原文の儘書取らせる書取。

Ⅴ 書取 (Dictation)

(1) 書取は聽方によつて捕捉した英語を其儘筆によつて發表させるのがその目的である。

(2) 書取の材料については，聽方の項(2)(3)に擧げた所による。

(3) 書取の際は生徒に適する分量を一時に讀み聞かせて，記憶によつて之を書取らせる。反復讀み聞かせることは避けなければならぬ。

但しその前後に材料の全部を通讀して聞かせるを可とする。

(4) 書取の際は句讀點 (Punctuation) 等は示さないのを通則とする。

(5) 書取の際は書體に注意させ，迅速且つ明瞭に書かせ，抹字淨寫の弊風に染まさせぬやう注意せねばならぬ。

Ⅵ 話し方及び作文 (Speaking & Composition)

(1) 話方及び作文は既習の英語の運用に習熟させ，自己の思想を直接に英語で發表する能力を養ひ，兼ねて直讀直解の基礎を作るのがその目的である。

(2) 話方の敎授は一定の案によつて讀方解釋文法作文聽方の際之と連絡して行ふ。

但し話方の材料は讀本及び文法敎科書以外に求めることがある。

(3) 各分科を通じて，敎師も生徒も共に，成るべく英語を用ひ，會話 (Conversation) の練習に資することが必要である。

(4) 會話の際は，彼我の思想風俗習慣の差を知らせる機會として利用する．

(5) 作文の教授には別に教科書を用ひず，他の諸分科と密接な連絡を保つて之を行ふ．

(6) 作文の教授は知識の程度，教授の時機，及び其他の事情を參酌して，大凡下記の事項を筆頭又は口頭で行ふ．(p.38 參照)

(a) 讀本及び文法教科書で學んだ事項或は語句構文によつて，國語の意を英文で表させる．

(b) 讀本の內容に關する問に答へさせる．

(c) 聽方に用ひた話の內容を綴らせる．

(d) 缺語ある文を塡充させ，或は誤りのある文を訂正させる．

(e) 平敍文 (Declarative Sentence) 疑問文 (Interrogative S.) 命令文 (Imperative S.) 感嘆文 (Exclamatory S.) の間の相互の變換を行はせ，又單文 (Simple S.) 重文 (Compound S.) 複文 (Complex S.) を交互に改作させ，或は 能動 (Active voice) と 受動 (Passive V.)，直接話法 (Direct Speech) と 間接話法 (Indirect Speech) とを轉換させ，又 (Paraphrasing) を課す．

(f) 日記旅行記等實際の經驗を記述させる．

(g) 書簡文その他課題による自由作文を課す．

(h) 國文英譯を課す，此際讀本文法教科書に出ない日常必須の單語，語法を授け，又他學科で學んだ術語を使用させる．

(7) 作文の宿題は上級に進むに從つて，その分量と度數とを增加する．

(8) 作文の訂正は教室又は教授時間外に行ふ．

(a) 教室で生徒と共に訂正する．

(b) 教授時間外に訂正する時は，後日教授の際共通の誤及び一

般に誤易い點を指摘して說明を加へ，時には類似の語句に就いて練習をさせる。

(c) 時によつては單に誤を指摘し，生徒に之を訂正させた上，再び提出させる。

Ⅶ 文法 (Grammar) (p. 35 參照)

(1) 文法は文章の構成 (Syntax) 及び語の變化 (Accidence) に關する普通の法則を會得し，其運用に習熟させて，話方，作文，解釋等に資することを目的とする。

(2) 文法敎授は次の標準によつて行ふ。

(a) 二學年の終までは敎科書を用ひず，讀方，解釋及び他の分科敎授の際，一定の計畫に基いて，一般的な知識を習得させる。

(b) 三學年及び第二種課程の四學年では敎科書を用ひて秩序的に之を授ける。

(3) 凡て文法の敎授は生徒既習の材料を整理して文法法則に歸納させるを本則とする。既習の法則は讀方，解釋及びその他の分科と密接に連關して，自在に應用させるやう努めねばならぬ。

Ⅷ 讀方及び解釋 (Reading & Interpretation)

(1) 讀方及び解釋は，直讀直解 (Direct Understanding) に到達するを目的とする。讀方は聽者に理解せられるやうに讀み得る能力を與へなければならぬ。

(2) 讀本敎授に當つては單に讀方及び解釋の敎授に止めず，英語各分科の連絡統一を圖り，讀本中の敎材を利用して，發音，綴字，習字，聽方，書取，話方，作文の練習を行ひ，又文法の知識を確實にするやう努めるべきである。

(3) 讀本敎授に當つては，屢々暗誦を課し，又適宜劇的取扱

(Dramatization) を行ふ。

(4) 讀本教授の際にはなるべく多く英語を使用し，又生徒にも使用させる。

(5) なるべく國語の媒介を避け，繪畫，實物，動作，文章の前後關係，Paraphrasing 等によつて意味を了解させるやう努める。

(6) 譯語を與へる場合には，特に彼我の語法上の差異に着眼させ，又說明を與へて原文の意味を捕捉了解させるやう努めねばならぬ。

(7) 讀本教授に際しては，特に彼我の思想風俗習慣の差を知らしめねばならぬ。

(8) 教科書には特に許可せぬ限り，一切の記入を禁ずる。

(9) 讀方教授に當つては特に語勢 (Stress)，抑揚 (Intonation)，息繼 (Phrasing) 及びその一呼吸節 (Breath-group) 中の音連續 (Sound Junction) に注意させる。

(10) 讀方は上級に進むに從ひ粗略にせられる傾きある故，注意して之が矯正に努めねばならぬ。

B 各 學 年 別

第一學年

毎週敎授時數　　5時間

敎科書　　廣島高等師範學校附屬中學校英語研究會編纂敎科書

I　敎授要綱

(1)　發音 (Pronunciation) は音韻 (Sound) 及び音の强弱 (Accent) を正確に聽取り，且つ之を確實に再現すること．

(2)　單語綴字 (Spelling) はその正確な觀念を得，その一般法則に通ずること．

(3)　語形及び語法の基本知識を得ること．

(4)　習字 (Penmanship) は運筆を自由にし，正確明瞭且つ速かに書くこと．

(5)　敎科書及び之と同程度の英語を理解し且つ發表し得ること．

(6)　理解は聽方 (Hearing) 及び讀方 (Reading) の兩方面から行ひ，發表は話方 (Speaking) 及び作文 (Composition) の兩方面から之をなすこと．

(7)　前項と同程度の英語を讀み且つ書取り得ること．

(8)　旣習の文を暗誦又は暗寫し得ること．

(9)　英米の事物風俗習慣等につき知識を得ること．

(10)　英語學習の確實な基礎をつくること．

II　敎授上の注意

(1)　入門授業

最初の約30時間を之に充て，主として音韻敎授を行ひ、之に附隨して綴字，習字及び簡易な英語を敎へる．

(2)　發　　音

(a) 國語音と英語音とを峻別し Accent の存在に注意させ，新に英語發音の基礎を築くことに努めること．

(b) 入門授業を終つた後も發音の教授に充分努力を拂ふこと．

(3) 綴　字

(a) 綴字の練習は毎時間之を行ふこと．

(b) 綴字は發音の練習と常に連絡させること．

(c) 口頭で綴字を行はせる時には，綴り終つて必ず一度その語を發音させること．

(4) 讀方及解釋

(a) 讀方教授に當つては，呼吸節毎に，讀本中に小斜線を記入させ，語勢抑揚等に注意させること．

(b) 意味を理解させるには，實物，繪畫，表情等に依りなるべく之を直覺させ，或は國語によつてその大意を知らせ，その後に各語の意義及び語と語との關係を明かにすること．

(c) 讀方及解釋の教授に當つても，常に諸分科の統合的教授に留意すること．

(d) 教授の順序は，先づ耳に訴へ，次に口又は目に移り，その後に手に及ぼすを本則とする．毎時間必ずこれら感官の全部を活動させねばならぬ．

(e) 生徒の豫習を禁ずること，但し家庭で復習又は練習を必要とする仕事を課すること．

(5) 習　字

(a) 練習帳，單語帳の記入に當つても常に姿勢及びペンの持方等に注意させること．

(b) 習字帳の練習は學校よりも家庭に於て多くさせること．

(c) 習字帳による練習の外に，讀本の既習教材を清書させるこ

と。

(d) 習字帳に現はれる語句は，適宜その理解を確め，新語句あるときは說明すること。

(6) 聽方及び書取

(a) 聽方及び書取は讀本敎授の際に之と連絡して行ふこと。

(b) 聽方は既習の事項並にその應用に屬すべきものを與へて充分に練習させ，又讀本敎授の手段として用ひること。

(c) 聽方は每時間之を課すこと。

(d) 書取は每週一回以上之を行ふこと。

(e) 書取の脫落誤謬は，生徒に自ら補正させ，なるべくその結果を再閱すること。尙場合によつては淨寫させること。

(7) 話方及び作文

(a) 話方及び作文は共に每時間之を練習させること。

(b) 讀本敎授中に授けた英語の語句文章の形式を基礎として，英語の發表に習熟させることを努め，なるべく每時應用作文を宿題として課すこと。

(c) 敎室用英語はなるべく早く授け，努めて之を使用させること。

(8) 文　法

(a) 細目に從ひ，讀本敎授に際し之を敎授すること。

(b) 文法は次の事項を授けること。

(i) 文章の要素（主部述部）

(ii) 名　詞

(iii) 代名詞（人稱代名詞の變化，疑問代名詞，指示代名詞）

(iv) 形容詞（比較）附，冠詞

(v) 動詞（主部との關係，Three Primary Tenses）

(vi) 感嘆詞

(vii) 句讀點 (Comma, Period, Interrogation Mark, Exclamation Mark, Quotation Marks)

(9) 考　査

毎週1回，10分以内の考査を行ひ，各分科に亘つて，教授の徹底を檢し併せて生徒學習の習慣を養ふこと．

(10) 外國人敎師

外國人敎師は讀本を中心として發音，讀方，聽方，話方及び作文の練習指導に當ること．擔任敎師は常に外國人敎師と協力し，その授業の補佐に當ること．

第二學年

毎週敎授時數　　5時間

敎科書　　廣島高等師範學校附屬中學校英語研究會編纂敎科書

I 敎授要綱

前學年に準じ，尙基本的語形語法を應用し得ること．

II 敎授上の注意

(1) 發　　音

(a) 前學年に準じ，尙發音の不正確なものは假借なく之を矯正し，且つ學級全般の練習を怠らぬやう努めること．

(b) 學級全般の練習は，齊唱によるを可とする．

(2) 綴　　字

(a) 前學年に準じて行ふ．

(b) 生徒が綴字に注意する習慣を養ひ，之を觀察記憶させるやう努めること．

(3) 習　　字

專ら家庭で練習させ，毎週之を檢閲して適當の指導を與へること。

(4) 聽方及び書取

前學年に準じて行ふ。

(5) 話方及び作文

(a) 前學年に準じて行ふ。

(b) 外國人教師によつて，英語の物語を授け，之を材料として問答を行ひ又記述をさせること。

(6) 文　　法

(a) 大體前學年に授けた事項を稍進んだ程度で説明すること。

(b) 今學年に至つて特に授くべき事項は次の如くである。

(i) 代名詞 (關係代名詞)

(ii) 動　詞 (Voices, Active & Passive; Tenses, Present Perfect & Past Perfect; 助動詞)

(iii) 副　詞

(iv) 前置詞

(v) 接續詞

(vi) 句讀點 (Semicolon; Colon; Dash, etc.)

(7) 讀方及び解釋

(a) 前學年に準ず。

(b) 教授の順序は讀本教材を中心として，聽方より，讀本解釋に移り，應用に進むを本則とすること。

(c) 本學年頭初に辭書の用法を授け，必ずよく練習させること。

(d) 文の構造の複雜なものは，先づその大體の意味を解させ，

次に各語の意義及び關係を明かにし，之によつて語句，節の應用を自在にさせること。

(8) 考　　査

前學年に準じて行ふ。

(9) 外國人教師

前學年に準じて行ふ。(p. 13 話方及び作文の項參照)

第三學年

每週教授時數　　6時間

教科書　　廣島高等師範學校附屬中學校英語研究會編纂教科書

I　教授要綱

前學年に準じ，尙文法の大要を會得し，之を應用し得ること。

II　教授上の注意

(1) 發　　音

前學年に準じて行ふ。

(2) 綴　　字

前學年に準じ，尙綴字の一般法則に關する練習を行ふこと。

(3) 聽取及び書取

(a) 前學年に準じて行ふ。

(b) 書取は1課を終へる每に必ず1回之を行ふこと。

(4) 話方及び作文

(a) 前學年に準じて行ふ。

(b) 作文は讀本及び文法教科書と連絡させ，尙漸次に纏つた事

項を多く綴らせること。

(5) 文　法

(a) 既習の事項を整理し，組織的に文法の大要を授ける。文法上の用語は英語を以て授けること。

(b) 教授の際は多くの實例を擧げて說明し，應用に重きを置くこと。

(c) 練習としては，(i) 讀本その他既習の文章中から適當な實例を擧げさせること，(ii) 法則を授けた後，例題を與へて之を適用させ，(iii) 讀方及び解釋，話方及び作文に於ても之を應用させること。

(6) 讀方及び解釋

(a) 前學年に準じて行ふ。

(b) 同意語句を擧げ，又努めて Paraphrasing によつて解釋させること。

第一種課程　第四學年

毎週教授時數　　3時間

教科書　廣島高等師範學校附屬中學校英語研究會編纂教科書

I 教授要綱

(1) 讀本及び之と同程度の文を讀解し得ること。

(2) 話方及び作文は讀本又は聽方によつて得た內容を發表し，且つ實際經驗した事項について簡單に發表し得ること。

(3) 讀方及び解釋を主とすること。

(4) 既習の文法の法則を應用し得ること。

(5) 教材には讀本の外，尙實業科と連絡ある教材を加へること。

II 教授上の注意

(1) 發　　音

主として讀方と連絡して行ふこと。

(2) 綴　　字

主として書取と連絡して行ふこと。

(3) 聽方及び書取

每週凡そ1回行ふこと。

(4) 話方及び作文

讀本教授と連絡して行ふこと。

(5) 文　　法

既習事項の練習及び應用に重きを置くこと。

(6) 讀方及び解釋

前學年に準じて行ふ。

第一種課程　第五學年

每週教授時數　　3時間

教科書　　廣島高等師範學校附屬中學校英語研究會編纂教科書

I 教授要綱

(1) 前學年に準じて行ふ。

(2) 簡易な實業英語に通ずること。

II 教授上の注意

(1) 發　　音

前學年に準じて行ふ。

(2) 綴　　字

前學年に準じて行ふ。

(3) 聽方及び書取

前學年に準じて行ふ。

(4) 話方及び作文

(a) 前學年に準じて行ふ。

(b) 簡易な日常會話練習を行ふこと。

(c) 簡易な實用通信文を授けること。

(5) 文　　法

前學年に準じて行ふ。

(6) 讀方及び解釋

前學年に準じて行ふ。

第二種課程　第四學年

毎週教授時數　　　5時間

教科書　　廣島高等師範學校附屬中學校英語研究會編纂教科書

Ⅰ 教授要綱

(1) 讀本及び之と同程度の文を讀解し得ること。

(2) 話方及び作文は，讀本又は聽方に於いて得た內容を發表し，且つ實際經驗した事項について敍述し得ること。

(3) 前學年より進んだ文法の概要を會得し，之を應用し得ること。

Ⅱ 教授上の注意

(1) 發　　音

前學年に準じて行ふ。

(2) 綴　　字

前學年に準じて行ふ。

(3)　聴方及び書取

前學年に準じて行ふ.

(4)　話方及び作文

前學年に準じて行ふ.

(5)　文　　法

前學年に準じて行ふ.

(6)　讀方及び解釋

前學年に準じて行ふ.

第二種課程　第五學年

每週敎授時數　　　6時間

敎科書　　廣島高等師範學校附屬中學校英語研究會編纂敎科書

I　敎授要綱

(1)　讀本及び之と同程度の文を讀解し得ること.

(2)　纒つた自己の思想を發表し得ること.

(3)　日用書簡文を綴り得ること.

(4)　讀本と同程度の英文を和譯し，又普通の和文を英譯し得ること.

II　敎授上の注意

(1)　發　　音

前學年に準じて行ふ.

(2)　綴　　字

前學年に準じて行ふ.

(3)　聴方及び書取

前學年に準じて行ふ.

(4) 話方及作文

(a) 前學年に準じて行ふ。

(b) 日用書簡文の書き方を授け，又普通の和文の英譯を課すこと。

(5) 文　　法

既習の事項の徹底を期し，應用練習に重きを置くこと。

(6) 讀方及び解釋

(a) 前學年に準じて行ふ。

(b) 宿題として英文和譯を課し，適當の指導を與へること。

廣島高等師範學校附屬中學校

教授の實際

教　　授　　法

A　初學年教授法

I　一般方針

第一學年の初，入門教授より同學年末までの教授を以て，初學年教授とし，この期間は生徒に豫習させない。

中學校に於ける英語教授は，讀書力と發表力と兩者併進して初めてその目的を完うすることが出來るものであつて，特に初學年に於ては，聽方，話方，讀方，作文等皆同一の程度に進ませることを期して，決して偏重してはならぬ。

この期間は，外國語學習に對し，特に生徒が强い好奇心と深い興味とを有するものであるから，努めて之を助長して自發的學習の習慣を養成せねばならぬ。

II　入門授業

英語音の正確な發音と，その聽取に習熟させることを目的とする。これに附隨して，綴字，習字，及び簡易な英語を授ける。その方法はいづれの段階に於ても，一項又は數項を適宜に按配して行ふ。

第1段　復　　習

前時に授けた所を復習する（約10分間）。

(1)　發　　音

(a)　生徒に發音させる。

(b)　敎師の發音を聞かせる。

(2)　語　　義

(a)　英語の語義を國語でいはせる。

(b) 國語に相當する英語をいはせる。

(3) 綴　　字

(a) 口頭で單語を綴らせる。

(b) 指頭で單語を綴らせる。

〔注意〕 いづれの場合も綴り終つたらその語を發音させること。

(4) 書　　方

板書練習帳共に四本の平行横線を引き，第3線を基線としてやゝ眼立つやうにして置く。活字體にせよ筆記體にせよ，この基線の活用と文字の高低に特に注意させることが必要である。

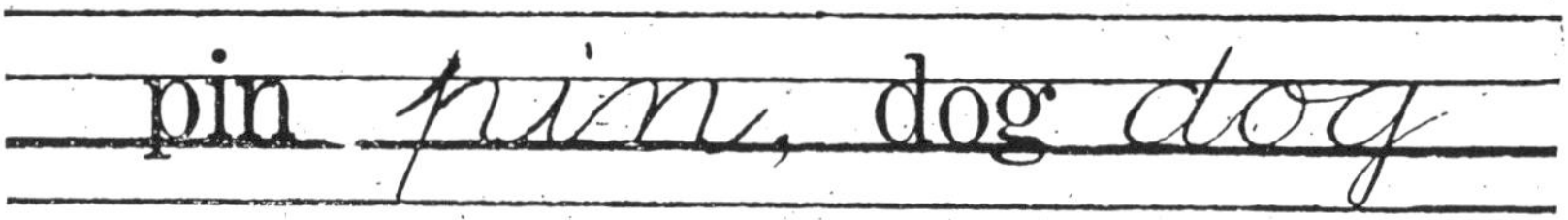

(a) 生徒に板書させる。後，協同にて吟味する。

(b) 生徒の練習帳に書かせ，これを巡視す。

(c) 數生をして板書させ，他生をして練習帳に書かせる。

(5) 聽方及び話方

(a) 敎師の英語による命令を行はせる。

(b) 敎師と生徒と問答する。

第2段 敎　　授 (約30分間)

(1) 發音及び語義

(a) 敎師先づ新しく授くべき音を正確に反覆發音する。

(b) 生徒に模誦練習させる。

(c) 發音器官の位置を說明し，或は發音圖を示す。

(d) 敎師基語を發音し，これを反覆する。

(e) 生徒全體に發音させ，更に各生についてその正否を檢しつ

つ練習させる。

(f) 實物，繪畫，模型，所作等によつて，基語の意義を明かにする。やむを得ない時は國語を用ひて説明する。

〔注意〕 (a) 簡單な英語を授ける時は，前項 (a) (b) (d) (e) (f) を適用すること。

(b) 地方固有の訛音で學習上の妨碍となるものは嚴に矯正を圖ること。

(c) 國語音と類似の音は適宜その區別を明瞭にして置くこと。

(d) 入門授業中に發音記號を教授せんとする場合には，個々の音及基語の發音に習熟した後，その整理としてこれを授けること。

(2) 書　　方

(a) 活字體で基語を板書し生徒に模寫させる。

(b) 同樣に筆記體を授ける。

筆記體を授けるには，先づ活字體を筆記體と等しい傾斜を與へて板書し，色墨を用ひて筆記體を示せば，兩體の連絡を計るに便である。

(c) 初は指頭により，次にペンによつて練習させる。

〔注意〕 (a) 書方は前項發音教授の後に授けること。

(b) 書方の教授には復習の條に擧げた4線の活用を怠らぬこと。

(c) 書方の教授中常に姿勢，ペンの持方に注意すること。

(d) 練習帳，ペン，インク等はなるべく一定しおくこと。

(e) 書方の練習は主として家庭で行はせること。

(f) 毎週一回既習語を活字筆記兩體で清書させた清書帳を提出させ，これを批正して返却すること。

第3段 練　　習 (約10分間)

(1) 發　　音

既習音を種々結合して發音させる。

(2) 書　　方

單語を板書させ又練習帳に書かせる。

〔注意〕 生徒の英語學習に對する興味を喚起し好學心を助長するやう努めなければならぬが，これが爲には次の諸項について臨機に授けることが肝要である。

(a) 世界に於ける英語の位置

(b) 日本語となつた英語

(c) 英米の風俗習慣

(d) 英米の童話等

Ⅲ 讀本敎授 (入門授業を終つた後の授業)

(1) 敎材の分量

決して多きを貪らず，凡そ1頁，それ以上に出ないこと。

(2) 敎授の段階

大體に於て，復習，敎授，練習の3段に分つ。いづれの段階に於ても一項又は數項を適宜に按配して行ふ。

第1段 復　　習

(a) 內容を英語で問答する。

(b) 英語で與へた命令を行はせる。

(c) 主要な語を用ひて文を作らせる。

(d) 主要な部分を聽取り，その意味を述べさせる。

(e) 國語の意を英語で述べさせる。

(f) 語句文章或は全課を暗誦或は暗寫させる。

(g) 單語の意味或は綴字を問ふ。

(h) 書取を行ふ。

(i) 主要な部分或は全課を讀ませる。

(j) 宿題を處理する。

第2段　教　　授 (約30分間)

(1) 教科書を閉ぢたまゝ。

(a) 授業はなるべく英語を用ひて行ふ。

(b) 實物，繪畫，所作，表情等によつて，語句文の意味を直覺させ，やむを得ない時は國語を用ひて了解させる。

(c) 新語を含む種々の文を反覆して語義を徹底させると共にその使用法を了解させる。

(d) 發音は入門授業の發音教授に準じて行ふ。

(e) 單語を板書して綴字を覺えさせる。

(f) 綴字の類似してゐる語をいはせて記憶を確實にする。

(g) 新語を含む英文を國文に譯し，或は新語を含む英文を作らせて新語の使用法に習熟させる。

(h) 教材の全意を了解させ，或は相當に語法に習熟させて後，教科書を開かせる。

(2) 教科書を開いて。

(a) 1，2回教師に從つて齊讀させる。

(b) 小聲で生徒各自に讀方の練習をさせる。

この間に發音の不正確なものを個別的に矯正する。

(c) 全文或は節毎に指名して讀ませる。

この際も亦發音及び讀方の矯正をする；然し讀者の文意捕捉

を妨げぬやう注意を要する。

(d) 教材に關して質問させる。

(e) 教師その要點に關して問ふ。

(f) 主眼點を説明し Underline させる。

(g) 必要があれば教材の一部を國語に譯させる。

(h) 教師範讀する。

(i) 1，2回生徒に讀ませる，

第3段 練　　習（約10分間）

(a) 內容について會話を行ふ。

(b) 新語句を用ひて英文を作らせる。

(c) 新語句を含む英文を國語に譯させる。

(d) 書取を行ふ。

(e) 聽取を行ふ。

(f) 復文を行ふ。

(g) 單語の綴字を問ふ。

(h) 新語句を含む英文を綴らせる練習題，新語句を含む英文を國語に譯させる練習題を宿題として，なるべく每時間課す。

〔注意〕 (a) 教材は全部暗記させる。

(b) 練習帳によつて練習させるときは一方數生に板上練習をさせ誤謬の訂正に便ならしめる。

(c) 發音教授の進むに伴ひ，漸次に記音法を授け，初年級の終る迄にその概要に通せしめる。

Ⅲ 習字教授

(a) 每週約30分教室に於て習字帳に練習をさせる。

この際書方の姿勢を示し，文讀本と連絡のない語句に就てその意義用法を授ける。

(b) 習字帳は毎週約2頁を家庭に於て練習させる。

(c) 習字帳は毎週1回提出させ批正して返却する。

(d) 隨時種々の材料を習字させる。

V 教授上の注意

(1) 態　　度

(a) 教師はなるべく快活に元氣よくすること。

(b) 生徒にも力めて元氣よく快活に學習する氣分を與へさせること。

(c) なるべく生徒を無邪氣にならせ，擧手の如きは力めて奬勵し，進んで答へる習慣を養ふこと。

(2) 豫　　習

生徒の豫習は之を禁ずること。

(3) 教　　授

(a) 單に Accent に注意するに止まらず，文中の Stress，Intonation 等にも注意させること。

(b) 讀本以外にも適宜有用な語句を授けること。

(c) 文法は讀本教授を有效にする爲，必要に應じて，細目に從つて之を授けること。

(d) 課題答案のうち參考となるものは之を教室に於て披露すること。

(e) 地理，歷史，理科等に關する教材については，なるべくその學科の擔任教官と聯絡を取ること。

(f) 一時間中に少くとも一回は各生徒に解答練習等の發表の機會を與へること。

(g) 教師の板書は習字帳の書體によること。

(h) 教師は特に發音の正確を期すること。

(i) 英語學習に對する最初の印象をよくし，常に興味の喚起に努め，自發的に努力學習させること。

(j) 生徒には各自習得した語句を整理記錄させること。

(4) 復　　習

(a) 英語學習には復習及び練習の忽諸にすべからざることを知らせ，その良習慣を養ふこと。

(b) 每週約そ1回の小復習及び每學期2—3回の總括的復習を行ふこと。

(c) 日々の敎材は之を淸書帳に記入させ，每週1回之を提出させ批正の上返却すること。

(d) Underline を施した部分は特に記憶の正確と永續とを期せしめること。

(5) 敎材の暗記

(a) 敎材は暗記させること。

(b) 敎材の種類によつては適宜 Dramatization を行つて生徒の興味を喚起すること。

(c) 學藝會等にはなるべく多くの生徒を出演させること。

(6) 考　　査

(a) 每週1回以上成績を考査すること。

(b) 考査は各分科に及ぼし，Sight Translation に偏しないこと。

(7) 筆 記 帳

(a) なるべく一定させること。

(b) 大切に取扱はせること。

(c) 筆記帳は定期に又は隨時に之を檢すること。

(d) 記入の形式をなるべく一定にすること。

(8) 敎　　具

(a) 必要な教具は必ず用意すること。

(b) 地圖標本等はなるべく準備すること。

(c) 讀本中の挿畫は之を充分利用すること。

(d) その他教授上の方便物（蓄音機等）はなるべく用意すること。

B 中學年教授法

I 一般方針

第二學年の初より第三學年の終までを中學年とする。この期間の教授は辭書を使用させて豫習をさせることが必要である。

聽方，話方，作文等，理解發表の兩方向に亙つて，均等の進歩を計るは勿論のことであるが，特に第二學年に於ては，第一學年に於けると同樣，特に此點に留意せねばならぬ。

此期間も，外國語學習に關して第一學年に於て得た，自發的學習の習慣を傷けることなく，益々その助長に努めなければならぬ。

II 讀本教授

(1) 教材の分量

約１頁

(2) 教授の段階

凡そ復習，教授，練習の３段階に分つ。各段階に於てはその１項又は數項を適宜按配して行ふ。

第１段 復　習（約10分間）

(a) 前時教材の暗誦又は暗寫を行はせる。

但し第二學年に於ては，なるべく前時教材の全部に亙つて行ふ。

(b) 內容を英語で問答する。

(c) 國語を英語に譯させる。

(d) 主要な部分の聽方を行ふ。

(e) 聽方を行つた部分につき，その英語による口頭再現を求める。

(f) 單語の意味，綴字等を問ふ。

(g) 主要な語句を用ひて文を作らせる。

(h) 書取を行ふ。

(i) 讀方を行ふ。

第2段 敎　　授 (約30分間)

(a) 敎材の全部を力めて聽方によつて了解させる。

(b) なるべく實物，繪畫，動作，表情等によつて，語句文章の意を直解させる。

(c) 構文上理解に困難な文，新語を含む文を摘出してその意義を徹底させると共に，その構文新語の使用法を理解させる。

(d) 新語は特に摘出して，その發音，綴字，意味の正確な把握を期す。

(e) 同意語，反意語等を云はせて，各語の知識を正確にする。

(f) 敎師範讀し，生徒をして讀ませる。

(g) 敎材につき精究させる。

(h) 重要な語句文章に Underline させる。

(i) 1，2回生徒に達讀させる。

第3段 練　　習 (約10分間)

(a) 內容について會話を行ふ。

(b) 新語句を用ひて英文を綴らせる。

(c) 新語句を含む英文を國語に譯させる。

Ⅲ　習字教授

(a)　習字は第二學年中宿題として毎週習字帳約２頁づゝ練習させ，毎週１回批評訂正する。

(b)　作文練習等と連絡を取り，隨時種々の材料を習字させる。

Ⅳ　文法作文教授

(a)　第二學年に於ては讀本教授中に之を行ふ。

(b)　第三學年に於ては別に文法作文教授の時間を割く。但し讀本教授と常に連絡を保つて行ふ。(p. 41 參照)

Ⅴ　教授上の注意

(a)　生徒の豫習に重きを置き，自學的態度を强調し，尙復習及び練習を忽諸にせぬやう學習の習慣を養ふこと。

(b)　初めて辭書を使用させる際には，その使用法を充分指導すること。

(c)　第二學年に於ては特に困難な語句に關しては，その豫習の方法を指導すること。

(d)　單語の發音のみならず，文章の緩急抑揚にも注意させること。

(e)　地理，歷史，理科等に關する教材については，なるべくその學科擔任教官と聯絡をとること。

(f)　生徒に各自習得した語句等を整理記錄させること。

(g)　毎週約１回の小復習，又毎學期2—3回の總括的復習を行ひ成績を考査すること。

(h)　第二學年に於ては，日日の教材を淸書帳に記入せしめ，毎週１回之を提出させ，批正すること。

(i)　教材の種類によつては適宜 Dramatic Method を利用すること。

(j)　筆記帳はなるべく一定し，隨時之を檢すること。

(k)　教授上の方便物（蓄音機，掛圖，標本等）はなるべく用意に努めること。

C　上學年教授法

I　一般方針

第四，五兩學年の教授を上學年教授とする。初學級以來の方針たる各分科併進の方針も，中學年の末期に至つては，ややもすれば，發表力の進展が讀書力の發達に伴はぬ惧があるが，上學年に進むに從ひ，その教材の質と量とは共にこの傾向を甚しくする嫌がある。この際の讀本教授法は努めて直讀直解主義により，讀書速度を增大すると共に，他面發表力養成の手段を怠つてはならぬ。

II　讀本教授

(1)　教材の分量

約１頁半

(2)　教授の段階

凡そ復習，教授，練習の３段階に分ち，各段階に於ては，その１項乃至數項を適宜按配して行ふ。

第１段　復　　習（約10分間）

(a)　暗記させた語句文章を暗誦又は暗寫させる。

(b)　國語によつて述べられた意を英語で再現させる。

(c)　主要な語句文を用ひて文を綴らせる。

(d)　主要な部分の聽方を行ふ。

(e)　聽方によつて與へられた材料を英語によつて再現させる。

(f)　單語の意義，綴字を問ふ。

(g)　書取を行ふ。

(h) 讀方を行ふ。

第2段　教　　授（約30分間）

(a) 教師範讀し生徒に讀ませる。

(b) 生徒に譯させ，教師補譯訂正する。

(c) 單語に關しては同意語，反意語をいはせ，又適宜語源的知識を與へる。

(e) 重要な語句文章を Paraphrase させる。

(f) 必要に應じて文法的説明をさせる。

(g) 主眼點を説明し Underline させる。

(h) 教材に關して質問させる。

(i) 生徒に達讀させる。

第3段　練　　習（約10分）

(a) 新語句を含む文を他より抽き來つて解釋させる。

(b) 新語句を用ひて出來る國文英譯を行ふ。

Ⅱ　文法作文教授

(1) 第一種課程の第四，五學年に於ては，一定の計畫により，隨時例題練習を行ふ。

(2) 第二種課程

(a) 第四學年に於ては，別に時間を定めて行ふ。但しその材料と取扱とについては，讀本教授と密接の連絡を保たせる。

(p. 41 參照)

(b) 第五學年に於ては，例題練習によつて總括的復習を行ひ，特に作文力の養成に努める。

Ⅲ　教授上の注意

(a) 生徒には必ず豫習させること。

(b) 豫習に際しては，一語一句の意義のみに止めず，全節又は

全章の意味を把握するやう心掛けさせること。

(c) 發音，讀方は上級に至るに隨ひ粗略にせられる傾向があるから，力めて自宅に於ける讀方練習を奬勵し，又教室に於ても，その練習の機會を多く與へること。

(d) 讀方は如何にすれば聽者に了解せられるかに注意させ，徒らに迅速に讀むことを避けさせること。

(e) 解釋に當つては，特に國語表現と英語表現との異同に注意させ，特に適譯とすべきものがあれば，之を與へること。

(f) 時々英文和譯の宿題を課し，その答案中參考となるものは教室に於てこれを發表すること。

(g) 地理，歴史，理科等に關する教材に就ては，なるべくその學科擔任の教官と聯絡をとること。

(h) 生徒には不斷復習をさせること。

(i) 各課の終には，總括的復習を行ふこと。

(j) Underline を施した部分は必ず暗記させること。

(k) 教材によつては Hearing 又は Dramatic Method によること。又豫め自習要項を授けて自習指導を教室或は讀書室に於て行ふ。

(l) 解釋教授の際は文意の了解に止まらず，更にその要素である單語の意味用法についても充分吟味させること。

(m) 讀本以外の時事その他に關する有用な語句は，教材に關連させて授けること。

(n) 生徒には各自習得した語句を整理記錄させること。

(o) 教材は文體の變化に注意し，各種の文體（論文，物語，記事文，韻文，會話，書簡文，電文，廣告，揭示等）に慣れさせること。

(p) 考査の度數はなるべく多くすること。

(q) 原語辭書の使用を奬勵すること。

(r) 辭書の使用に當つては，單に語句の意味のみに止まらず，發音，綴字，語形變化にも注意させること。

(s) 筆記帳は隨時之を檢すること。

(t) 必要な教授用方便物(地圖，標本，蓄音機等)は出來るだけ準備利用すること。

(u) 副讀本は多讀主義によること。

D 文法作文教授法

I 文法教授の一般方針

文法教授の目的は，現代普通に行はれる英語の語句或は文章の構造と用法とに關する正確な知識を與へ，これによつて英文を直讀直解するに至る基礎を作り，一方その適當な運用によつて迅速正確な思想發表の能力を養ふことであつて，徒らに文法用語の概念的取扱や，特種の文法的事實の羅列や說明は之を排せねばならぬ。

從つて用語の選擇に當つては，その範圍を實際教授に必要な最小限度に止め，且つ最も普通に行はれ又初學者に明瞭な觀念を與へるものであることを標準とする。初學年に於ては文法的事實に對する注意と，その運用を主にして，なるべく用語の使用を避ける。用語は初學年及び中學年の初めには，國語譯を用ひることを妨げないが，國語文法の用語との異同に就て，嚴密な注意が必要である。初め國語を以て用語を授けた場合は中學年に於て，漸次にその英語を示し，又平素力めてこれを使用して，生徒に習熟させることが必要である。

文法教授は各學年を通じて，讀本教授の際これと連絡して行ふのであるが，第三學年及び第二種課程の第四學年に於ては，特に作文と共に毎週約1.5時間をさき，教科書を用ひて教授する．第二種課程には第五學年に於ても，毎週約1時間をさき作文を主にした文法教授を行ふ．

文法作文は，第三學年に於ては專ら讀本教材を中心として教授し，第二種課程の第四學年に於ては讀本教材外の材料も必要に應じて之を授ける．

Ⅱ 文法教授法

文法の教授は原則として，之を歸納的に取扱ふ．觀察を先にし說明を後にする．法則はなるべく生徒の發見に待ち，練習によつてその知識を確實にし運用に習熟させる．特種な事項は常に之を一般的事項と對比させる．說明は平易分明を旨とし，比喩，圖示等の工夫によつて，常に生徒の興味を喚起し，記憶の確實と永續とを圖ることが肝要である．

初學年に於ては，なるべく早く文章構造の根本形式を呑み込ませ，語形變化に熟させることを主とする．教科書を用ひて行ふ文法教授は，既習事項の整理と一層廣汎且つ自由な應用力の養成とを主眼とする．

Ⅲ 文法教授法諸形式

(1) 暗 誦 法

(a) 讀本を暗誦することによつて，語法の消化吸收を行ふ，初學年に於ては最も肝要である．

(b) 暗誦は發音，抑揚等に注意を拂ひ，特に呼吸節に注意し，文章中途の凝滯，語句の反覆をさせぬことを要する．

(2) 圖 示 法

(a) 文法構造の説明に用ひる，圖示用の線の種類は之を一定し前後異同なきが得策である。

(b) 圖示には色墨を用ひ，簡單明瞭を期することが肝要である。

(3) 口誦法

(a) 語形變化などの記憶には此の法により，口癖となるまで反覆常住練習させる。

(b) この際發音，綴字等にも注意させることが必要である。

(4) 置換法

一致の法則等の理解習得に用ひ，對應する一方の Number, Person 等を變じて全文に及ぼさせる。

(5) 表示法

一定の形式に從つて，或期間の讀本教材中にあつたものの語形變化等を整理し表示して淸書させる。

(6) 塡充法

練習しようとする語句を文章又は圖表中から省いて，これを塡めさせる。

(7) 正誤法

文法上誤のある文章を與へて訂正させる。よく繰返される誤に對する注意を喚起するによい。

(8) 轉換法

(a) Tense, Narration, Voice, Structure 等の轉換練習は讀本教授中，適時之を行へば，生徒の興味を喚起し，Paraphrasing に對する困難を除去する。

(b) 轉換法には特にその程度を充分に吟味せねばならぬ。

Ⅲ 作文教授の一般方針

英作文の教授は英語による思想發表の能力を養ふと共に，讀解

敎授を助けて，なるべく早く直讀直解の領域に至らせる方便として行はれる。

中等敎育に於て，英文の諸形式に習熟し英語を以て自由に思想を發表することは到底達し難いことであるが，普通の思想を語法に大なる誤りなく發表することは必要でもあり，又必ずしも實現困難なことでもないであらう。殊に更に進んで高等專門の敎育を受けるものにとつては，比較的思想の單純な中學時代に作文の基礎を築くことが最も必要である。

讀解敎授の方便としては，之によつて語法に對する銳敏な感覺を養ひ，記憶を確實にし，從つて正確敏速に理解し，直讀直解の域に達せしめることが出來るであらう。

V　英作文敎授法

英作文敎授の困難は，英語の語法が國語の語法と著しく相違してゐることと，生徒の思想と發表能力との懸隔が甚しいことにある。故に先づ語句文章を記憶させ，語法に習熟させると同時に，既習の語句形式を使用させることを努めねばならぬ。この練習を行ふに當つては，生徒の使用し得る言語は常にその思想に甚しく後れてゐるものであるから，或は生徒の發表力に適當する思想を與へて之を發表させ，或は既習の語句形式を與へて之を應用させる等，屢々適當に思想に制限を加へなければならぬ。斯樣な練習は勢ひ斷片的で興味の乏しいものであるが，英作文の敎授には必要不可缺な階梯であるから，諸分科の敎授と連絡して，其の弊を除き記憶の確實を期し，以てその効果を全うするやう努めねばならぬ。

斯くして，生徒が普通の思想を發表するに必要な普通の語句形式を會得した後は，漸次自由に思想を發表する練習に移る。

VI 作文教授法諸形式

(1) 視 寫 法

讀本を見て書き寫させる。習字を練習し，綴字，語句文章を記憶し，且 Punctuation を歸納的に會得する。

(2) 塡 充 法

(a) 練習目的となつてゐる語句を文章中から省いて置き，之を塡充させる。語句の記憶を喚起しその用法を確實に會得させる効がある。

(b) 此方法は或語句の練習に當つて必要な他の方面の知識を缺くとか，或は比較的僅少な時間に於て或語句の練習を行ふ場合に用ひる。

(3) 正 誤 法 (p. 37 此の頃參照)

文法上の知識を確實にし，又その應用を自在にするを目的とする。

(4) 書 取 法

生徒の力に相當する文の分量を一回讀み聞かせ，記憶によつて之を書かせる。綴字の練習にもなり，又之によつて語句に習熟させることが出來る。

(5) 復 文 法

語句形式を速に捕捉し，且その用法に習熟させる目的で，聽方又は讀解の材料として與へられた斷片的な文章を，直ちに口頭又は筆頭を以て復文させる。

(6) 暗 記 法

語句形式に習熟させ，言語感覺を養ふ目的で課するもの，斷片的又は纒つた思想を表はす文章を暗誦又は暗寫させる。

(7) 應 用 法

(a) 既習の語句形式を應用させる爲に，之を用ひて發表し得る思想を與へて之を發表させる。（國文英譯）

(b) 或は單に語句を與へて文を作らせる。

(8) 問 答 法

(a) 簡單な發表に習熟させる爲，讀本の內容に就て問答する。

(b) 掛圖を示して種々の問を發して答へさせる。

(c) 答へるには多くは口頭により，時々筆答を課す。讀本の內容に就いて行ふ場合は，設問を與へて宿題として課する場合もある。

(9) 再 現 法

(a) 自由發表の練習に至る階梯として課する。

(b) その方法は大體次の順序によるを可とする。

(i) 內容に興味があり，形式上學力に相當する史談又は物語の類を讀ませ，或は話し聽かせる。

(ii) 內容について問答を行ひ，生徒の理解を檢べ，又知識を整頓する。問答は國語を用ひるも差支へない。

(iii) その後記憶によつて文を綴らせる。

(c) 再現に當つては，原文の語句をその儘に用ひることも，又自己の英語を使用することも共に差支はない。

(10) 改 作 法

(a) 原文の意味を他の形式によつて發表させる。文法の轉換法又は Paraphrasing を行ふ。

(b) 連絡ある文章を縮約させる。

(c) 要項を擧げて敷衍させる。

(11) 模 作 法

模範とすべき文章を與へて記述の形式や，思想選擇の標準

を知らせ，その後に，類似の題目に就き之に倣つて文を作らせる。書簡文の教授は特に此法によるのが便である。

(12) 自作法

(a) 思想を束縛せず自由に作文させる。

(b) 最初は問答によつて記述すべき要項を知らせ，又必要な語句を授けて作文を容易ならしめる。

(c) 材料としては，生徒の共通に經驗した事項が適當であるから，日記，旅行記等より始めるのがよい。

Ⅶ 特定の文法作文の時間に於ける教授の實際

(1) 復　　習（約5分間）

(a) 前時間の教材の要點について問答する。

(b) 生徒に質問させる。

(c) 前時間の作文の暗誦を行ふ。

(2) 教　　授（約20分間）

(a) 教授すべき事項につき既知の要項を擧げさせる。

(b) 教授すべき事項の類例を擧げさせ，之を整理する。

(c) 文法法則は之を實例より歸納させる。

(d) 教科書中の要點につき生徒の注意を喚起する。

(e) 生徒に質問させる。

(3) 練　　習（約25分間）

(a) 練習題を口頭で問答する。

(b) 國文英譯題の答案を板書させ，生徒と共に批評訂正する。

〔注意〕 (a) 文法作文の教授に當つても，他の諸分科との聯絡に重きを置き，讀方，發音等に注意を怠らぬこと。

(b) 特に國語による說明中に文法用語を混へる時等，その發音には敎師自ら正確を期すること。

(c) 教材によつては，上記教授の時間を適宜延長し，練習を次の時間に讓るも差支へなし，但その場合にも教授後に相當時間の簡單な練習の機會を置き，又次回練習時間の最初に復習の時間をさくこと。

(d) 第二種課程の第五學年の文法作文の時間は練習に重きを置き教授時間を約10分とし，練習せんとする事項につき既習の知識を整理し，或は例文を擧げて要點を知らせる。

Ⅵ 英作文訂正法

(1) 簡單な文章の訂正は多く教室に於て生徒と共に行ふ。

(2) 複雜な文章の訂正は教授時間外に於て行ふを本體とする。

(3) 綴字又は文法上の誤等，生徒に訂正し得る見込のものは，生徒相互に訂正させ，或は教師が朱線を加へて，其生徒に訂正させる。

(4) 生徒に訂正させたものは，凡て教師が再閲する。

(5) 生徒に訂正困難なものは教師が訂正し，共通な誤や重要な誤は教室に於て一般の生徒に對して說明を行ふ。

(6) 訂正を終つた後，模範とすべき文章を示して各自の文と比較させる事もある。但模範文は生徒の文中に選ぶのも可である。

(7) 訂正した文章は筆記帳に淸書させる。

Ⅶ 文法作文教授上の注意

(1) 作文教授のみの時間は之を特設せず，文法教授と結合して行ふこと。

(2) 上記文法作文教授の諸形式は，讀本教授のうちに採用すべきものであつて，特定の文法作文教授の時間のみを目的としたものではない。教師はその方法の程度と教材關係とを考慮し，初

學年より之を適當に按配して，文法作文學習の基礎を養ふやう意を用ひること。

(3) 文法作文の材料は，なるべく多く讀本教材中より利用すること。

(4) 初學年及び中學年の初期に於ては，主として既習の語句形式を用ひて發表し得る作文の練習を行ふ。もし未知の語句を必要とする場合は豫め之を授けること。

(5) 中學年作文に於ては主として生徒の日常生活につき發表し得るやう材料を選擇すること。

(6) 上學年に於ては隨時時事問題に關する記事作文の練習を加へること。

(7) 中學年よりは隨時纒つた思想を發表する作文の練習を宿題として課すること。

(8) 文法作文の教授時間にも努めて口頭の練習を怠らぬこと。

(9) 和英辭書を使用させる場合は第四學年から之を始める。

教　授　案　例

(本校所定の用紙に記し敎生實地指導の際に示し，或は敎生が提出したるものから，各學年に亘り數例を示す)

第一學年　組英語科教授案　　　月　日　時限

敎授者 ＿＿＿＿＿＿

敎　　材　Ocean Readers I, Lesson XLI　　{自 91頁 1行 / 至 92頁 1行}

I was late this morning.

Mother came up and waked me.

I got up at once.

I washed myself and dressed quickly.

敎授要旨

(1) 前時敎材の復習及び練習

(2) 新語句として

was, waked, got up, at once, washed, myself, dressed, quickly の敎授

(3) 文法的事項として

過去形，　規則動詞，　不規則動詞　の簡單なる說明

敎　　法

(1) 復　　習 (約 10 分)

(a) 前時敎材の暗誦 (自89頁 7 行 至90頁 4 行)

(b) 英作文宿題の整理

生徒に板書せしむる間机間をめぐつて個別指導

(2) 敎　　授 (約 35 分)

A　讀本を閉ぢたまゝ

(a)　必要なる新語句を教授しつゝ，生徒を本日教材（過去形の文）に相當する現在形の文に導き，教師これを板書す．

(b)　動詞に過去形のある事を敎へ，生徒と問答しつゝ上記の文に對する過去形の文（卽ち本日敎材）を板書し，その練習をなす．

B　讀本を開かしめて

(a)　敎師範讀

生徒をして各自の本に breath-group 毎に斜線を入れしむ．

(b)　敎師に從つて齊讀せしむ．

(c)　生徒各自に讀方の練習をなさしむ．

この間敎師は机間をめぐつて個別指導．

(d)　指名して讀ましめ且邦語に譯せしむ．

(3)　整　　理（約五分）

(a)　敎材に關し質問せしむ．

(b)　規則動詞，不規則動詞の簡單なる說明をなす．

(c)　宿題を課す．

(i)　本時敎材の暗誦

(ii)　應用英作文二題

敎授上の注意

(1)　動詞過去形は三人稱，單數にても變化しないこと．

(2)　waked, washed, dressed の final consonant は［t］なること．

(3)　dress と wear との區別．

(4)　to-day と this morning

(5)　quick —— quickly

careful —— carefully

第二學年讀本教授案　　　月　日(　曜)第　時限

教授者 ＿＿＿＿＿＿

題　　目　　Wheat and Flour

p. 89—p. 92 (Ocean Readers Book II)

時間配當

第一時………………p. 89 全部

第二時………………p. 91, l. 6 まで

第三時(本時)……p. 92 の最終まで

本時教材の要點

發音……coarser, plait, outhouses, thatched, sifted.

語句……to keep back, to let through, brown in colour.

文法……the coarser bits の Comparative Degree.

for making brown bread 叉 in the making of straw plait における ing-form, 殊に後者の Definite Article につきて留意せしむ.

教　　法

I 復　　習

(1) 前時教材を區分して數回暗誦せしむ.

暗誦は個人指名によるも絶えず全級をして傾聽せしめ批評的態度を保たしむる事に力む.

(2) 內容に關して簡單なる問答をなす.

暗誦を利用し得る如き問を出す事に留意し，且重要なる

語句等を用ひ又用ひしめ，その都度それ等の意味，綴字をも質す．

Ⅱ 教　　授

(1) 新教材はまづその全般を聴方により理解せしむ．

聴方は成るべく教材その儘を課するを旨とすれど難解なる部分，長きに失する箇所は了解の容易をはかる爲，適宜區分省略變更す．

聴方中の新語その他重要なる語句等はその都度その發音を先づ耳により正確に把握せしめ，然る後生徒自身をしてよく練習せしむ．

尙聴方にて理解完全と思はるゝ文は直に復文せしむ．

(2) 教科書を開かしむ．

(a) 先の聴方中理解困難と思はれし部分ある時は先づその部分を共同研究す．

(b) 範　　讀....Pause, Intonation, Slur, Liaison 等をはつきりと印象づける事に努む．

自由讀方....教授者机間巡視をなして發音の個別指導をなし，ノート等をも検す．

指名讀方....誤謬は生徒の相互訂正による．要すれば全級の齊唱練習に訴ふ．

模倣讀方....讀方上の難文につきては適宜に模倣讀方を課す．

(c) 讀み且通釋せしむ．

共同訂正，教授者補正，教授者又通釋を與ふ．

Ⅲ 整　　理

(1) 全教材を通讀せしむ（自由讀方又は指名讀方による）．

質問を求む。

教授者要點に關する質問を提出す。

(2) 下線を施さしむ。應用作文を課す。

第三學年　組　英語科讀本教授案

月　日(　曜日)第　時限

教授者 ＿＿＿＿＿＿

題　　目　　Westminster Abbey

(Ocean Readers 3, Lesson XVII)

時間配當

第一時…………………p. 110 —— p. 111, l. 10

第二時…………………p. 111, l. 11 —— p. 112, l. 18(前時教材)

第三時…………………p. 113, l. 1 —— p. 114, l. 3(本時教材)

第四時(約20分)….課末練習及び全課復習

本時教授の要旨

(1) Westminster Abbey の英國國民生活に對する意義を明にし，文藝報國の事實に注意させること。

(2) 本時教材中下記の要點の理解徹底と應用練習。

教　　法

(1) 復　　習(本を閉ぢて)　…………約10分

(a) 前時教材中，第一分節の Hearing を行ひ，復文を行はせる。

(b) 同じく第二分節中，初の二文の Paraphrasing を行はせる。

(c) 次の語の綴字，語義を云はせる。

soar, statue, carve, warrior, statesman, explorer, fellow-man.

(d) 前時教材中，第三分節の内容につき，英語にて問答し，その内容を生かしつゝ新教材に入る。

(2) 教　授　　............約 30 分

(a) 大體教材の順を逐うて Hearing を行ふ。(本を閉ぢて)

(b) Hearing に用ひる文は，教材中の原文を多少變改し，時々生徒に復文を試みさせる。

(c) 教師範讀 (以後本を開かせる)。

(d) 發音上注意すべき語及び新語の齊唱練習。

(e) 教材を二回生徒數名に分つて讀ませる；——共通に難讀の個所があれば齊唱練習を行ふ。

(f) 解釋につき生徒に質問させる。

(g) 教師要點を生徒と共に研究する。

(h) 一回通讀させる。(繪畫を示す)

(i) 要所に下線を施させる。

(3) 練　習 (約10分)

(a) 隨所に解釋させる。教師說明を加ふ。

(b) 次の句を用ひて應用作文を試む。

to mean to～; worthy of; to make one's way to; known as.

教材中の要點

(1) 發　音——prayer, burial, conquer, perish, cathedral, memorials, tongue, produced, language.

(2) 文　法——(a) to mean, fight, lie 等の Conjugation.

(b) the great and good of his race; to perish fighting, to deem one worthy of; to lie buried; known as の意義，用法。

(c) to pray for; burial among the great....; to serve one by ～ing; in the mother tongue の前置詞用法。

(d) 現在完了の意義。

(e) Poets' Corner, Britain's の Apostrophe.

(3) 語義解釋——meant to conquer if he could, but if not, to perish.... ; Britain's Temple of Fame; make one's way to; do not find memorials of Kings, ... but of men.... ; gifted; many of those who.... ; for all times.

(4) 教 便 物——Poets' Corner; St. Paul's Cathedral; Nelson's tomb の寫眞 ('I See All', 'Living London' にあり)

第三學年　組　英語科文法作文教授案

月　日(　曜日)第　時限

教授者 ＿＿＿＿＿＿

題　　目　Relative Pronouns

(New English Grammar Bk One, LESSON IX)

時間配當

第一時............p. 34 —— P. 36 (前時教材)

第二時…………p. 37　和文英譯　(本時教材)

教　　法

復　　習 (約５分)

(a)　各 Relative Pronoun と Antecedent との關係を質す.

(b)　What (Relative Pron.) を含む文の hearing.

作文共同訂正 (約35分)

(a)　生徒に指名して和文英譯答案を板書させる.（１人１題)

(b)　板書中殘部の生徒に前回和文英譯の暗誦を課す.

(c)　各題につき共同訂正を行ふ.

(d)　各自の筆記帳を整理させる.

(e)　整理された板上の解答を齊讀.

(f)　齊讀を終れば一題毎に板書を消して，直ちに生徒に唱へさせる.

練　　習 (約10分)

(a)　用意せる文章結合の練習題を行ふ.

(b)　和文英譯卽題練習.

教授上の注意

(a)　生徒の板書は記憶によつて行はせる.

(b)　筆記帳整理中は机間を巡視し，内14名づゝ毎時交替にて特に注意を拂ふ.

(c)　整理に後れたる生徒の爲に，範答を自習室に揭げる.

(d)　最後の練習は時間に餘裕なくば行はず，共同訂正に主眼を置き隨時に質問を受けて處理する.

TEACHING PLAN

Class: ______________

Date: ______________

Instructor: __________

SUBJECT OR TITLE: Serving the Motherland

TEACHING MATERIAL: Ocean Readers 4,

p. 169, l. 11—p. 170, l. 15.

AIMS:

(I) Comprehension of the true sense of "patriotism," especially of the nobleness of serving the motherland without any reward during one's lifetime.

(II) Understanding and application of the following points in the material.

POINTS IN THE MATERIAL:

New words :- discovery, exaggerate, encouragement, bravery, perseverance, deserve, generous.

Important Phrases & Constructions: even though; it is impossible to exaggerate; for the first time; throw open.

Participial construction: Abandoned in his old age.....

Word-Order: Not till long after is the good work .... seen and understood; What a difference to the world .... it is impossible to exaggerate; Yet at the time neither was the importance of his work understood ...., nor did he himself receive; Four times did Columbus cross.........

CLASS WORK:

(I) Retrospective Survey of the Previous Hour. ($10^{m.}$)

1. Hearing and oral reproduction of passages from the text.
2. Inquiry into the words and phrases, with their application.

(II) Teaching. ($30^{m.}$)

1. Reading by instructor.
2. Concert vocalization of all the new words.
3. Reading exercise — Correction.
4. Pupils' interpretation.
5. Instructor's explanation.

(III) General Review. ($10^{m.}$)

1. Reading through the material.
2. Questions and answers.
3. Underlining.

第四學年讀本敎授案

月　日（　曜日）第　時限

敎授者 ____________

題　　目　　Lesson XV, The Olympic Games

(Ocean Readers IV　p. 84 — 88)

時間の配當

第一時…………p. 84 l. 1 —— p. 85 l. 9　(本時)

第二時…………p. 85 l. 10 —— p. 86 l. 11

第三時…………p. 86 l. 12 —— p. 88 l. 2

第四時…………p. 88 の殘り及び全課の總括復習

本課教授の目的と本時教材の要點

本課に於ては，個々の New Words, Phrases の教授以外に，特に Paragaph 全體に注意せしめ，その內容を通じて，Olympic Games に關する概念をあたへ，常識涵養の一端に資せん事に努む．

本時教材の要點

(1) New Words 以外に於て特に，發音上注意すべき語

contest, recognized, intellectual, development, faculties, の accent の位置．

pursuit, conquered の發音．

Olympic, athletic, energetic よりして -ic に終る場合の accent の位置に關する注意．

(2) 解釋上特に注意を要するもの

It was not until 1864 that…………,

Their great achievements must be credited to the emphasis they placed on training all the faculties, physical as well as mental.

take place; with more skill and vigour; hand in hand.

intercollegiate; pursuit.

(3) 第一節 Athletic Sports に關する社會の觀念．

第二節 Athletic Sports が古代ギリシヤに於て既に尊重されし事．

教　順

復　　習 (約10分)

前課の教材中よりその復習として，Dictation を課す．

教　　授 (約35分)

(1) 讀　　方

(a) 範　　讀．

(b) New words の發音練習．

(c) 指名順讀．

(d) 發音，讀方の共同訂正び齊唱による練習．(必要に應じて黑板使用)

(2) 解　　釋

(a) 指名讀及び譯．

(b) 生徒の譯に就いて共同訂正．

(c) 教師說明を交へつゝ通釋．

(d) 細部にわたつての檢討．(問答，黑板使用)

整　　理 (約5分)

全教材に亘りて讀ましめ，要點に Underline せしむ．

質疑應答

第四學年英文法科教授案

月　日(　曜日)第　時限

教授者 ＿＿＿＿＿＿

題　　目　　Lesson XIV, Verbs: Verbals — II

(New English Grammar II　p. 71 — 75)

教材と時間

(1) 前課　Infinitive の用法及び Participle の Attributive Use, 及び Predicative Use.

(2) 本課 Participial Construction 及び Gerund.

(課末に Exercise 10題、和文英譯 10題)

(3) 本課の時間配當

第一時　Participial Construction 及び課末 Exercise 中の Participle に關する部分5題.

第二時　Gerund 及び課末 Exercise 中の Gerund に關する部分5題.

第三時　和文英譯 10題.

(4) 本時は，その第一時である

本時の教材には，教科書所載以外に，次の事項を補充す.

(a) 第一節の (4) として Attendant Circumstance を表はす場合.

(b) 第二節の次に，Past Participle が用ひられたる場合.

本時の目的

Participial Construction に關する知識の整理と練習.

教　法

(1) 復　習 (凡そ5分)

前課にて教授したる Participle の二用法を想起せしむ.(問答による)

(2) 教　授 (凡そ25分)

(A) 本を閉ぢたるまゝにて黒板使用

1. The young men, being Boston boys, felt as if they had a right to walk their own streets........

(Ocean R. IV, p. 104)

2. When night came on, we started on our way home.

3. If we judge from rumours, he seems to be a scholar.

の三文を提示して，1は being........の箇所を clause に，2，3は Adverbial Clause の箇所をそれぞれ Participial Construction に改める。

本作業の主眼點 (1) Participial Phrase の Sense Subject の問題と，(2) Participial Phrase が 1 では Cause，2 では Time，3 では Condition を表はす事を理解せしむる事。

（備考：1 の例は讀本に於て最近に敎授したる材料）

(B) 開　本

第一節　Participle が Time, Cause, Condition 及び Attendant Circumstance 等を表す事。

1. 例文を指名して讀ましむ。(必要あるものに就ては邦譯を求む)

2. 例文の吟味――夫々 Clause に轉換せしめて行ふ。

3. Attendant Circumstance の場合の例文を補充。

〔本敎案，敎材と時間の部 (4) 項〕

4. Compare の所に於ては，前課 Infinitive の項，第二節 Simple Infinitive, Perfect Infinitive を參照せしむ。

第二節　Absolute Use

1. 例文を，指名して讀ましめ譯せしむ。

2. 例文の吟味――板書せし例文と比較せしむ。

3. 第一節の例文中から，この Absolute Use に屬するものを發見せしむ。

4. Compare の部の第二に於ては Participle の前に Conjunction が用ひられたる事に注意を促す。

Past Participle を含む例文の補充〔本教案，教材と時間の部 (4) 項〕

Thus crowned, the winners marched in glad procession around the sacred grove. (Ocean R. IV, p. 88)

Written in haste, the book has many faults.

(3) 練　習 (凡そ 20 分)

p. 74 (課末) の Exercise (a) Change the Clauses into Participial Phrases を練習せしむ。

第五學年英語讀本教授案

月　日(　曜日)第　時限

教授者 ＿＿＿＿＿

教　材　Lesson XVI The Death of Nelson

(The Ocean Readers Book V: p. 85, l. 1 — p. 86, l. 12)

目　的

(a) day; triumphant; issue; answering; acclamation.

(b) a fair trial of strength; as long as........(shall); the great Disposer of all events; the justice of our cause.

(c) The whole fleet seemed very clearly to understand what they were about.

There was a signal wanting.

These words were scarcely spoken before the signal was made.

教　法

(a) "Rule, Britannia" を二三名の生徒に暗誦させる。

(b) triumphant, issue, acclamation を順次に範唱し chorus にて練習させる。

(c) 第一分節 (p. 85, l. 1 — p. 85, l. 13) を指名して讀ませる (一名)。發音批正後教師範讀する。

(d) 數名の生徒に第一分節を讀ましめ最後の生徒に解釋させる。解釋批正後教師範譯する。

to the day の day 意味及び a fair trial of strength の Objective Genitive を示す of の用法に就ては特に例文によつて充分に了解させる。

質疑應答

(e) 第二分節 (p. 85, l. 14 — p. 86, l. 7) 及び第三分節 (p. 86, l. 8 — p. 86, l. 12) も第一分節に準じて取扱ふ。

教授上の注意

(a) 本課は有名なる Southey の "Nelson 傳" から採つたものである事を知らせる。

(b) 本課を通じて Nelson 及び其の他の將士の人道的精神, 愛國的精神及び昂然たる意氣を知らせることに努める。

(c) "I can do no more........ " の Nelson の言は その眞意を充分に理解させる。

(d) Nelson の信號 "England expects every man will do his duty." は之を暗記させる。

教室外に於ける指導

I　自習室の設備と利用

(1)　英語教官室に隣り，英語自習室の設けがある。

(2)　自習室には生徒用書棚を設け，下記の諸書を置き，生徒の豫習復習並に補習の用にあてる。

(a)　辭　　書

原語辭書	2，3種
英和辭典	數　種
和英辭典	數　種

(b)　自習用圖書

一二年の英文法	(岡田明達氏外著)	10冊
三年生の英語	(岡田實麿氏著)	10冊
英文和譯自由	(室田有氏著)	10冊
英文の解釋	(小野圭次郎氏著)	10冊
英文解釋法 (改訂)	(南日恒太郎氏著)	10冊
英作文着眼點	(岡田實麿氏著)	5冊
和文英譯研究	(山崎貞氏著)	5冊
受驗生の英作文	(鈴木芳松氏著)	5冊
英文法粹	(坂本潔氏著)	5冊

(c)　課外讀物用物語本等　　約 270 部

(d)　同　　上　雜誌　　　　數　　種

(3)　自習室には黒板二面を置き，綴字，作文，書取等の練習に利用させる。

(4)　タイプライタ 2 臺を置き，練習題，補習題の書寫し，及び英

文書簡，綴字等の練習等に利用させる。

(5) 練習題，補習題等はカードに記してカード板に揭げる。主として優秀生の指導，劣等生の補導等個人指導に利用する。カード板は又教室教材の整理にも用ひる。

(6) 自習室に於ては屢々英語及び英語國に關するものの展覽を催し，生徒學習の興味を助け，その國の風俗習慣等に親んで彼我の國情の相違を知らしめ，又教室に於ける實物繪畵使用の不足を補ふ。

Ⅱ 讀書室の利用と設備

(1) 讀書室にも原語辭典數種，英和辭典數十部，和英辭典十數部を備へ，生徒自習の用に宛て，或は第二學年に於ける辭書使用の指導を行ふ。

(2) 教室教授を時に讀書室に移し，自習指導を行ひ，又上學年の鑑賞的教授等を行ふことがある。

Ⅲ 長期休業中の指導

(1) 夏季 休業中 一二學年生には，教科書附屬の夏季 練習帳を 與へ，休暇後提出させる。

(2) 一二學年生に對しては別に臨海授業中，個人的指導を行ひ，第一學期間に於ける優劣の差を尠くするやうに努める。

(3) 三四五學年生に對しては，希望のものに對し，その能力に應じ復習的課題を課して休暇後提出させる。

(4) 長期休業中は英文書簡，英文日記等の練習を奬勵し，詩文の暗誦を課すことがある。

附

生徒學習心得

教　科　書

生徒學習心得

I　一般心得

(1)　學習事項に對しては常に自ら進みて研究することを努むべし.

(2)　凡て疑問の點は自ら之を明にせんことを期し猥りに他に依賴すべからず.

(3)　豫習の際不明の點あらば摘記すべし.

(4)　學習の際は專心攻學すべし.

(5)　復習は當日必ず之を行ふべし.

(6)　既習事項は常に之を復習すべし.

(7)　復習は當日又は最近の事項のみならず時々全部に及ぼすべし.

(8)　解式直譯講義錄の類を使用すべからず.

II　英語科學習心得

(1)　第一學年生は豫習すべからず，第二學年以後は必ず豫習すべし.

(2)　豫習するに當りては辭書によりて發音，意義，變化，同意義の語句等を檢し，讀方をも練習し置くべし.

(3)　學習事項は全部暗誦し得る程度まで復習し，自由に之を使用し得るやう努力すべし.

(4)　教科書中に發音解釋等の書込をなすべからず.

教　　科　　書

Ⅰ　廣島高等師範學校附屬中學校英語教授研究會編纂教科書及び附屬の練習書

學年	種類	名稱	課數	頁數	備考
Ⅰ	讀本	Ocean Readers 1	60附入門	144	
	習字	New English Penmanship 1, 2, 3			
	夏季練習帳	Ocean Summer Exercise 1			
Ⅱ	讀本	Ocean Readers 2	45	180	
	副讀本	Ocean Side Readings 2學年用	11	110	
	習字	New English Penmanship 4, 5, 6			
	夏季練習帳	Ocean Summer Exercise 2			
Ⅲ	讀本	Ocean Readers 3	33	210	昭和七年度第三學年使用
	副讀本	Ocean Side Readings 3學年用	8	175	
	文法（作文練習附）	The English Grammar Book One			
Ⅳ	讀本	Ocean Readers 4	33	194	同第四學年使用
	副讀本	Ocean Side Readings 4學年用	7	130	
	文法（作文練習附）	The English Grammar Book Two			
Ⅴ	讀本	Ocean Readers 5	30	186	同第五學年使用

Ⅱ　廣島高等師範學校附屬中學校英語研究會編纂教科書及び附屬の練習書

學年	種類	名稱	課數	頁數	備考
Ⅰ	讀本	Boys' National Readers 1			昭和七年度第一學年（新制）使用
	習字	（近刊）			
	夏季練習帳	（近刊）			
Ⅱ	讀本	Boys' National Readers 2			同第二學年（新制）使用
	習字	（近刊）			
	夏季練習帳	（近刊）			
Ⅲ, Ⅳ, Ⅴ	讀本	Boys' National Readers （近刊） 3, 4, 5			

昭和七年三月三十一日印刷
昭和七年四月二十五日發行

編輯兼發行所　廣島高等師範學校附屬中學校
英語科

廣島市塩屋町十二番地
印刷人　增田計雄

廣島市塩屋町十二番地
印刷所　株式會社增田兄弟活版所
電話五八三番

英語科教授の実際

教材の類型より見たる

中等教育に於ける

各科教授の原理と實際

［4］

英語科教授の實際

―教材の類型より見たる―

松本鍾一

東京開成館

英語科教授の實際

——教材の類型より見たる——

松本鍾一

目　次

第一章　緒　　言

一

凡そ教授法なるものの中常に妥當なるものは無いといつても過言ではあるまい。それを一律的ならしめるには餘りに種々なる條件が錯綜し過ぎてゐる。例へば學校の種類，目的の相異；被教授者即ち生徒の素質，學力；學級の大小；教授者の素質，學力，性格；時間數の多少；教材の性質，教科書の種類，編纂方針の差異等詳細に數へ擧げると限りの無い程である。然るに我々教授者の兎もすると陥り易い事柄は，之等幾多の條件を度外視して，一時間の教授を常に同じ方法にて遂行せんとすることである。勿論，教授者の周到なる教材の研究と授業時の熱とがあれば，教授法を超越した一種の境地が生じ，從つて相當な効果も期待出來ると思はれるし，又，私自身も實は教授者の熱心といふものが人格と人格と接觸して火花を散すべき授業に於て大いに重要なることを確信するものであるが，さりとて教授法の研究も亦等閑視することは出來ない。眞に教育愛，教育熱に燃える人は必ずやそれに就いても亦，教材内容の研究と共に綿密周到なる準備をなすであらう。斯く言へばとて，教授の目的，根本方針には些かの變化も無いのは言ふまでもないことである。この一定せる目的に向ひ，その大方針に則り，而もそれを實際の教授に移す際に行ふべき工夫がそれぞれの方法として現はれるべきものである。

さて然らば英語教授の目的は何であらうか。昭和六年改正中學校令施行規則第二章第十條には

外國語ハ普通ノ英語，獨語，佛語又ハ支那語ヲ了解シ之ヲ運用スルノ能ヲ得シメ知徳ノ增進ニ資スルヲ以テ要旨トス。

外國語ハ發音，綴字，聽方，讀方及解釋，話方及作文，書取，文法ノ大要

並ニ習字ヲ授クベシ

と規定してゐる。「普通ノ英語」とは「平易ナル現代文」の意なることは同年改正の中學校教授要目に於て知ることが出來る。尤もこの「平易ナル」とはどの位の程度のものなるかを具體的に示すことは極めて困難ではあるが。この「普通ノ英語ヲ了解シ之ヲ運用スルノ能ヲ得シメル」ことが英語科教授の要旨の一である。これを極く平明に言へば，了解の能力を與へるといふことは卽ち讀み且つ聽き得る能力を與へることであり，運用の能力，換言すれば發表の能力を與へるとは卽ち書き且つ語り得る能力を與へることである。次に「知德ノ增進ニ資スル」ことに就いて考へて見るに，之は上述の第一の要旨を達成することにより，知識收得の門戶を廣め，英語國民（English-speaking people）との間に思想を交換するの道を開くと共に，彼我の人情，風俗，國情等の異同に就いて正確なる認識を與へ，一方豐富なる思想に接することに依つて穩健中正なる國民性の涵養に資することである。

二

斯くの如く考へ來ると，中學校に於ては如何なる教材を教授すべきか，又如何なる方針の下に教授を行ふべきかといふ問題も自ら解決するのではあるまいか。卽ち上述の第二の如き目的を達成せんには須らくその教材は廣く各般の事柄に關したものでなければならぬ。將來國家の中堅としてあらゆる方面に於て活動することの期待される國民を養成すべき中學校に於ては特に然りである。

今現行の教科書を一見してみてもこの教材の內容が實にあらゆる方面にわたつてゐることが分るであらう。例へば所謂讀本に就いて，宮崎荀吾氏の研究になるものを次に擧げてみる。之は現在一般に使用されてゐる五種の讀本の四，五卷に就いて研究されたものであるが，之に依れば理科，地理，歷史，修身，公

民，圖畫等に關係せる材料が少くない。更に之を細密に調査してみると，例へば理科關係の教材中には，廣く科學的研究の問題を論ずるもの，ラヂオ，テレヴィジョンの原理を說けるもの，相對性原理の解說，軍艦の無線操縱，麻醉藥の發見，印刷術の發明，人體，食物，住居，動物，植物，鑛物に關係するもの等實に多種である。他學科に就いても同樣である。又その他文藝的作品も決して少しとしない。然し乍ら之等を教授する方針は直接には讀み聽き書き語る能力，卽ち了解力と發表力，又，岡倉由三郎氏の所謂讀書力を中學校卒業生として充分なる程度に養成することに遺憾なからしめんことである。從つてその一つに偏することは許されないのである。卽ちこの讀み聽き書き語ること――之を教授の便宜上分科に分けると，發音，綴字，聽方，讀方，解釋，話方，作文，書取，文法，習字等になるのであるが――之等の分科が相互に助け合ひ，完全に統一せられて，以て讀書力の完全圓滿なる發達が期待されなければならない。從つて之等の分科の統一を圖るには，成るべく同一教材を種々の方面から檢討教授し，特定の分科の教授のみを目的とする授業時間はなるべく設けないのが得策であらう。

三

さて私は此の小論に於て，教材の性質，種類の相異に伴ふべき教授法の變化を述べんと欲するのであるが，各分科を一括して取扱ふことは餘りに複雜錯綜するから，先づ (1)各分科に就き，教授事項，教授方針，及び取扱上の注意の大體を述べ，次に (2)現時殆ど全部の學校に於て特定の教授時間の設けられてゐる讀本教授，文法教授，作文教授の三の各々に就いて，各教材の性質，種類の相異による教授法の變化を眺め，最後にそれの各々につき (3)或る特定の一時間の實際上の取扱を教授案を示して說明してみたいと思ふ。

第二章　各分科教授要項並にその教授方針

一　發音

元來言語なるものが人間が頭に考へる所の思想なり，心に起る感情なりを發表する手段であり，而も本質的には口によつて語られるものとすれば，その發音が重要視されるのは勿論のことである。假令それが文字で表はされてゐる場合，卽ち文章となつてゐる場合に於ても，それを自分が發音するといふことは，畢竟人がそれを口に出す代りに自分が自分に發音して聽かせるといふことに外ならないのである。尙發音は後記の讀方と不可分の關係にあるが，此の兩者は從つて入門當初より最高學年に至るまで絕えず周到な注意を怠つてならぬものである。

(1) 發音教授は個々の音 (Speech Sound)，その結合せるもの，單語，その連續等を正確に聽取り且つ發音させて，聽取及び口頭發表の能力を養ふ。

(2) 發音は入門授業に於て全力を注ぎ，先づ音を授け，然る後それを表はす所の文字，その名稱を知らせる。特に最初に於ては，單語の意義，綴字等は副材料とみなす。尙 Alphabet は入門授業の最後に纏めて之を敎へる。

(3) 發音教授に用ひる基語 (Key-Word) は，子音，母音の順に教授し，發音の基礎を作ると共に，發音器官の活動を容易にするやう充分に鍛へる。

(4) 英語音と國語音との區別を明瞭にすることに努める。

(5) 必要に應じて發音器官圖，鏡等の使用により，各器官の位置，運動等を明確に意識させる。

(6) 發音教授に當つては綴字との關係に注意し，漸次綴字の一般原則を悟らしめる。

(7) 發音記號は入門期の途中から先づ母音に就いて簡單に與へ，漸次子音に及び，第二學年の初め又は第一學年の終りに於て辭書の使用を開始するに當り，記號を見て一通り新語の發音の出來る程度にする。尙，第一學期末或は第二學期始頃一應系統的に纒めておく。但しそれを書くことは別に强要しない。

(8) 發音不正確或は不明瞭なものは徹底的に之を矯正するが，功を焦らず，上級に進むに從つてこの完成を期すべきである。

二　綴　字

(1) 綴字は單語の綴方に關して正確な觀念を與へ，各語を正しく辨別し，且つ之を正しく書き表はす能力を與へる。

(2) 綴字は發音と關聯して授け，なるべく早くその一般法則を悟らせるやうにする。

(3) 音節二個以上の語 (Disyllable & Polysyllable) に就いては音節の切方に注意させ，その一般法則を悟らせる。

(4) 綴字の練習は筆頭による外，口頭又は指頭を以ても充分に之を行ふ。尙綴字は作文の際極めて重要なる役割を演ずるものでもあり，且又讀釋に於ても語義と不可分の關係を有し，より間接的乍ら甚だ肝要なる故，上級に至るまで常に練習をなすべきである。

三　聽方（聽取）

(1) 聽方は耳によつて英語を速く正しく捉へると共に，その意味を理解させることを目的とする。

(2) 聽方の材料は稍〻程度の低いものを用ひ，生徒の理解力に適するやう注意する。

(3) 讀本教授に際しては材料を讀本中に求め，原文の儘，或は多少の改變を行ふ。

(4) 聽方を次の方法によつて發表せしめる。

1. 原文の意味を自己の英語又は國語によつて發表せしめる。

2. 原文の儘之を復誦させ或は書取らせる。

四 讀方及び解釋

(1) 讀方及び解釋は直讀直解に到達するを目的とする。

(2) 讀方は聽者に理解されるやう讀み得る能力を與へることを期し，その爲には語勢，抑揚，息繼，その一呼吸節 (Breath-Group) 中の音の連續，及び休止等に注意させる。

(3) 解釋にはなるべく國語の媒介を避け，繪畫，實物，動作，文章の前後關係，Paraphrasing (勝俣氏の所謂原釋) 等によつて意味を了解せしめる。

(4) 譯語を與へる際には，特に彼我語法上の差異に注意せしめ，又適宜說明を與へて原文の正確なる了解を期する。

讀方及び解釋の大部分は讀本教授によつて實施されるのであるし，且つ又讀本教授が英語科教授時間の大半を占めてゐるのが現狀であり，又然あるべきであるから，讀本教授は各分科連絡統一の絕好の時である。從つて單なる讀譯のみに止まらず，讀本中の教材を利用して，發音，綴字，習字，聽方，書取，話方，作文の練習を行ひ，又文法の知識を確實になすべきである。又，讀本教授は彼我の人情，風俗，習慣等の差を知らしめ，國民精神の涵養に資する好機でもある。

五 話方及び作文

(1) 話方及び作文は既習の英語の運用に習熟させ，自己の思想を直接に英語で發表する能力を養ひ，更に直讀直解の助けとするのが目的である。

(2) 話方は讀方，解釋，文法，作文，聽方の際に之等と聯絡して行ふ。總て教授の際に教師生徒共になるべく英語を用ひて之が能力養成に資すべきである。

(3) 作文は次の如き事項を筆頭又は口頭で行ふ。

1. 英作文教科書中の練習題に就き和文英譯を行ふ。
2. 讀本又は文法教科書で習得した事項或は語句，構文によつて國語の意を英文で發表させる。
3. 讀本の內容に關して質問に英語で答へさせる。
4. 讀本中の材料に就き復文を行はせる。
5. 聽方に用ひた話の內容を英文で發表させる。
6. 自由作文を課す。　等。

六 書 取

(1) 書取は聽方によつて把捉せし英語を其の儘記し發表させるのが目的である。

(2) 書取の材料は讀本又は生徒の理解力に適するものより選ぶ。

(3) 讀む途中反復せぬ。又，餘りに小さく區切らない。

(4) 書取の際は句讀點を言示しない。

(5) 迅速，正確，且つ明瞭に書くやう練習せしめる。

七 文 法

(1) 文法は文章の構成及び語の變化に關する普通の法則を會得し，その運用に習熟せしめ，話方，作文，解釋等に資するを目的とする。

(2) 文法教授は教科書を用ひると否とに拘らず，生徒の既習材料を整理して文法法則に歸納せしめるのを本則とする。又，既習の文法法則は他の分科と密接に聯絡して，自由に應用させるやう努める。

八　習字

(1) 習字は運筆を練習し，書法に習熟し，迅速，正確，明瞭に筆記し得るやう練習させるのが目的である。

(2) 姿勢，ペンの持方等に充分注意させる。

(3) 萬年筆の使用を禁止する。特に初學年に於て然りである。

(4) 最初の一年乃至二年は習字帳による練習をするを可とするが，その他の場合に於ても，又それ以後に於ても，適宜注意を與へ，練習せしめ，その上達を圖る。

(5) 特に一，二學年受持の教師は習字帳と同じ書體を用ひることが肝要である。

以上は大要を述べたに過ぎず，從つて幾多足らざる點があるが，之は第三章以下に於て，出來る限り之を補足するやう記述する積りである。

第三章　英語科讀本教授法の類型

第一節　教材の分類

一

前述せる如く讀本教授は實に英語教授の大部分を占めるものである以上，この讀本教授に於て英語教授の目的を達すべく充分の努力がなさるべきは自明の理である。今私は此の讀本教授に於ける教材の種類によつてその教授の實際に及ぼす變化に就いて一考したいのであるが，先づ本節に於ては教材を如何に分類すべきかに關して述べよう。とは言へ英語讀本の教材は第一章に於て述べた

るが如く實に多種多樣である。而して之等の各々がそれぞれの內容上の特性を發揮して知德の增進に資するは論を俟たない所であるけれども，それのみを主眼として教授するならば，英語の時間は理科の時間となり，地歷の時間となり，修身，公民の授業となり，それらの授業を英語によつて授けるのと殆ど相違を認めない。否，多くの場合は寧ろ日本語の教授に陷るのである。之は正に本末顚倒であつて，苟くも英語教授の時間である以上，その直接の目的は當然その教材の教授による英語の了解力，發表力の增進にあり，それを教へることにより間接的にその內容の特性の影響を受ける如くなるべきである。尤もその第二の方面も教授者が該教材を取扱ふに當つて，必ず念頭に置かねばならぬ問題ではあるが。

斯くの如く考へ來ると，英語讀本の教材の分類を大きな觀點から眺めると，次の如きものとなるのではあるまいか。

(1) { 散文教材
　　　韻文教材

(2) { 初學年用教材（第一學年）……{ 入門期教材
　　　　　　　　　　　　　　　　　入門期以後の教材
　　　中學年用教材（第二，三學年）
　　　上學年用教材（第四，五學年）

二

次に些かその理由を述べてみたいが，先づ散文教材と韻文教材とに就いて考へてみる。實は散文とか韻文とかいふ言葉を聞いた時，我々は直ちに漠然とではあるが兎も角何處か違ふといふ感じを持つものである。私は之を明細に述べる餘裕を持たないのであるが，此處に矢野峰人氏の言葉を借りてその最も根本的なる差異を明確にすることを許して頂きたいと思ふ。卽ち氏は「詩學雜考」

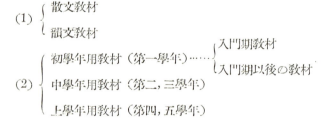

の中に於て「『文は義を本とし歌は感《アハレ》を要とす』とは，詩文の根本義を最も簡潔明快に道破せる桂園の名言である。而して，この詩の內容たるべき「感」は，本來，意味としての言語のみによつて能く表現せられ得るものではなく，必ずやその聲音的方面の力にも多くを俟たざるを得ない。……」と述べてをられる。勿論，言語がその本質上口に出されるものである以上，散文と韻文とを問はずその聲音的方面の重要性は否定さるべくもないが，所謂「感」を以てその根本義とする所の韻文に於ては特にその重要性が强調さるべきであらう。私は此の點を根本的相異と考へ，それに應じて教授法の變化を見たいと欲するものである。

三

次には學年別による教材の相異であるが，之は一見自明である。然し乍ら少しくそれに說明を加ふるならば，單なる進級による程度の高等化のみでないことがわかるであらう。卽ち入門期を含む第一學年用教材は主として英語音の正確なる發音，文字の辨別，最も根本的なる文構成，並にそれ以外の根本的な文法事項教授の爲に編まれてゐる。第二學年用は引續き最も根本的にして必要なる文法事項のやゝ高度なものを含んでゐる。卽ち第一，二學年は要約すれば正に基礎的訓練の時期である。第三學年は實は文法的に一應第一，二學年にて習得せる材料を整理補足すべき時期であると同時に，第四，五學年にて教はるべきかなり高級な而して內容豐富なる教材に至る一つの段階であるが，一般には第一の事項は主として文法教科書を使用してゐるので，大體から言へば第二學年の教材の程度を引續いて高められた教材――この中には既に相當難しいものもあるが――が使用されてをる。然るに現行の教科書の多くは第四學年に至つて俄然難化し，高等化してゐる。卽ち內容から見てもかなり豐富であつて，生徒の心情なり思想なり見解なりを高め擴める如きものが多くなつて來る。その

中には隨分名家の文も選ばれてゐる。第五學年に至ると更に然りである。(實は此の點に現行教科書に關する重大問題が提供されるわけであるが，本論の主旨と自ら別の問題になるので此處では取扱はない。)

さて，斯くの如く考へてみると，學年による分類は寧ろ(1)一，二年用教材，(2)三年用教材，(3)四，五年用教材とする方がよいやうにも思はれるけれども，私が一年用と二，三年用とに分けた所以の主なるものは，生徒の學習形式の相異といふことを條件に入れたからである。即ち辭書の使用等による豫習を何時頃から開始するかといふことは確かに一つの問題であるが，第一學年の生徒にとつては始めて學ぶ外國語であり，基礎的なるものを徹底的に鍛へこむ必要上，第一學年の間は絶對に**豫習を禁止**し，家庭作業は專ら**復習**に當てるのが得策と考へる。從つて眞に豫習を開始する時期而もそれを絶對的に必要とすべきは第二學年からといふわけである。之即ち第一學年を第二學年から切離し，教材の程度の進行の比較的順調なる第二學年と第三學年とを合はせ考へた理由である。

四

然らばこの教材の分類に伴ふ教授法の變化を如何にするか。私は次の數節に於て如上の二種類の分類を次の如く組合はせて說き，各節に就いて特定の一時間に於ける實際案を示す積りである。

(1) 第一學年入門期の教授

(2) 第一學年入門期以後の教授

(3) 第二，三學年散文教材の教授

(4) 第四，五學年散文教材の教授

(5) 第二學年韻文教材の教授

(6) 第三學年以上に於ける韻文教材の教授

第一學年に於て韻文を特に入れなかつたことは，現行教科書第一卷中に韻文らしい韻文を取入れてゐるものは甚だ稀である。從つてもし左樣な場合に於ては，大體第二學年韻文教授に關する項を參照せられたい。又，韻文教授に關して第二學年と第三學年以上とを分けた理由に就いては後述する筈である。

第二節　第一學年入門期の敎授並に敎授案

一

小學校から中學校に進んだ生徒は種々なる新しい學科に對して深い興味と强い好奇心を有するものであるが，特に外國語である英語に於ては然りである。從つて第一學年の授業一般が之等を減殺しないで，益〻助長する如く運ばれることが何より大切であるが，同時に基礎を築く時期であり，この第一學年に習得せる事項が充分に徹底してゐるか否かが，爾後の學習に如何に重要なる影響を齎すかを考へる時，單なる興味本位の授業は許されない。就中入門期の授業は充分この事を認識して取りかゝるべきである。先づ入門授業に入るに先立ち，敎師は序として，世界に於ける英語の位置，日本語となつた英語，英語の發音，文字と國語のそれとの相異等に就いて平明なる說明を與へ，英語學習の意義，必要性等に關する認識を求め，更に爾後の授業進行上必要なる諸種の注意を與へ，然る後入門授業に入る。

入門授業を行ふ主なる目的は，英語音の正確なる發音とその聽取に習熟させることとであつて，綴字，習字等は之に附隨して授ける。從つて授業の主なる部分は耳と口との鍛錬である。勿論，入門授業の方法も實に多種多樣で一概にそのどれを採用するかといふことは卽斷し兼ねるものがあるけれども，一級四十人乃至五十人以上の生徒を一緒に敎へてゆくことを前提とし，更に以後の授業

進行との關係を考へる時，次に述べる方法の最も有効なるものの一たることを信じて疑はない。即ち簡單に要點を述べると，音と文字とを同時に教授し乍ら，入門授業を終へると英語音の中重要なるものが全部學習出來，而も Alphabet に含まれた文字が全部出てくる如くすることである。即ち耳と口との訓練を主とはするけれども，それのみで行くとやがて生徒の興味を失ひ，倦怠感を惹起するものである。此の時には生徒は目と手との働き，即ち文字を學びたい欲求を覺えてゐるのである。斯くして入門授業は耳，口，目，手と總ての必要なる器官を動員して授業を行ふのである。此の時注意しなければならぬ問題は，又その事は爾後の授業に於ても常に教授者たる者が念頭に置いておかねばならぬことであるが，その教順が**耳→口→目→手**の流れに乘ることを原則とすることである。

次に Alphabet と Phonetic Symbols の問題であるが，前者は入門授業が終つてから之を纏め，後者は入門授業の途中から徐々に教へ始め，先づ母音を，次に子音を教へ，其の後適當な時期に之を纏めるのが得策であらう。後者に就いては第二學年になり辭書の使用開始に當り，その記號を見ることにより大體その發音が分る程度になることが要求される。然し乍ら，私が此處に述べる所の入門授業の方法によれば，綴字と發音との間に存する一般原則を生徒にかなりの程度に悟らしめ得るのであるから，餘り時間をかけて記號そのものの爲の鍛錬を行ふ必要はないことを信ずるものである。

二

次に入門授業の實際に就いて述べるのであるが，教授は**復習**，**教授**，(**整理**)，**練習**の三段階に大別することが出來よう。而してその各段に於て次の事項のうち數項を適宜按配して之を行ふ。尚各段の時間配當は適宜變更が必要である。

第一段　復　習（約10分）

(1) 發　音

(a) 生徒に前時教材の英語音（個々の音，語等）を發音させる。（實物指示等による）

(b) 教師の發音を聞かせる。

(2) 語　義

(a) 英語の語義を國語で言はせる。

(b) 國語に相當する英語をいはせる。

(3) 綴　字

(a) 口頭で單語を綴らせる。

(b) 指頭で單語を綴らせる。

(c) 上の二項を同時に行ふ。

（注意） いづれの場合でも綴り終つたらその語を發音させる。

(4) 書　方

(a) 生徒に板書させる。後，協同にて吟味する。

(b) 生徒の練習帳に書かせ，之を巡視する。

(c) 數人の生徒をして板書させ，他生をして練習帳に書かせる。

(d) 宿題として課せられたる清書を檢し批正する。

（注意） 板書，練習帳共に四本の平行橫線を引き，第三線を基線として，色を變へるとか，太くするとかして目立つやうにしておく。この基線の活用と文字の高低に特に注意させる。尚，四線罫は豫め小黑板或は紙黑板に板書しておいてもよいが，現在簡單なる器具があり卽座に引き得る便がある。

(5) 聽方及び話方

(a) 教師の英語の意味を言はせる。

(b) 教師の英語による命令を行はせる。

(c) 英語による問答を行ふ。

第二段　教　授（約30分）

(1) 發音及び語義

(a) 教師が基語を發音し，これを反復する。

(b) 生徒全體に發音させ，更に各生につきその正否を檢しつゝ練習させる。

(c) 教師が先づ新しく授くべき音を正確に反復發音する。

(d) 生徒に模誦練習させる。

(e) 發音器官の位置を説明し，或は發音圖を示す。

(f) 實物，繪畫，模型，所作等により，基語の意義を明らかにする。

(g) やむを得ない場合は國語を用ひて説明する。

（注意） 國語音と類似の音は適宜その區別を明瞭にする。地方固有の訛音で學習上の障害になるものは嚴に矯正する。尙，文を教材とする場合の取扱は次節を參照されたい。

(2) 書　方

(a) 基語を活字體で板書し生徒に模寫させる。

(b) 筆記體も同樣にして授ける。

(c) 初めは指頭により，次にペンによつて練習させる。

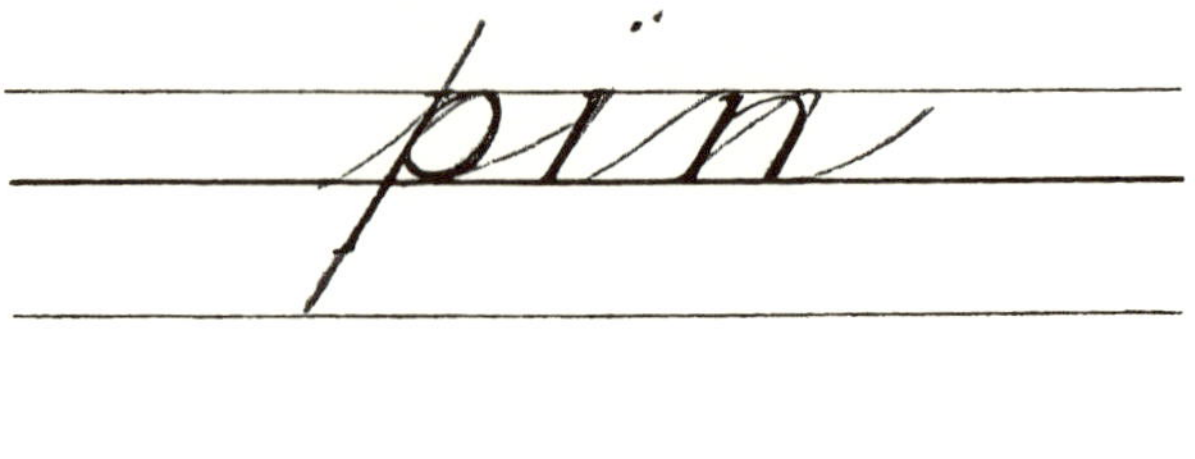

（注意）筆記體を授けるには，前圖の如く先づ活字體を筆記體と等しい傾斜を與へて板書し，色墨を用ひて繪どる如くにして筆記體を書けば，兩方の連絡を圖るに便利であらう。特に極く初期に於てはさうである。尚，この書方の練習は主として家庭作業とし，宿題として 20 回位宛，活字體，筆記體兩樣に淸書せしめる。

第三段　練　習

(1) 發　音

既習音を種々結合して發音させる。

(2) 書　方

單語を板書させ，又練習帳に書かせる。

以上述べた所で大體の進行はわかる事と思ふけれど，尚不備な點は次の教授案例の所で補足する。

三

第一學年〇組英語讀本科教授案

昭和〇年〇月〇日第〇時限

教授者　（姓　　名）

教　具　生徒の帽子，鞄，ピン，ペン，手鏡。

教　材　…………………Readers Bk. I., p. 2.

a bag (既習語 a pin (p. 1), a pen, a cap (p. 2))

教授要項

1. 發音——[b], [g].
2. 文字——b, g.
3. 無聲音と有聲音との區別。

教　法

第一段　復　習（約15分）——本を閉ぢたまま。

(a) 既習教材を實物を示しつゝ數生に發音せしめ，矯正しつゝ齊誦に移す。——主力は前時教材におく。

(b) 口頭でそれを綴らせる。——同前

(c) 四本の平行線を引き，數生に a cap を活字體，筆記體兩様に板書せしめる。

(d) 此の間教師は机間を巡視し，生徒の宿題(清書)を検す。

（當初は本時間に全生徒に就いて検し得るが，漸次不可能になる。その際は殘部を提出せしめそれを検することにする。）

(e) 上記板書に就き協同にて吟味。

(f) 更に板書に就き，個々の文字の表はす發音並にその名稱を確かめ，最後に再び a cap の發音に返る。

第二段　教　授（約25分）——最初は本を閉ぢたまま。

(1) 發音及び語義

(a) 生徒の鞄を示し乍ら [ə bæg] なる發音を反復す。

（斯くすること數回にして生徒は必ず模誦を始める。）

(b) 個々の音を夫々反復發音す。

(c) 數回生徒に模誦せしめる。(必要あれば，既出音 [k], [p] と比較させる。)

(d) 教師机間を巡り，個別指導。

(e) 再び正確に [bæg] を發音して聞かせる。

（此の時には [b], [æ], [g] を緩急宜しく連續發音し終に [bæg] に至る。）

(f) 數回生徒に齊誦を以て [ə bæg] を模誦せしめた後，机間を巡り個別指導。

（不正確なるものは立たしめ，一巡後更に矯正す。）

(2) 書方及び整理

(a) 活字體で基語 a bag を板書する。(四線罫を引いて)

(b) 說明を加へつゝ生徒に指頭を以て模寫せしめる。

(c) 同じ順序で筆記體を授く。

(此の際，教師が左手で書くことにより生徒の模寫を助ける)

(d) 本を閉いて數回讀ませる。

(e) 板書につき新字の發音を確かめ，名稱を敎ふ。

(f) 無聲音と有聲音との簡單な說明を行ふ。

第三段　練　習 (約10分)

(a) 敎科書，練習帳を開かせ，書方の練習を行ふ。

(b) 此の間机間巡視，個別指導。

(c) 發音練習——敎科書所載の練習用の六語(pig, ban, can, cab, gap, peg)に就いて。

(d) 宿題として a bag を筆記體，活字體にて20回宛淸書することを命ず。

第三節　第一學年入門期以後の讀本敎授並に敎授案

一

前述の如き方法に從つて絕えず既習敎材をふりかへりつゝ**約30時間**をその入門授業に當て，然る後この期間に入るわけであるが，この期間も前述の如く**豫習は絕對に禁止して**あり，從つて敎授の方法もそのことを念頭において工夫さるべきである。又，此の時期にはどんどん新しい文法事項を含む敎材が出て來るので，敎材の分量は決して多きを貪らず，充分なる徹底といふことを考へるべきである。此の完全なる徹底は如何にして得られるか。即ち同一敎材を

あらゆる角度から，あらゆる手段を動員して鍛錬するにある。而してこの事は同時に全學年を通じての指導方針である。以下教授の各段に就いて述べよう。

二

第一段　復　習（約10分）

(a) 前時教材の內容を英語で問答する。

(b) 前時教材の內容に關係せず，重要構文應用の問答を行ふ。

（注意）(a), (b) の場合共に，語句，構文の練習の爲に，特にその目的の爲に指示せざる限り一般の會話に用ひるが如き簡略な答(H. E. Palmer 氏の所謂 Laconic & Short Answers) を用ひず，全文を以て答へるやう定めておくことが必要であらう。例へば Is this a dog? なる問に對して Yes, it is. とか No, it is not. としないで，Yes, it is a dog. とか No, it is not a dog. を要求するが如きである。尤も前記の簡略な答を要求する時期も出來るだけ設けることは勿論必要であるが，外人教師の授業ある學校，學年に於てはその際充分演練すればよいであらう。

(c) 英語で與へた命令を行はせる。

（注意）此の際自分の動作に對する英語を言はせる。例へば Stand up. なる命令に對して，動作と共に I stand up. と言ふが如きである。

(d) 主要な語句，構文を用ひて文を作らせる。(口頭又は筆頭)

(e) 主要な部分を聽取らせ，その意味を述べさせる。

（注意）この際復文 (Reproduction) を行はせることが何より肝要である。

(f) 前時教材を暗誦又は暗寫せしめる。

（注意） 暗誦は語學教授をして最も効果あらしめる手段の一つであるから進級しても出來るだけ續行せしむべきである。

(g) 單語の意味或は綴字を問ふ。

(h) 國語に當る單語を問ふ。

(i) 書取を行ふ。

(j) 主要な部分或は全課を讀ませる。

(k) 宿題を處理する。

（注意） 宿題は何を課してもよいわけであるが，英作文教科書を第一學年に於て使用することの各種の難點を考へると，英作文を課するのが最も有効適切なものではあるまいか。勿論，他の事項も時宜に適して課すべきであり，特に暗誦，清書は必ず課すべきである。

第二段 教 授（約30分間）

(1) 教科書を閉ぢたまま。

(a) 授業はなるべく英語を用ひて行ふ。

(b) 實物，繪畫，所作，表情等により，又文の前後關係によつて，語句，文の意味を直覺させ，やむを得ない物は國語を用ひて了解させる。

(c) 新語を含む種々の文を擧げて，語義を徹底させると共にその使用法を了解させる。

(d) 發音は入門授業の發音教授に準じて行ふ。

(e) 單語を板書して綴字を覺えさせる。

(f) 綴字の類似してゐる語を言はせて記憶を確實にする。

(g) 新語を含む英文を國文に譯し，或は新語を含む英文を作らせてその使用法に熟せしめる。

(h) 教材以外の新語も適宜與へる。

(i) 教材の全意を了解させ，或は相當に語法に習熟せしめた後，教科書を開かしめる。

(2) 教科書を開いて。

(a) 教師範讀。

（注意） この際，呼吸節毎に斜線を教科書に記入せしめることは，生徒の讀方に便を與へ，惹いては解釋にも一指針を與へることになる。

(b) 一，二回教師に從つて齊讀させる。

(c) 小聲で生徒各自に讀方の練習をさせる。

(d) この間に發音の不正確なものを個別的に矯正する。

(e) 全文或は節毎に指名して讀ませる。

（注意） この際も發音及び讀方の矯正を嚴にする。然し讀方は文意の了解と密接不離の關係にあることであるから，若し甚だしく拙劣な場合は今一度讀ませることを考へるべきである。若し時間不足ならば，その呼吸節のみでも反復せしめる。

(f) 教材に關して質問させる。

(g) 教師その要點に就いて問ふ。

(h) 主眼點を説明する。(特に文法的事項に就いて)

(i) 必要あれば教材の一部或は全部を國語に譯させる。

第三段　練習，整理（約10分間）

(a) 教師再び範讀する。

(b) 一，二回生徒に讀ませる。

(c) 內容に就いて英語で問答を行ふ。

(d) 新語句を用ひて英文を作らせる。

(e) 新語句を含む應用文を國語に譯させる。

(f) 書取を行ふ。

(g) 聽取を行ひ，復文をなさしめる。

(h) 綴字を問ふ。

(i) 新語句その他の要點を記帳せしむ。

三

第一學年○組英語科教授案

昭和○年○月○日第○時限

教授者　（姓　　名）

教　材　………Readers Bk. I., Lesson 37.

I was late this morning.

Mother came up and waked me.

I got up at once.

I washed myself and dressed quickly.

I took breakfast alone.

教授要項

(1) 前時教材(過去の疑問文が要點)の復習及び練習。

(2) 新語——was, came, waked, got, once, washed, myself, dressed, quickly, took, alone.

(3) 新句——this morning, at once, washed myself.

(4) 文法的事項——過去形，規則動詞，不規則動詞の簡單なる說明。

教　法

第一段　復　習（約10分）

(a) 前時教材の暗誦。

(b) 英作文宿題の整理。

生徒に板書せしむる間，机間を巡つて個別指導。

(c) 語，句，文の綴字・意義を質す。

第二段　教　授（約35分）

(1) 讀本を閉ぢたまゝ。

(a) 必要なる新語句の發音，意義を教授しつゝ，生徒を本日教材（過去形の文）に相當する現在形の文に導き教師これを板書す。

(b) 動詞に過去形のある事を教へ，聽方により生徒の了解を確めつゝ板書せる文に應ずる過去形の文を板書す。

(c) 此の際聽方により了解確かなるものは直ちに復文せしむ。（初めは數生に，後之を齊誦に移す）

(2) 讀本を開かしめて。

(a) 教師範讀。

生徒をして各自の本に breath-group 毎に斜線を入れしむ。

(b) 教師に從つて齊讀せしむ。

(c) 自由讀。

この間教師は机間を巡つて個別指導。

(d) 指名讀（3回）

共通に讀方困難なる個處は反復齊誦せしむ。

(e) 指名讀及び譯。

(f) 教師要點に就いて說明を加ふ。

第三段　整　理（約5分）

(a) 教材に關し質問せしむ。

(b) 現在形(原形)，過去形を並べて齊誦せしむ。

(c) 新語句その他重要事項を記帳せしむ。

(d) 宿題を課す。

1. 本時教材の暗誦。

2. 本時教材の清書，並にその譯。

3. 應用英作文二題。

① 僕は六歳でした。

② 彼は彼の父と朝食をとりました。

教授上の注意

(1) 動詞過去形は三人稱，單數にても變化しないこと。

(2) waked, washed, dressed. の最後の子音は [t] と發音さるべきこと。

(3) dress と wear との區別。

(4) *to*-day と *this* morning.

上記第二節，第三節では第一學年英語教授法を通觀したのであるが，此の期間は特に了解，發表の兩方面が均等の發達をなすやう注意しなければならない。

第四節　中學年散文教材の教授並に教授案

一

中學年とは既述の如く第二，第三の兩學年をいふのであるが，此の期間の第一學年と異なる根本的なる點は，この期間から**豫習**を始めることである。卽ち第一學年に於て復習のみを奬勵し豫習を絕對禁止した立場が，此の時期に於ては復習は言はずもがな，豫習を强制する立場に變ることである。從つて先づ第二學年當初に於ては辭書の指定，その使用法の指導をなすべきである。之に失

敗すれば爾後の教授にかなりの影響を蒙むることは誰しも認むることである。この期間に於ても理解力，發表力の二能力を均等に進歩せしめることを絶えず念頭に置いて教授を進めることは勿論であるが，特に第二學年の教材は猶それに適當せるものでもあるし，第一學年に於ける場合と同樣此の點に大いに心すべきである。又，この頃より一時間に取扱ふ教材の分量も，豫習を强要する所より，更に又學力の増進に伴ひ増して來るので，漸次讀方に當てる時間が少くなり勝である。言語の本質を考へる時，縱令それが印刷されたものであつたとしても，此の點を等閑視することは出來ない。否寧ろ益〻强調すべきであらう。又教材の分量の増加に伴つて起る問題は教授の實際が種々複雜化し，或る特定の一時間に爲すべき作業の種類が減少する傾向がある。從つて教師は豫め細密な計畫を立て各々の時間が互に相補ひ相助け合つて行くことを考へる必要がある。

二

第一段　復　習（約10分）

(a) 前時教材の暗誦又は暗寫を行はせる。

（注意） 第二學年に於ては，なるべく教材の全部にわたつて行ふ。

(b) 宿題の英作文の整理を行ふ。

(c) 内容を英語で問答する。

(d) 國語を英語に譯させる。

(e) 主要な部分の聽方を行ふ。

(f) 聽方を行つた部分に就き，復文を行はせる。

(g) 單語の意味，綴字等を問ふ。

(h) 主要な語句を用ひて文を作らせる。

(i) 書取を行ふ。

(j) 讀方を行ふ。

第二段　教　授 (約30分)

(a) 教材の全部をなるべく聽方によつて了解させる。

(b) 了解確實なるものは直ちに復文せしめる。

(c) なるべく實物，繪畫，動作等により，語句文章の意を直解させる。

(d) 構文上理解困難なる文，新語を含む文を取出してその意を徹底させると共に，その構文，新語の使用法を理解させる。

(e) 新語は特に摘出して，その發音，綴字，意味を正確に把捉させる。

(f) 同意語，反意語等を言はせて，各語の知識を正確にする。

(g) 更に出來るだけ Paraphrasing を行ふ。又行はせる。

(h) 複雜に過ぎぬ程度に於て Prefix, Suffix の說明をなす。

(i) 教師範讀し，生徒をして讀ませる。

(j) 教材に就き精究させる。

(k) 必要あれば生徒をして譯さしめ，或は教師通釋す。

第三段　練習，整理 (約10分)

(a) 內容について會話を行ふ。

(b) 新語句を用ひて英文を作らせる。

(c) 新語句を含む英文を國語に譯させる。

(d) 重要なる語句，文章に下線を施させる。

(e) 教師再び範讀す。

(f) 生徒に一，二回達讀させる。

(g) 宿題(英作文)を課す。

三

第三學年○組英語科讀本教授案

昭和○年○月○日第○時限

教授者　（姓　名）

題　目　Gentle Manners. （後記）

（…………Readers Bk III., Lesson 13.）

教材區分

第一時……p. 67, l.　1――p. 68, l.　4　（本時）

第二時……p. 68, l.　5――p. 69, l.　6

第三時……p. 69, l.　7――p. 70, l. 11

第四時……p. 70, l. 12――p. 71, l. 16

第五時……總復習，書取等。

教授要項

(1)　新語――well-bred, refined, unselfish, needlessly, rule, whatsoever, ye.

(2)　解釋，文法――

What do you think of when we hear the word *gentleman*?

A good way *to learn*……is *to watch*……

……, it (your heart) *is sure to* tell you *what to say and do* at all times.

……your heart will *tell* you *to* think……

It will tell you *never* needlessly *to hurt*……

think of……と remind――of……との關係。

教　法

第一段　復　習（約10分）

(a) 宿題（英作文）を板書せしむ。

(b) 同時に他生に就いて英語にて問答。

(c) 宿題の協同訂正。

第二段　教　授（約35分）

(a) 原文を適宜省略或は改變して聽方を行ふ。

(b) 了解確實と認めたる時は直ちに復文を行はせる。

(c) 教師範讀。(本を開かせて)

(d) 新語の發音を齊誦練習。

(e) 自由讀一回。

この間教師は必要事項を板書す。

(f) 指名讀一回――各節毎に行ふ。

(g) 指名讀並に譯――各節毎に行ふ。

(h) 教師，要點を生徒と共に共同研究。

(i) 各自に今一度通讀せしむ。

第三段　練習，整理（約５分）

(a) 次の聽方を行ひ，直ちに復文せしむ。

The word *wool* always reminds us of Australia.

The best way to learn a foreign language is to go to the country where it is spoken.

(b) 前者は尚 think of を使つて paraphrase させる。

(c) 要點に下線を引かしむ。

(d) 宿題提示。

① 外國語を習ふ最上の道はその國語の話される國に行くことである。

② 此の本を見るとアメリカにゐる叔父を思ひ出す。

……………………………………………………

教　材

GENTLE MANNERS

What do you think of when we hear the word *gentleman*? We think of a man of gentle manners, a well-bred, refined man. And we know that a lady is a gentle, refined woman.

A good way to learn gentle manners is to watch what well-bred people say and do; but a better way, yes, the very best way, is this: to try to be kind and unselfish. If your heart is right, it is sure to tell you what to say and do at all times.

I know that your heart will tell you to think of the pleasure of other people as well as your own. It will tell you never needlessly to hurt the feelings of any one. Your heart will remind you of the Golden Rule, "Whatsoever ye would that men should do to you, do ye even so to them."

第五節　上學年散文教材の教授並に教授案

一

上學年とは第四，五學年を指すのであるが，此の期の讀本散文教材は既に述べたるが如く，第三學年まで比較的漸進的に高等化して來た教材が，かなり飛躍的に難しいものが增加し，有名な作家の物も相當な程度に採用されてゐるのが現行讀本の一般的傾向である。然らば此の期の教授は如何に實施さるべきか

といふ事が大きな問題である。私の考へでは，所謂 Oral Method なる方法によつて下學年，中學年を通して來たとしても，これを引續き採用せんとすることは甚だ危險ではないかと思はれるし，他の方法によつて從來通してきた級に對して之を行ふことは更にその危險が增大する恐れがある。優秀なる者のみを標準に置き劣等生はどんどん陶汰して行くならば或は適當でもあらう。又英語に特に關心を有し興味を感ずる生徒，又は將來英語を以て身を立てんとする意志ある者に對しては有利であるかもしれない。而も亦，言語の本質といふものから考へても耳と口との訓練を等閑視するわけには行かない。けれども現行教科書の程度を對象にして考察する時，その教材はかなりの程度に，或る場合に就いては殆ど原文の跡を留めぬ程度に paraphrase してかゝらねばなるまい。之は無論，私の述べて來た hearing 本位の教授法に就いても大體同じことが言へるだらう。是に於て私の言はんとする所は，**讀書本位の教授法**である。卽ち詳細に就いては後述するとして極く簡單に說明すれば，復習を濟ませたら直ちに開本して，新教材を始めから目に訴へて教授してゆくのである。斯く言へば既述した耳→口→目→手の教授の流れに逆らふわけになるけれど，現行教材書の程度を考へ，且つ又一級に含まれる人數を思ひ，更に優劣混合せる生徒に平等に親切であるべき主義から言へば止むを得ないことでもあらう。

然し乍ら此の際に於ても我々が常に考へて置かなければならぬ事は，一時間の教授の相當な部分を，少くとも幾分かは，何等かの方法に於て耳と口との訓練を爲すべく用意されなければならないといふことである。單なる所謂讀譯に墮してしまつてはならない。教授の流れは必要上變更するけれども，あらゆる器官，感覺を一時間の授業に於て總動員することは不可缺の事である。特に上級に至るに從つて等閑視され勝ちな讀方を充分に鍛練することを考へるべきである。**讀方の意義**に就いて先覺岡倉氏は次の如き事を述べてをられる。卽ち，

讀むといふことは人から話して貰ふことの代りに，自分の聲で自らに說話して聽かせることであると。眞に然りで，教室に於ける reading も單に授業の形式を整へる意味でなく，教師も生徒も正にさういつた積りで之を行ふべきであらう。而して此の際に於ては既に reading は hearing の意味を兼ね，hearing の特性もかなりに發揮されたものと言ふべきである。斯くの如く reading を重要視すれば，必然的に時間を惜まずして發音，讀方の矯正をあらゆる角度から徹底的に爲すべきである。

要するに上學年に於ける散文教材の教授は讀書本位により努めて直讀直解に導く如く行はれるべきである。從つて出來るだけ讀書の分量も增す方が望ましいわけではあるけれども，さりとて形式的訓練の方面も怠つてはならない。了解力よりも發表力の劣るのは我々の國語に就いて既にさうであり，況や外國語に於ては尙更のことである。而も上學年教材が下，中學年のそれとはかなり飛躍的に難しくなつてゐる今日の狀態よりすれば，この讀本教材を材料とした發表力養成の訓練も甚だ困難な業ではある。然し乍ら私としてはこの發表力養成の爲の訓練を全然讀本教授より除くことには不贊成である。及ばない乍らも出來るだけの手間をこの方面にもかけることを教授者として忘れることは出來ない。

二

第一段　復　習（約10分）

(a) 暗記させた語句，文章の暗誦又は暗寫。

(b) 國語によつて述べられた意を英語で再現させる。

(c) 主要な語句，構文を用ひた文を作らせる。

(d) 重要な部分或は例文の聽方並にその英語による再現を行ふ。

(e) 單語の意義，綴字を問ふ。

(f) 書取を行ふ。

(g) 讀方を行ふ。

(h) 前時教材の內容に關して英語で問答を用ふ。

（注意） 前述の如く上學年に於ては閉本時の訓練，即ち耳と口のみによる作業を行ふことが少い。從つて復習の段に於てこの補充を或程度まで行ふことが望ましく，上の八項目中 (b), (c), (d), (h) などは出來るだけ每時間その一項乃至數項を行ふのが妥當ではあるまいか。

第二段 教 授（約30分）

(a) 教師範讀して生徒に讀ませる。

(b) 生徒に讀ませ然る後教師範讀する。

(c) 生徒に讀み且つ解釋せしめる。

(d) 教師補譯訂正する。

(e) 單語に關しては同意語，反意語をいはせる。

(f) 語源的說明を與へる。

(g) 重要なる語句，文章を paraphrase させる。

(h) 必要なれば文法的說明をさせ或は行ふ。

(i) 教材に就いて質問させる。

（注意） (a) と (b) とに就いて一言するに，普通には (a) を採りたい。然し乍ら，讀方が既に解釋といふことと不可離の關係にあるから，中學年に於ては兎も角，かなり學力の進んだ上學年に於ては，適當な材料——餘りに構文の複雜したものは却つて生徒を混迷させ，惹いては自信を失はせ，興味を減殺する恐れがあるから不可と思はれるが——に就いては時々 (b) を採用するも一法と思はれる。

教師の譯といふ問題は屢〻問題となるのであるが，常に之を行ふことは，生徒が解釋してゐる際に他生徒のそれに對する注意を散漫にさせる心配がある。然し乍ら，生徒に適當なる而して的確なる譯が見出されぬやうな場合には教授者として之を行ふに躊躇してはならないと思ふ。而して譯は總ての場合に於て生徒の了解を確實正確にする立場から行ふべきで，譯を覺えさせる授業にならぬことが肝要である。(e), (f), (h) に於ては餘り複雜多岐にわたらぬことが望ましいが，生徒に語句，文章に對する正確な知識を與へる爲に教授者としは常に充分の用意の下に省くことの出來ぬ事項であらう。

第三段　練習，整理（約10分）

(a) 新語句を含む應用文を解釋させる。

(b) 新語句を用ひて國文英譯を行ふ。

(c) 教材に關して英語にて問答を行ふ。

(d) 主要點に下線を施させる。

(e) 教材に關して質問せしむ。

(f) 生徒に讀ませる。（指名讀或は自由讀）

(g) 教師が再び範讀をなす。

（注意） (a) の項を補說すると，應用文の難しいもの，或は長いものは讀釋が適當であるが，簡短なものに就いては聽方を以て之を行ひ，然る後之を口頭又は筆頭にて英語に再現させることも訓練の上から頗る有效である。

尙，變形として教授の段階に若し强ひて聽方を行はんとするならば，適當な個所を抽出して行ふがよからう。然し之は該時教材全體の内容の把握といふことよりも形式的演練の意味に於てなされるべきであらうが，同時に猶直讀直解

に導く上に寄與する所少しとしない。尚內容構文共に容易なるものに就ては中學年式の聽方による教授も行ひ得るわけである。

三

第五學年〇組英語科讀本教授案

昭和〇年〇月〇日第〇時限

教授者　（姓　　名）

題　目 On an Unposted Letter.（後記）

（…………Readers Bk IV., Lesson VII.）

教材區分

第一時……p. 34, l. 1——p. 35, l. 7

第二時……p. 35, l. 8——p. 36, l. 10（本時）

第三時……p. 36, l. 10——p. 37, l. 15

第四時……p. 37, l. 15——p. 38, l. 19

第五時……總括的復習並に考査。

本時教材の要點

(1) 新語——obviously, offence, illustration, afflict, troublesome, cordial, greeting, propinquity, vague.

(2) 重要語句——to take or give offence, to be annoyed at……, to be conscious of……, to have no intention of……,

(3) 文法事項——Past Perfect Tense の用法; Gerund.

in ordinary circumstances would give……; without *the least* idea (even の意を含む)

教　順

第一段　復　習（約10分）

(a) 次の文の聽方を行ひ，數生にその英語による再現を行はしむ。

1. I was not in the least surprised.（原文）

2. Long experience has taught me not to expect to find what I want in my pocket.（原文）

3. One of *the letters* was of little consequence; the other was of much consequence.（原文では them）

(b) その再現は最後に齊誦に移す。

(c) 綴字，意義を問ふ——experience, vanish, consequence, important.

(d) 前時教材を三節に分けて指名讀。(開本して)

第二段　教　授（約30分）

(a) 教師範讀。

(b) 四節に分けて指名讀一回——發音，讀方訂正。

(c) 各節を讀み且つ解釋せしむ。

(d) 教師說明を加へつゝ，重要個所は通釋す。

(e) 特に次の語の派生に就いて，生徒と共に檢討——offence, illustration, troublesome, intention.

(f) 教材に就いて質問させる。

第三段　練　習（約10分）

(a) 次の和文英譯を行ふ。

1. 私はそれをやつてみる積りはなかつた。

2. 私は自分の力の足らないことは充分自覺してゐる。

(b) 應用文の解釋を行はせる。

Whether a life is noble or ignoble depends, not on the calling which is adopted, but on the spirit in which it is followed. The humblest life may be noble, while that of the most powerful *monarch* or the greatest genius may be *contemptible*. (斜體の語は意味を與ふ)

(c) 重要個所に下線を施す。

(d) 時間あれば自由讀一回。

(注意) 應用和文英譯は必要あれば教授の段の教師の說明に附隨して行ふ。

教材

ON AN UNPOSTED LETTER

I had wondered why he had not replied, and why when he saw me at a club a few days ago he rather obviously avoided me. I felt puzzled, for there had been nothing in my letter at which he could take offence ——yet obviously he had taken offence. Now I knew why he had taken offence. He was annoyed at not receiving a letter from me which he had expected to receive, and I was annoyed at not receiving a reply to a letter I had not sent.

And in this little incident I saw an illustration of most of the personal differences which afflict us in our journey through this troublesome life. Take a common example. A is talking to B as they walk along the street on a subject of absorbing interest to him when C passes them. A knows C quite well, and in an ordinary circumstances would give him a cordial greeting, but he is so full of his argument with B that he is only dimly conscious of C's propinquity and he passes with a vague air of having seen

him in another world. A has no intention of being rude or even distant, and goes on without the least idea that he has given C offence.

附　言

以上說き來つたことは精讀主義の立場より見たものである。多讀主義の立場は自ら別に考へられるべきである。成程何か物語風の作品などその課のみを多讀的に取扱ふといふことも一應考へられ，且又，その事自身も決して無効なりとしないが，眞の多讀主義教授法とは如何なるものかといふことは可なり大きな問題でもあり，それのみでも優に一書を作り得る程であるから，一先づ本書に於ては省略させて頂くことにした。

尙，會話教材，劇教材等もそれぞれ目新しい方法も考へられる餘地があるが，私の意見からすればかゝる教材の取扱ひも一應既述の方法にて了解を徹底させ，且つ或る程度の運用練習もした上で，最後に會話的の調子を充分出し得るやう讀方の指導を試み，或は劇的取扱を實施するのが適當であると考へる。卽ち全課終了後更に讀方を徹底させた上，生徒に夫々の役割を持たせて，その對話なり劇なりを實演させる等することにより充分その目的を達し得るであらら。從つて此の方面も本論に於ては特に取扱はなかつたのである。

第六節　韻文教材の教授並に教授案二例

一

現行教科書を通觀してみると僅かに一，二の物を除いて他の物には，かなり多數この韻文教材を採用してゐる。而も一般の情勢としてはいろいろな事情からしてこの取扱を省略するか，或はそれを甚だしく粗略にしてゐるのである。然し乍らその事情あるにせよ，韻文教材を散文教材と或る程度に於て對立し得

るまでに採用してゐる所以は，國語讀本の場合と同じく，散文教材によつて達成し得ぬ或る目的を達成せしめるにある。その目的とは何であらうか。既に述べたるが如く**韻文と散文**との根本義の相異は，前者は「感《アハレ》」を要とし後者は「義」を要とするにあるのである。勿論私は散文によつて「感」を醸出すことの不可能を斷定するのではない。然し乍ら，韻文から「感」を除去することは韻文の生命を奪ふものであることを忘れることはできない。「感」を醸出しそれを生徒に感じさせ味はせることにより，散文によつては陶冶し得ぬ方面の陶冶を行ふことが出來るのである。一言にしていふならば韻文の重要性は生徒の**情操の陶冶**に資するにあるのではあるまいか。かくの如く考へ來ればその教材を省くが如きことは，折角英語教育に附與された大切な機能の一つを自ら消失し，惹いては現今動もすれば論議の種となる英語教育の立場を益〻不利ならしめるものであり，叉，それを省かないまでもその取扱の方法を誤れば之亦その目的を充分に達することは出來ない。

さて私は韻文教材に於てはその情操陶冶に資する方面をのみ說いたのであるけれど，同時に我々として忘れてならない一面がある。それはこの韻文教材についてその「感」を充分に味ふ爲には先づその內容を充分に了解する必要がある。而してその了解の爲には韻文なるが爲起る所の語の轉置をも亦納得する必要があり，且つは叉，かなり一語々々が選ばれてゐる爲散文以上に**語感**を充分に味ふことも必要となつて來る。さればこれを徹底的に討究することは惹いては讀者の作文力を大いに增進せしめる一因ともなるのである。或る人の如きは韻文教授の徹底ほど發表力の助長に効果有るものはないと言つてゐるが，眞に至言と言はざるを得ない。これは言はば韻文教材の**實用的價値**として決して等閑視してはならない一面である。殊に上級學年に於て然りである。

二

さて然らば斯くの如き**韻文教材の教授は如何にして行ふべきか**。如何なる點に主眼を置いて取扱ふべきであらうか。第一には如上の「感」を起すに最も直接的にして而も根本的なる**聲音的方面**を强調すべきことである。散文教材に於てもこの方面を等閑視することが決して許されないことは言語の根本義から考へて勿論のことではあるが，それ以上に韻文教材に於てはこの方面の徹底が望ましい。聲音的方面とは所謂讀方である。朗讀である。而して韻文に於ては究極の所**朗誦**にまで到達しなければ完全とはいへぬ。然し乍ら正しい讀方は正しい了解なくしては得られない。此處に第二の了解といふことが必要となる。順序から言へば勿論之が先に來るべきであるが，私がこれを第二に置いたのは唯順序といふことから言つたのではなくて，韻文に於いて特に朗讀といふことの肝要なるを言つたのである。此の點に散文教材の取扱と韻文教材のそれとの根本的の相異が生ずるのである。從つて韻文教材の取扱は朗讀中心のそれであるといふことが言はれるのである。

さてこの正確なる而して完全なる朗讀は如何にして得られるか。その指導法は種々あるであらう。然し乍ら凡そ韻文なるものは散文以上に文のリズムが或る意圖のもとに織りこまれてゐる以上，そのリズムを正確明瞭に再現することが第一の問題である。私はこの文のリズムを生徒に指導する爲，平素の授業に於て所謂**タクト法**なるものを採用してゐるのであるが，之は音樂の指揮に用ひるバトン卽ち指揮棒――勿論，普通の竹切れ或は棒切れで結構であるが――を以て生徒の讀方を指導するのである。數十人から成る管絃樂團,數百人から成る大合唱團が唯一人の指揮者の棒の動くまゝに――尤も棒を握つてゐない殘りの指も重要な役目を演ずるのであるが――一絲亂れぬ統制の下に種々なる變化

多き演奏,合唱を遂行するあの妙味を,英語の授業に於て現出するのが目的である。之により文の Intonation や Stress を指導するのであるが,その詳細は當校紀要「中等教育の實際」第二十號に於て述べたから省略するが,要點はその棒を stress ある個所を強く大きく,なき所は弱く小さく振下し,intonation の上る所は上向きに,下る所は下向きに振上げ振下すことである。更に之を最も簡略に行ひ,stress ある個所のみを振下すとしただけでも,生徒の讀方に及ぼす効果は相當なものである。

韻文――特に中等學校の教材に載せられてあるやうな韻文――は,このリズムが極めて明瞭であり,且つ定時的に stress が表れるのであるから,この應用は甚だ容易であり從つて効果的である。更に工夫を凝らせばいろいろとその應用も成立つのであるが,之は後記の教授案の實例について一例を示し說明したいと思ふ。

次に韻文教材教授に於て忘れてならぬことは,Rhyme, Rhythm, Poetic License, Poetic Diction. 等,韻文に特有の知識を授けることである。之が複雜に過ぎ多岐に亙ることは却て生徒の興味を失ふ一因となるのであるが,之を全然與へないことは不可である。何となればこれらの知識を適宜に與へることにより,直接間接に內容の把握,情調の味得,朗讀の達成に寄與する所極めて大であるからである。從つて一方タクト法により讀方の指導もするのであるが,同時に該教材の scansion をしたプリントを與へる等適當な指導が必要であらう。

三

さて私は韻文教材の取扱に當つて第二學年教材と第三學年以上教材とを區別したのであるが,實はその相異點は散文の場合の如き大きなものでなく,主なる點は語句の應用練習の程度の相異である。岡倉氏も不朽の名著「英語教育」

の中で述べてをられる通り，未だ第二學年に於ては語學力も甚だ不充分でほんの基礎の時代であるから，一應の了解を濟ませた後は專ら朗讀により，つまり音韻の効果によりその詩の妙味を會得させる。而して暗誦を極力強調してをられる。尤も第二學年教材として採用されてゐる韻文は短簡であり，從つて後記の如き上學年の方法で實行すること必ずしも不可でなく，又不可能でもないが，教材の長さからいひ，一時間の分量として適當であるから，語法の練習は一應割愛し專ら朗讀に重きを置き，一時間の終りには暗誦されてゐることを目標として教授を進めるのが適當と考へるものである。第三學年以降に於ては既に相當英語にも馴れ，而も既述の韻文教材の持つ所謂實用的價値を考へる時，語法の演練といふことにも力を注ぐやう教授案が組立てらるべきであらう。而も全體の完全なる了解の爲には必ず部分が徹底的に練られる必要のあることを思ふ時その感が深い。

次に (1)第二學年韻文教材の教授案と (2)第三學年以上韻文教材の教授案を掲げるのであるが，後者は當校中等教育研究會著「中等教育に於ける各科教授法の新研究」所載の永原敏夫氏の案を轉載させて頂くことにした。

四

第二學年〇組英語科讀本教授案

昭和〇年〇月〇日第〇時限

教授者　（姓　　名）

題　目　The Swing （後記）

(…………Readers Bk II., Les. XII.)

本時教授の目的　本詩の恰かも鞦韆に乘れるが如き氣持を味はせ，併せて rhy-

thm, rhyme 等に就き英詩の概觀を與ふるを以て目的とす。從つて讀方に主力を注ぎ，語句，構文等の教授はそれを完成せしむる爲の一手段たるに止め，充分なる應用練習は他の機會に讓る。

教材中の要點　發音上注意すべき語——swing, pleasantest, country-side, roof, etc.

解釋上特に注意すべき點——How do you like……?; I *do* think it……; the pleasantest thing (that) Ever a child can do; over の二用法; and all; go flying; その他語の轉置，省略等。(豫習要項參照)

教　法

(a) 閉本のまゝ朗誦風に範讀二回。

(b) 開本して新語並に發音上注意を要すべき語の發音練習。

(c) 範讀二回。

(d) 教師に從つて一行宛齊讀二回。

(e) 自由讀——此の間教師机間巡視，生徒の發音，讀方の矯正を行ひ，更に時間あらば了解の助けとなるべき本文の散文化，省略個所の補塡，例文等板書。

(f) 一節毎に指名讀二回。

(g) 教師板書に依り或は口頭にて生徒の了解を確め乍ら原文の散文化を行ふ。

(h) 指名讀並に通釋——要すれば教師補足說明。

(i) 作者につき簡單なる說明。

(j) 教師讀方を交へつゝ rhythm, rhyme の簡單なる說明。

(k) 質疑あらば應答。

(l) 再び教師範讀二回——第一回は教師のタクトに注視せしめ，第二回は瞑目して聽かしむ。

(m) 本を閉ぢ專ら敎師のタクトに注意せしめ敎師に從ひ一行宛齊誦二回。

(n) 敎師タクトを用ひつゝ生徒と同時に齊誦二回。

(o) 本を開け齊讀，暗誦に至らしむ——此の間敎師バトンを以て本を輕く叩き，リズムを明示しつゝ机間巡視。

(p) 暗誦を行はしむ——但し時間の都合上不可能なれば數名に達讀を行はしむ。

………………………………………

敎　材

THE SWING

How do you like to go up in a swing,
　Up in the air so blue?
Oh, I do think it the pleasantest thing
　Ever a child can do!

Up in the air and over the wall,
　Till I can see so wide,
Rivers and trees and cattle and all
　Over the country-side.

Till I look down on the garden green,
　Down on the roof so brown——
Up in the air I go flying again,
　Up in the air and down!

——R. L. Stevenson.

五

さて以上が教授案であるが，次に前述した scanning のプリントの一例を示せば大體次の如き程度で充分であらう。

Hów do you / líke to go / úp in a / swíng
　Úp in the / áir so / blúe ?
Óh, I do / thínk it the / pléasantest / thíng
　Éver a / chíld can / dó !

（第二節以下略）

更に前に一言觸れておいたが，この詩に於てタクト法を如何に變化せしめるか。本詩は題の指示する通り鞦韆の上下する運動が音韻の上に表現されてゐる。私はこの鞦韆の運動をタクトの上にも表はし，リズムを正しく生徒に感ぜしめると共に視覺の上からもその運動に生徒の氣持を誘導せんと試みるのである。即ちタクトの運動を鞦韆のそれに模し，上向きに圓弧を描きつゝその軌道の上を左右に反復するやうにするのである。さて上記の如く私は本詩を Trochee の混れる Dactylic Tetrameter と Dactylic Trimeter とが交互に現はれるものと考へるが，このタクト法を用ひると大要次の如くなるのである。即ち

(1) 一振りを一脚 (foot) の割に振り，左又は右に振上げた時に stress が來る如くすること。

(2) 各行の終りは男性韻 (Masculine Ending) になつてゐるが，そこに休止を置くこと。

(3) 特に偶數行の終りは更に一振りだけ休止すること。

(4) 從つて各行初めの stress は常に左又は右に一定すること。

かくの如く振るならば，鞦韆が前後に搖れ，又上りきつた時に一寸休止する樣

が多少なりとも目の感覺にも訴へられて朗讀の効果，惹いては所謂「感」がより効果的に釀出されるのではあるまいか。殊に下學年なれば少しの誇張もその効果は大いに上ることを信ずるものである。尙この教授案は筆者が當校の研究授業に於て實施せしものに多少の改變を加へたものである。

五

（この教授案は前記の如く永原氏の立案である）

第三學年英語科讀本教授案

題　目　Silver (Boys' National Readers Bk 3, Lesson XXV). （後記）

時　間　二時間　　第一時は教授を主とし，第二時は演習に重きを置く。

教授要旨　朗誦を通じて銀なす月光を浴びた田園の情景を髣髴させ，兼ねて本詩の形式的構成と內容，音韻的條件と情調の關係に注意させ，以て英詩のもつ音樂美を味はゝせる。韻律については既習の事項を復習しつゝその調整の爲に行はれる Poetic License, 及び Poetic Dictions に關する知識を授く。

演習要旨　內容把握の檢討を兼ねて，散文化を試みさせ語法の練習と作文練習を行ふ。韻文譯や場面場面の繪畫表現を課する場合もあり，朗讀暗誦を徹底的に行ふ。

教室作業

（第一時）

(a) 英語による本詩內容の提示——初は散文により漸次原詩に近き形に導く。單なる說話に止めず問答を交へて，本詩の情景のまゝなる心的環境に導入するやう努める。（約15分）

(b) 朗讀聽方——閉本のまゝ二回，開本して一回。（約3分）

(c) 朗讀——着座のまゝ二行宛，各列順次に讀ませる。(約5分)

(d) 內容，用語の檢討——主として英語の問答による。(約10分)

(e) 形式の檢討——Rhythm, Rhyme の考察より License に及ぶ。(約10分)

(f) 作者の說明——尤も短簡に。

(g) 朗讀——教師一回，生徒數回。(約5分)

(h) 家庭作業の指針を與へる——(1) よく意味を考へ六個の場面を胸に描きつゝ，少くとも十回反覆して讀むこと。

(2) 如何なる音が多く用ひられてゐるか，それらの音が本詩のどういふ情調を醸出するに與つてゐるかを考へること。

(第二時)

(a) 朗誦聽方——生徒を瞑目させ，教授者は本を離れて朗誦の態度を以て一兩回聽かせる。

(b) 家庭作業の結果を檢する——如何なる音が多く出るかを捉へることを命じて，今一回朗誦して聞かせて，結果を問ふ。場合によつて，開本して檢べさせる。(教授者は豫め本詩中特に顯著な sibilants と liquid sounds とを含む語を整理した小黑板を用意しておく)。sibilants と銀色の光，liquids と月夜の水の如きゆたかさとの聯想に導く。

(c) 生徒と共に再び朗誦。(以上約10分)

(d) 2行毎に散文化を口頭にて行はせ，全部を終りたる後，筆記させ，各人に教授者の範答により訂正させる。(場合によつては一部分のみ筆記させ取上げて檢閱添削を加へる)

(e) 語句練習——二三の成句を取つて簡單な作文。(以上二項約23分)

(f) 部分的に飜譯を課し，或は繪畫的に敍述せしめる。(場合によつては圖畫に秀でた生徒二三に，第三，四，六景を黑板上に描かせてもよい。(約

７分）

(g) 各個に讀ませて後暗誦させる。

(h) 一週間の餘裕を與へて韻文譯の提出を命ずる。

特に說明を加へる語句：

walk the night, in her silver shoon, catch the beams, of doves の位置, in a silver-feathered sleep; shoon, casement, silvery thatch, like a log, harvest mouse, eye, moveless, gleam.

特に練習せしめる語句：

in one's shoes, this *way* and that, one by one.

說　明

以上の教授案は可なり詳細に記したので，特に說明を加へるにもあたらないかも知れないが，二三實例等を示して補足しておかう。

教室作業第一時 (1) は大體次の如く入つて行く。

This is a little piece of poem, in which the poet brings us to a moon-lit farm and shows us several beautiful scenes. The title of this poem is "Silver", and what this title means you will easily see as we go on studying the piece.

It is a full moon, you see. Suppose you are in the country by a farm the big round moon is shining on. You see the moon travel slowly and silently westward. But the poet thinks the moon has come down and is taking a walk in the form of some person. When the moon takes the form of a person, which do you think it will be, the form of a man or that of a woman? (Pupil's reply). If then, what kind of woman will it be? (Pupil's reply). Well, imagine this lady

or a goddess is taking a walk at night in the country. Do you think she goes hurriedly? (Pupil's reply). Yes, she must be going slowly. Can you imagine the colour of her clothes? What will it be? (Pupil's relply). Well, what colour will her shoes be? (Pupil's reply). Now, shut your eyes and listen. Now the moon is walking in her silver shoes. She walks slowly and silently. "*Now the moon walks the night in her silver shoon.*"

生徒に瞑目させて聽方を行つてゐる間に，walk the night, in her silver shoon を板書して行く。(兩個の作業の困難な場合は小黑板に豫め記しておく)。教室作業第二時(4)は前回の提示において暗示されてゐる形式を生徒に再現せしめることになる。二行毎に行はせるのは內容上の小節に從つたわけである。

....

教　材

SILVER

Slowly, silently, now the moon
Walks the night in her silver shoon;
This way and that she peers, and sees
Silver fruit upon silver trees;
One by one the casements catch
Her beams beneath the silvery thatch;
Couched in his kennel like a log,
With paws of silver sleeps the dog;
From the shadowy cote the white breasts peep
Of doves in a silver-feathered sleep;

A harvest mouse goes scampering by,
With silver claws and silver eye;
And moveless fish in the water gleam
By silver reeds in a silver stream.

——Walter de la Mare.

第四章　英作文科教授法の類型

第一節　英作文教授の意義

中等學校に於ける英語教授の諸分科中，英作文の占める位置は甚だ重要なるものであるが，此の重要性の由つて來る所は何であらう。凡そ語學學習は理解力と發表力とが均等に圓滿に完成されることを以て理想としてゐる。各分科がそれぞれその特性を發揮しつゝこの理想實現の過程に參與すべきは論を俟たない所であるが，而も猶各分科の分離する傾向があるのは甚だ遺憾な所である。是即ち英語教授の能率上らず，その効果少き大なる原因の一を爲すもので，此の事が完全に行はれるに至らないでは世上兎や角の非難を受くるも致し方の無いことであらう。

さて英作文は主として發表力の養成に寄與するものであるが，一應この發表力なる語の意味する所を考へてみよう。發表力の意味は私の考へでは次の二通りに分けて考へられるだらう。即ち (1)廣義の發表力と (2)狹義の發表力とである。思ふに英語——他の外國語に於てもさうであるが——による發表力とはその自由發表と飜譯とを問はず，英語の理解と運用との完成によつて爲されるのであつて，此の意味に於ける發表能力の完成は英語學習の最後の段階，言はば理想である。之が所謂廣義の發表力で理解力と運用力との渾然たる一體であ

る。狹義の發表力とは即ち運用力である。英作文は實に此の運用力の養成にその特性を發揮して，我々の英語學習の理想達成に貢献するのである。更に敷衍するに，英語の理解と運用とは單に讀解力の養成のみを以てしては極めて不完全である。即ち一般に言つて讀本教授は主として理解力の養成に資し，英作文教授は運用力の完成に資する。而して，此の兩者が有機的關係を保ち乍ら發達するのが英語學習の目的を完全にするのであるから，讀本教授といひ英作文教授といつて，實質的に分離せしむるは最も當を得ないものである。換言すれば，讀本教授も作文教授も同じ目的に向つて邁進するのであるが，唯その目的達成の方法を異にするに過ぎないのである。即ち前者は主として內容の理解により，後者は形式の運用により基礎知識の確實な把握を企てるのである。

形式は內容の基本として適用し得べき標準である。從つて之を反復することにより基礎知識を完成せしめると共に既習事項を體系的に整理するのである。斯く考へ來ると英作文教授の本質は材料よりも寧ろ方法に在りといへよう。されば此の方法が研究され完全に遂行されるならば，英作文教授の勞多くして効上らざる非難も憾みも自ら解消し，惹いては英語學習の効果を上げる大きな動力ともなるであらう。

第二節　教材並に教授方針

一

さて私は英作文教授の本質は材料よりも方法に存すると述べたのであるが，さりとて材料の問題に就いても之を等閑視することは出來ない。從來中等學校の英語教授に於てその効上らざる原因の一として必ず教材の困難が說かれてきた。特に英作文に於て然りである。即ち理解運用共に充分に爲し得ざる教材を

雜然と而も多量に與へて，之を無理矢理に暗記せしめることに徒らに努めたのである。之では所謂生きた英語にはなり得ないことも當然である。

我々が國語習得の過程を顧みるにそれは極めて自然的である。卽ち此の世に生を享けて以來，極めて徐々に極めて無理なく國語を習得して來たのである。小學校以來のことを考へるだけでも然りである。然るに異國語である英語は中等學校四年乃至五年の過程に於て一氣にさう高度な發達をなし得るわけはない。而も環境は學習者にとつて甚だ不利である。彼等生徒の平素英語を使用する時間も場合も甚だ僅少である。斯かる情勢に於て當然考へられることは教材の平易化である。特に作文に於て此の事が言はれるであらう。斯く考へる時我々としてとるべき教材は，極めて抽象的な言方ではあるが，**文法的に正しい英語，平易なる基本的英語**であらう。此の點現行英作文教科書は甚だ意に滿たないものであるが，或る人達の試みてゐる如く，一學年づつ教科書を繰下げて五學年で四學年用を，四學年で三學年用を用ひるのは大英斷であると共に頗る當を得たものと考へられる。

二

次にこの材料を如何なる方針の下に教授すべきか。一言にして盡せば**反復練習による習熟**を主眼として行はれるべきである。反復練習は一時間の教授過程に於てもさうであるが，又前後幾回となく機會ある毎に練習をすることが必要なのである。之により，英文の諸形式に習熟し英語によつて自由に發表するに至ることは中等教育に於て到底爲し得ざる所ではあるとしても，普通の思想を語法に大なる誤り無く發表し得るに至れば，以て多とすべきであらうし，又この事は必ずしも不可能事としない。殊に更に進んで高等程度の專門的の教育を受ける者にとつては，中等學校時代に於てこの基礎を作ることが何より肝要で

ある。

この反復練習は口頭，筆頭兩方面からなされるべきであるが，なるべく早期に於て言語習慣(Speech-habit)を養成することの爾後の學習に不可缺なることを考へる時，下學年に於て特に口頭練習を盛にすることを忘れてはならない。而して上學年に於てはこの下學年に於て涵養された口頭發表能力を大きな土臺として筆記練習に趣くのが學習の能率を高める所以であらう。尤も上學年に於ても出來る限りこの言語習慣を助長することを考への外に置くことは出來ないのであるが。

第三節　作文教授法の諸形式

一概に作文教授といつても (1)特定の作文教科書を用ひ特定の時間を設ける場合と (2)特定の教科書の時間無しで讀本教授の中に於て行ふ場合 (3)文法教科書に附隨して行ふ場合等種々な場合が擧げられる。今私が次に述べんとする所のものはそのあらゆる場合を通じて適宜實施さるべき指導法の形式である。本章に於て述べんとする教科書を用ひての教授法並に教授案は節を改めて述べる積りである。

(1) **視寫法**　讀本を見て書寫させる。習字を練習し綴字，語句，文章を記憶し，且つ句讀法 (Punctuation) を歸納的に會得せしむるに効果がある。

(2) **塡充法**　練習目的となつてゐる語句を文章から省いて置き，之を塡充させるもので，語句の記憶を喚起し，その用法を正確に會得させるに効がある。これは或る語句の練習に當り必要な他の方面の知識を缺くとか，或は比較的僅少な時間に於て或る語句の練習を行ふ場合に用ひる。

(3) **正誤法**　文法上の知識を正確にし，その應用を自在にする。

(4) **書取法**　生徒の力に相當するだけの分量を一回讀み聞かせ，記憶によつ

て之を書かせる。綴字の練習になり，且つ之によつて語句に習熟させることを得る。

(5) **復文法**　聽方又は讀解の材料として與へた斷片的な文章を直ちに口頭又は筆頭を以て復文させるもので，語句，形式を速かに把捉し，且つその用法に習熟させるのを目的とする。但し復文に際しては意味さへ損はず，文法的に正しくさへあれば原文と異るも認める。

(6) **暗記法**　斷片的又は纏つた思想を表はす文章を暗誦又は暗寫させるもので，語句，形式に習熟させ且つ言語感覺を敏感にせしむるを目的とする。

(7) **應用法**　所謂**和文英譯**で，既習の語句，形式を應用せしめる目的で，之を用ひて發表し得る文を英語で發表させる。尙第二の方法として應用すべき語句，形式のみを與へて作文させる。

(8) **問答法**　簡單な發表に習熟させる目的で讀本の內容に就いて英語で問答し，或は實物，繪畫等を示し種々の問答を試みる。兩者共普通口頭によるも，時に筆答を課す。特に前者の場合には問を與へて宿題として課するのも一法である。

(9) **再現法**　自由發表に至る段階として大體次の順序によつて行ふものである。卽ち先づ內容に興味あり，形式上學力に相應する或る物語を讀ませ，或ひは話し聽かせ，次にその內容に就いて問答を行つて生徒の理解を檢し，その後記憶によつて英文に綴らせる。尙再現に當つては，原文の語句，形式をそのまゝ用ひることも，又自分の英語を使用するも差支へ無い。

(10) **改作法**　原文の意味を他の形式によつて發表させるもので，後記する文法の轉換法又は paraphrasing を行ふのである。或は連絡ある文を縮約させ，或は逆に要項を擧げて敷衍せしめるのもこれに屬する。

(11) **模作法**　模範とすべき文章を與へて記述の形式，思想選擇の標準を知ら

せ，その後類似の主題に就いて之を模倣して文を作らせる。書簡文の教授に此の方法は甚だ都合がよい。

(12) **自作法**　所謂自由發表であつて思想を束縛せず，自由に作文せしめるのであるが,その作業を容易ならしむる爲最初は問答によつて，記述すべき要項を知らせ，又は必要な語句を與へることが望ましい。尙材料としては生徒に共通な事柄,例へば旅行,日記等が適當であらう。

尙之等の形式は文法教授法の諸形式と關係あるものがあるから，その節を參照せられたい。

第四節　教材と教授法の類型

一

既述の如く廣義の英作文教授は，實は既に第一學年の當初から何等かの方法により讀本教授の時間に於て當然實施されるべきことは言を俟たない。而して未だ正に基礎的な時期を出でざる，第一，二學年に於ては，特定の作文教授の時間を設けず，或は設けたとしても最大限に讀本と連絡してゐる語句構文の練習を心掛くべきであり，第三學年に於て更に文法教授と連絡せる作文を加へ，第四，五學年に於て初めて特定の教授時を置くことが，時間數の減少せる今日，學習經濟からみても學習効果から言つても都合よきものとは思ふのであるが，各種の事情により各學校いづれも同一の時間配當，學課配當の不可能な今日，私は次に現在大多數の學校で行はれてゐる特に英作文教科書を用ひる場合の教授の實際を考へてみたいと思ふ。

二

さて教授法が教材の種類によつて大なり小なり變化を受けるべきことは，讀本教授法の場合と同じであり，從つてこの教材を同じ教科書に就いて分類し，それによつて教授法の類型を檢討すべきが當然であるが，今はその分類による研究以上に作文教授に於て重大な事柄に就いて述べたいと思ふ。即ち讀本教授の場合に於ては，教科書の數は甚だ多きを數へるけれども，その編纂の方針なり趣意なりの相違は，あるにしても甚だ小である。特に上級學年用に就いて然りである。之に反し現在一般に用ひられゐる英作文教科書は，その數の多き上に編纂の方針にかなり大きな相違がある。即ち英作文教授の目的は一致してゐるのではあるが，それを完成するに至る過程に相異があるのである。從つて選ばれた教科書に就き如何なる方法によつてその過程を遂行するかに大きな問題が横はるのである。そこで私は次にその編纂方法により英作文教科書を一應分類し，その相異による教授法の類型を述べる積りである。尤も繁雜を避くる爲，學年別による取扱の相異は省略したいが，その根本方針は旣述の如く，下學年に於ては各種口頭練習による徹底的なる言語習慣の涵養を主，筆答練習を從とし，上學年に於てはその言語習慣を損はざる如くにして漸次筆答練習に力を注ぐことにあるのであつて，これは教授案に就いて見て頂きたいと思ふ。

三

その編纂の方針から英作文教科書を分類するならば，現行のそれは大體次の三種に分つことが出來ると思はれる。即ち

(a) 文法事項により課を分ちたるもの

(b) 文法教科書と兼ねたるもの，即ち所謂文法作文教科書

(c) 內容卽ち Subject-Matter によつて課を分ちたるもの

にある。更にその各々に就いてその構成の方法を見るならば，第一の物では

(1) 同一の文法事項を更に數項に分ち，その一項目毎に例文を掲げ文法的說明を加へつゝ三項又は四項を擧げ，然る後和文英譯問題を出したるもの

(2) 前のと略ゞ同一なるも，例文を先づ數個擧げ，文法的說明を加へ，和文英譯問題を掲げたるもの

(3) 文法事項により課を分くるも，同一課の例文を內容的に連絡あらしめたもので，その或る物では大體 ①範例，②問答，③各種の形式による作文練習，④和文英譯問題の順に編まれてゐる。文法事項に關する說明は卷末の自習手引の所に要約してある

等あり，第三の部類に屬するものでも，

(1) 先づ豫備練習としてその話題に就いて當然知りおくべき語句，或はその課に於て特に練習させたき構文或は文法事項等の練習をなし，然る後直ちに和文英譯問題を課したるもの

(2) 先づ一定の主題に就き數個の例文——文法的に特に關聯せざるもの——を擧げ，問答によつて思想內容と連絡を計り，次に各種の形式による作文練習により或は文法事項にも關聯を見出さしめ，終りに和文英譯問題を課したるもの

等がある。第二の部類のものは大體同じ方法であつて，普通の文法教科書の各課の終る毎に多くの和文英譯問題を擧げてゐるのが多いやうである。

四

さて次に以上の教科書に就いて教授實際案の數例を示す積りであるが，今一度それを實施する際の一般方針を述べるのもあながち無駄ではあるまいと思は

れるので次に列擧してみるに，

(1) **生徒の口頭發表の機會を出來るだけ多くする。**少くとも一時間に一回はそれを與へるつもりでゐたい。更に個人發表以外にも齊誦による全級の發表も多くさせる。特にすべての基礎になるべき下級の授業に於て然りである。この事は生徒から異國語を口にすることの億劫さを除去し，從つて言語習慣の形成を容易ならしめる。つまり口癖となるまで鍛錬することのために忘れてならないことであり，同時に授業に大なる活氣を與へるものである。

(2) 從つて和文英譯練習題の如きも，その**數の多きを求めず，基礎的事項の徹底的消化を期する**のが適當であらう。特に上級に於て入學試驗を目標に置き徒らに程度高きものを多數課し，無理矢理にそれを教込むことは却て逆の結果を招くのではあるまいか。

(3) 出來るだけ**暗誦を課する。**この事は異國語である英語に對する言語感覺を鋭敏ならしめるものであり，語句，構文の歸納的理解の上にも缺くべからざる作業である。

(4) 生徒をして**板書せしめる場合にはノートを持たせないで**問題のみを見させて行はせる。その問題の與へ方としては短文にあつては口頭，長文にあつては豫め準備せる問題を記せるカードを持たせるとか種々の工夫が望ましい。要するにこれは例文や註のついた教科書や解答を書いたノートを離れ，自己の力により或は記憶によつて行はせるのである。

(5) 從つてその作業に移る前に豫め**適當な口頭練習を行ふ**ことを出來るだけ實行したい。例へば長文を取扱ふ如き場合には先づ部分的にそれを練習するが如きである。

(6) 練習題の處理に際しては必ずしも教科書で取扱へる表現法或は教師の豫

め考へ置ける表現法に把はれず，**生徒の作品を出來るだけ生かす**ことに努力すべきである。但し特に文法事項により配列をなした教科書に於ては，かゝる場合必ず一應は何等かの方法で**その課に最も適當な模範解答**を示すことを忘れてはならない。尙然らざる場合に於ても，書取，プリント，板書等により模範解答を示すことも亦必要なことである。

等種々なることが擧げられる。私は次の三節に於てこれらの方針の下に上記分數による教科書中，

第五節――(a) の (1) 類の構成になるものについて（第一時目）

第六節――同上（第二時目）

第七節――(b) の (1) 類の構成になるものについて

第八節――(b) の (2) 類の構成になるものについて

教授案例を擧げたいと思ふ。爾餘のものについては之等の例を參照せられた上御賢察を願ひたい。なほ特に (c) に屬するものを擧げなかつたのは，この類のものは言はば次章に於て述べる文法教授を終へた後の作文練習題の處理のみが當面の問題となるので，その章と次の教授案例，特に第二教授時の取扱とを參照されんことを願ふ次第である。なほ，之等の教授案は，一課を二時間で終了すること，又次に記す四つの生徒の家庭作業を前提條件として組立てたものである。

生徒に課せられる家庭作業。

(1) 前課末練習問題の暗誦
(2) 新課の範例，說明の部の豫習 } 第一時限

(3) 新課末練習問題の自作
(4) 新課範例の暗誦 } 第二時限

第五節　英作文教授案（第一例の一）

一

第三學年〇組英作文科教授案

昭和〇年〇月〇日第〇時限

教授者　（姓　名）

題　目　Infinitive (I)

(…………Composition, Bk. I., Chap. IX.)

教授要旨　本章は Infinitive が Noun として用ひられ, Subject になつてゐる場合を取扱へるもので, それが實際三様の形式にて用ひられることを教へ, その練習をなすのが目的であるが, 本時に於ては教科書所載の範例並に説明を研究し, 併せて教授者の豫備せる設問によりその練習をなすのが主眼である。その三様の形式とは次である。

(1) Infinitive をそのまゝ主語の位置に置けるもの。

(2) 形式主語として It を先行せしめ然る後實主語を提示するもの。

(3) その場合 Infinitive の意味上の主語を表はす爲 *for one* to do の形をとるもの。

教　順

第一段　復　習（約10分）

(a) 前時間處理し終へたる課末練習問題の一部の暗誦。

(b) 殘部に就きて特に重要と思はれるものに就き邦文にて問題を與へ, それを英文に直さしむ。

(c) 重要單語二，三に就き綴字，意味を質す。

第二段　教　授　(約20分)——閉本のまゝ。

(a) 第一様式の構文に成る短文數題の聽方を行ひ，直ちに復文（數名に言はせた後齊誦），同時に第一題を板書。

(b) 第二，第三樣式の構文を應用して英語にて問答をなし（初めに數名に答へしめ次に齊誦）その答を夫々適當な位置に板書（特に第二項に就いては "to" の反復の例も板書）

(c) 板書に就き邦語を以て文法的に問答し，且つ必要なる說明を加ふ。この際特にそれに相應する疑問文を求め，注意を促す。

第三段　整理，練習　(約20分)——開本して。

(a) 一項づつ指名讀一回。

(b) 要點に就き板書と關聯せしめつゝ問答し補說する。特に第三項說明中の短文 c に注意せしむ。

(c) 各項の範例のみを再び指名讀，後齊讀。

(d) 板書或は教科書の例文に就き各樣式間の轉換練習を行はしめ，或は簡單な和文英譯問題を口頭にて練習。

(e) 質疑應答。

二

次に少しく說明を加へたいが，說明の便宜上教材の一部を本の順序に記す。

[1] Infinitive（不定法）。"to" + Root-Verb ("to read" を "to"-Infinitive と稱し，これに對し Root-Verb "read" を Root-Infinitive と稱す。（範例，說明は省略す）

[2] Subject に用ひたる Infinitive を "It" を以て代表するを得。此の場合

Infinitive の位置を變す。

（範例）　手當り次第に多くの本を讀むより少數の本を丁寧に讀む方が宜い。

It is better **to read** a few books carefully than **to read** many at random.

（說明）

55. *a.* 弱い人や年老いたる人を助けるのは吾々の義務であります。

To help the weak and old is our duty.

It is our duty *to help* the weak and old.

b. *To master* a foreign language is difficult.

It is difficult *to master* a foreign language.

56. 比較文に於ける "to" の反覆。

a. 英語を書くことは英語を讀む程容易しくない。

It is not so easy *to write* English as *to read* it.

b. 働くより遊ぶ方が面白い。

It is more amusing *to play* than *to work.*

[3]　"for anyone" + "to" − Infinitive「誰々にとつて〜することは」[附] "〜 or so"（範例，說明は省略す）

さて本教授に當つて第一項も第二，第三項と同樣問答で入ることも一應考へられるのであるが，"it" を用ひずして作られた "to"-Infinitive を主語とする疑問文は調子も惡く普通でないので，意識的に第一樣式の文に導くには hearing の方法により一先づその構文を提示し，その文の譯を求め，後，その復文によつてその構文による發表を行はせるものである。第二，三項は極めて自然に問答——之は既述の如く內容を質すのではなく，構文提示をなすが如きもの——を爲される。而していづれの場合も數名の生徒に言はしめつゝその各々の

第一文を板書するのである。この二個の作業を同時に行ふことは，一見甚だ困難であるやうに思はれるが，教師の絶えざる意識的な努力により，生徒の發音，構文等の誤の訂正と同時に樂に板書し得るに至るべく，時間を有効に使用し得るものである。而して板書の工夫は個人々々によつて種々考へられことと思ふが一例を示すと大體次の通りである。

To be always honest is an important thing.

(Is it easy to master a foreign language?)

No, it is not easy to master a foreign language.

(Which is easier, to write English or to read it?)

It is easier to read English than to write it.

(Is it a good habit for us to get up early?)

Yes, it is a good habit for us to get up early.

上記の中（　）中は板書の際は書くだけの餘地を殘して記さず，後板書に就きて檢討說明を行ふ際，その答に相應する疑問文を生徒より導き出すことに努める。尙教授案中特に第三項の例文 c に注意を求めるのは，この c は

It is good for the health to get up early.

なる文で for the health が to get up early の意味上の主語をなしてゐないからである。尙質問は必ずしも最後に限らず，隨時之を受ける。

第六節　英作文教授案（第一例の二）

第三學年○組英作文科教授案

昭和○年○月○日第○時限

教授者　（姓　　名）

教　材　Infinitive (I)

(…………Composition, Bk. I., Chap. IX.)

教授要旨　課末の練習題の處理により前時教授の主眼點たる主語として用ひられたる Infinitive の三様の構文の徹底を期す。

教　法

第一段　復　習（約10分）

(a) 前時教材の範例の暗誦。（二名宛に行はしめ，後齊誦）

(b) 重要語句の綴字，意味を質す。

(c) 文法的事項に就いて問答。（邦語にて）

第二段　教授並に整理（約40分——英作文練習題の處理）

(a) 1, 2, 3, 4, 5 の五題を順次口頭にて作らしめる。

各題とも初めは部分的に，後全文を纏めさせる。尚數名に言はせた後は必ず齊誦に移す。

(b) 五人の生徒を指名して板書させる。（問題を記せるカード使用）

(c) 此の間机間巡視，個別指導。

(d) 板書に就き生徒と共同訂正。

(e) 訂正されたものを指名して讀ましめ，後齊讀。

(f) 筆記帳の整理並に質疑應答。

(g) 6, 7, 8 の三題を直ちに板書せしめる。

(h) 此の間殘餘の生徒に對してそれに關聯して簡單な口頭作文。

(i) 板書に就き生徒と共同訂正。

(j) 訂正されたものの指名讀並に齊讀。

(k) 筆記帳の整理並に質疑應答。

(l) 9, 10 の二題を共同にて作文，教師板書。

備　考

(a) 模範解答はプリントにして渡す。

(b) 教授の段階中 (1) は時間の都合上省略するかもしれない。

(c) 共同訂正は板書せる生徒に先づ邦文を後英文を讀ましめ，然る後之を行ふ。尚發音，讀方も充分注意して矯正す。

第七節　英作文教授案（第二例）

一

第五學年○組英作文科教授案

昭和○年○月○日第○時限

教授者　（姓　　名）

教　材　Industry

(…………Composition, Advanced Course 3, Les. 9.)

教授要旨　本課は産業に關する各種の思想の表現法並にそれに關聯せる語句の用法を教へ，併せて各種の Emphatic Expression 特に It……that……の構文の練習を爲すを以て主眼とす。

教材區分

(1) 本時——豫備練習と練習題 1, 2, 3.。

(2) 次時——練習題 4 以下。

教　法

第一段　復　習 (約10分)

(a) 前課未練習題の暗誦。（二題に就いて）

(b) 殘餘の物についてはその一部を邦文を示しそれを英語に直さしむ。

(c) 重要語句の綴字，意味を質す。

第二段　教授並に整理 (約40分)

(1) 豫備練習の取扱 (約20分)

(a) 閉本したまゝ豫備練習1の例文の聽方並に復文。

（數名に言はしめ，後齊誦）

(b) 同時に教師板書す。(但し最初の二例のみ)

(c) 開本して豫備練習1を一題宛讀み，譯し，且つ何の部分を强調せるかを確かむ。教師必要あれば補說。

(d) 强調されたる部分に下線を施させる。

(e) 豫備練習2を一題宛讀譯させる。

(f) 强調すべき所を指示して paraphrase させる。

(g) 特に第二の文は板書し，It……that…… の構文に於て强調されるものに如何なるものが來るかを確かむ。

(h) 質疑應答。

(2) 練習問題の處理（約20分）

(a) 順次に先づ問題 1, 2, 3 を部分的に砕いて口頭作文を行はしめ，後之を纒めさせる。

(b) 生徒三名を指名し板書せしめる。(カード使用)

(c) 此の間机間巡視，個別指導。

(d) 共同訂正。

出來るだけ生徒に誤を發見せしめる如く，必要あれば hint のみを與へる。

(e) 指名して板書を讀ましめる。

(f) 筆記帳を整理せしむ。

(g) 模範解答を書取らしめる。

時間の都合にてはこれを止め，後教室或は研究室に掲示す。

(h) 質疑應答。

二

本教科書は出來るだけ各種の問題を出來るだけ多く練習せん爲編まれてゐるので教授案もその積りで，第一時目にも練習問題を數題扱つたのである。次に豫備練習の取扱ひをやゝ具體的に説明する爲，便宜上その教材全部を記すことにする。

豫備練習

1. 次の文は何れも文の或る部分を特に强調した形である。

It is Japan *that* supplies raw silk to America.

It is because of this *that* our trade account with America is fairly well-balanced.

Japan is *the only* country *that* can produce large quantities of good silk.

No other country can produce silk of such a high grade quality.

Nothing can beat silk cloth in beauty.

Silk cloth is *not only* beautiful, *but also* durable.

2. 上例に倣つて次の文の一部を强調せよ。

1. Australia supplies the greater part of the wool we need.
2. Japan has made rapid progress in the manufacture of cotton and woolen cloths.
3. Because of this, we buy large quantities of cotton and wool from abroad.
4. Japan can sell high grade cotton cloth at a low price.

上記教材に於て分る如く，1 の所で説明せる Emphatic Expresasion は種々

あるが，所謂 Emphatic Expression として最も普通にして重要なるは It……that…… の構文であるので，特に豫備練習に於てはその練習を意圖し，他は練習問題の處理の際その積りで扱ふことにしたのである。聽方後の復文の際最初の二文のみを板書した理由の一はこれである。今一つは丁度，第一は Japan なる名詞を强調し，第二は because of this なる副詞句を强調してゐるので，豫備練習 2 に於て行ふ paraphrasing の際，第二の問題が

① It is *Japan* that has made……(名詞を强調す)

② It is *in the manufacture of*……that Japan has made……(副詞句を强調す)

と二様に改められるを特に板書することにより，歸納的に之が如何なるものを强調し，その置かれる位置は何處かの問題を説明させる爲である。

次にその paraphrasing の行ひ方として三通り考へられる。第一は；

教授案の如く [――を强調して] と指示するもの

であり，第二は，

何處かを强調した邦文を教師から與へるもの

であり，第三は，

全然生徒に任すもの

である。いづれの方法によるも差支へないであらうが，要はそれを充分徹底せしむることにあるのであつて，單なる形式の遊戲に終らないやう注意すべきである。

尚，第二時目の教授案は，本時の練習問題の殘部を處理するのが主眼であるが，その形式は先づ第六節のと大同小異であるから此處では省略することとした。

第八節　英作文教授案（第三例）

第四學年〇組英作文科教授案

昭和〇年〇月〇日第〇時限

教授者　（姓　　名）

教　材　Foreign Languages

(…………Composition, Bk. II., Les. 5.)

教授要旨　外國語に關する思想内容を表はす種々の表現法，語句を教授し，併せて Narration の轉換，Relative Adverbs の用法の練習を行ひ，文法的知識を確かむると共に作文の助けとする。

時間配當

1. 本時——範例，問答，文法練習（pp. 21——24）
2. 次時——和文英譯練習問題（p. 25）

教　法

第一段　復　習（約10分）

(a) 前課末和文英譯練習問題の暗誦。（二題）

(b) 殘餘の物に就き要點に關し問答又は簡易な英作文。

第二段　教　授（約20分）

(a) 本を開いて例文を讀ましむ。

(b) その各々に就き要點の吟味，必要なれば補說。

(c) 適宜齊誦，齊讀を交へて了解徹底に資す。

(d) 要點を例示せる欄外の短文を解釋せしめ，齊讀。

(e) この間要點に下線を施さしむ。

第三段　練　習 [A]　(約10分)

(a) 本を閉ぢて英語による問答を行ふ。(p. 23 所載の問により)

(b) 一題を二名宛答へさせては齊誦に移す。

(d) 本を開いて要點に下線を施させる。

第四段　練　習 [B]　(約10分)

文法問題を處理す。(p. 24 所載)

(1) Direct Narration を Indirect Narration に轉換。

一題宛讀譯せしめ，然る後轉換。齊誦。

(2) Relative Adverbs を用ひて二文を結合。

一題宛讀み且つ結合せしめ，後譯せしむ。更に結合せる文を齊誦にて全級に徹底。

備　考

練習せる問題は模範解答を教室或は研究室に提示す。

二

本教科書は既述の如く Subject-Matters によつて課を分けたもので，構成は大體 [A] 範例，[B] 問答，[C] 文法練習，[D] 和文英譯問題の順になり，範例には重要語句構文中特記すべきものは再に欄外にその例文を擧げてゐる。卽ち先づ Subject-Matter に關する種々の例文（二頁分量）により內容の提示並に重要語句構文——特に文法的に連絡なし——を敎へ，次に英語による問答にて內容の連絡を計ると共に口頭作文練習に資し，次に範例中の二，三の文法事項に關する練習題を揭げて既習の文法知識を確めると同時に，やはり作文練習に資し，最後に和文英譯問題によつて再び範例との思想內容の聯絡を企圖されてゐる。

此の教材を二時間で扱ふといふ條件で教授案を立てるとしても，種々の場合が考へられるであらう。作文力をつけるに必ずしも和文英譯のみによらないでよい。寧ろあらゆる方面から鍛へることが望ましいことは既述した通りであるが，英作文教科書であるといふ立前から，私は二時間目の大部分を課末の和文英譯問題の處理徹底に置く方針をとり，以上の案を立てたものである。從つて第一時目はかなり頁數から見ると分量が張るやうであるが，之を何とか有效に使用することを考へて最初から開本したのである。

要點の吟味の一例を示せば，第一例

誤を恐れ過ぎずに，大膽に話すやうに努めなさい。外國語を話す時に，日本人は少し臆病過ぎるやうです。

Don't be afraid of making mistakes, **but** try to speak boldly. Japanese seem to be **a little too nervous** when they speak any foreign language.

に於ては，

1. -n't (= not)……, but……——欄外の短文參照。

Don*'t* shut the window, but leave it open.

2. Be + adjective の命令文を禁止にする場合は Don't を用ひること。例文提示。

怠る勿れ　Don't be idle.

急ぎすぎるな　Don't be too quick.

3. Japanese は單複同形なること。

比較 American*s*, French*man* (-*men*)

4. a little too……の言ひ方——欄外の例文參照。

The doctor arrived *a little too* late.

の如き個所を作文的に鍛へて行くが如きである。斯くの如くしてゆくと五個の範例をやるに相當な時間を消費し，惹いては以下の取扱に困難を感ずる如くであるが，やりやうによつては充分行へるものである。又，各種の事情で遲れざるを得ざる場合はいくら教材を少く見積つてゐてもあり得ることだし，又飜つて本教科書を見ると，幸ひに次の問答にしても文法練習にしてもちやんと印刷してあり，生徒が一應豫習をしてゐるべき筈であるから，全コースを充分に一時間で終了し得られるであらう。又，不幸にして終了し得ざる場合に於ては,教授案の練習の段で所載の問題を全部扱はず，一部を充分に鍛練するだけでもいいだらうし，又，半端で終ることの何となし意に滿たざる人は殘つたものを適當な方法で生徒に知らしめることも出來るであらう。

尙終りに御參考までに問答と文法問題の一部を摘記しておく。

[B]　*Answer the following questions:—*

1. How long have you been learning English?
2. What language is most widely spoken in the world?
3. When we speak English we are too much afraid of making mistakes, aren't we?

以下 11 に至る。

[C]　I. *Re-write the following in the form of Indirect Speech:—*

a. He said to me, "Where do you live?"

b. He said to me, "When do you want to go?"

....

e. I said to him, "Where did you see my sister?"

II. *Combine each of the following pairs of sentences by using* "where," "when," or "why":—

Ex. {I left my umbrella in a certain place.
I can not remember *the place.*}

= I can not remember the place *where* I left my umbrella.

f. {I put my dictionary in a certain place.
I can not remember *the place.*}

g. {He did not come yesterday.
Do you know *the reason*?}

尚本教授案第二時取扱を省略した。第六節その他御參照を乞ふ。

第五章　英文法教授法の類型

第一節　英文法教授の目的

私は第三章に於て讀本中心主義――或はこれを徹底的に遂行すれば讀本一本主義となるのであるが――による教授を機會ある毎に强調したのであるが，此は語學教授が綜合教授である場合に最も圓滿完全に行はれるからである。第四章に於て特に教授案として英作文教科書を使用する場合を擧げたが，同時に英作文力卽ち發表力の養成は旣に讀本教授開始と共にあらゆる方法により爲さるべきことも說くことを忘れなかつた積りである。次に私は本章に於て英文法教授に就いてその教材の類型の變化による教授の實際を述べるのであるが，この英文法教授に於ても讀本中心の主義には毫も變りがない。否，英作文の場合以上にこの事の必要を痛感するものである。

さて文法教授の目的は何であらうか。簡明に言ふならば **Syntax** 卽ち**文章の構成**と **Accidence** 卽ち**語の變化**に關する普通の法則を會得せしめ，その知識の運用に徹底させ，了解，發表の二方面に資するにある。從つて廣義の文法教

授は既に何等かの形に於て讀本教授の始まると同時に取扱はれるべきである。即ち解釋なり作文なり話方なりの基礎を與へ，その知識を確實にする爲に適當に之を扱つてゆく。幸か不幸か現行讀本教科書の特に第一卷の如きは，その編纂の方法が文法事項により順序よく配列してあるので，之を行ふに甚だ容易である(尤もその方法が實は大きな問題ではあるが)。而して第二卷を終るまでには大體重要な文法事項が出てゐる。然し乍ら未だ整理が濟んでゐない。勿論各種の方法により計畫的に努力を繼續するならば，その整理も或る程度出來るわけではあるし，又，表面整理できてゐないやうでも事實として充分徹底してゐるならば，實はその法則を法則として知ることは末梢的な問題でもあらう。又，未だ出て來ない事項に就いても漸次讀本に表はれてくるのを待つて補つても充分であるやうに思はれるけれども，あらゆる程度の生徒から成る級を考へるとき，一應第三學年頃既習文法事項の整理とし，又必要に應じては未習のそれに就いて或る程度の知識を與へることが生徒の整理感を滿足せしめ，惹いては更に英語に對する關心を增大する一因ともなり得よう。然しこの際に於ても猶，その方法の當を得ることが必要であり，若しその方法を誤るならば，その結果は正に正反對の方向に赴くであらう。

要するに教科書使用と否とを問はず，一分科としての文法は完全なる了解と發表を齎す爲の一手段として教授さるべきであらう。

第二節　英文法教授の根本方針

一

前節に於て述べた如く中等學校に於ける英文法は綜合教授たるべき英語學習の一分科である。全體に對する部分である。斷じて單科ではない。抑も等しく

文法とはいふもののその種類は極めて多い。卽ち或は國語の時代的變遷の跡を研究する**歷史的文法** (Historical Grammar), 現代英語を形成する方言に就いて言へば**方言文法** (Dialect G.), 英語と密接なる關係を有する國語と比較する**比較文法** (Comparative G.) 等があるが, これらはそれぞれ研究對象とするものは異るけれども, その言語的事實を觀察し分類し, 且つそこから法則を發見するといふ點で**科學的文法** (Scientific G.) である。この點非常に學問的であり立派に一王國を形成してゐると思はれる。然るに我々中等學校で扱ふ文法は所謂**學校文法** (School G.) である。卽ち專門的の語學者の養成を目ざすのではなくして, 英語による了解, 發表の二能力涵養に資する一手段としてである。この點科學的文法に對して**實用的文法** (Practical G.) の意味があるのである。或る人は前者を化學, 後者を錬金術に譬へ, 或る人は天文學と占星學とに譬へた。

さて我々の教授對象とする文法は上記の school grammar であり, それを記述せる教科書も亦現在の所では充分滿足する程でない。然し乍らその改良は將來に殘された問題とはいふものの, 兎にも角にも我々は school grammar を教授しなければならない。といふのは眞の意味での科學的文法はその國語をかなりの程度に master して後初めて理解できるものであるからである。唯我々としてこの學校文法を取扱ふ際の精神といふか, 心構へといふか, それがこれらの點に存して school grammar をして單なる Prescriptive Grammar 卽ち**命令的文法**, 換言すれば grammar as legislation になり終らないやう, 或は Latin Grammar の飜譯としての死せる文法に成らぬやう注意すべきである。而してこの grammar を living なる物, dynamical な物とする時にこそ, school grammar がその本然の姿を發揮して, 我々の了解, 發表の二能力の助長に助けとなるのである。

(この項は研究社「英語教育叢書」中の岩崎民平氏の「英文法の教授と問題」

に負ふ所が多い。附記して謝意を表する次第である。)

二

さてかゝる心構へで行はれる教授は**自然歸納的取扱**を暗示するものである。而してこの「文法教授は歸納的に」なる言葉は實は過去數十年の一つの標語となつてゐるのである。唯我々としてはこの歸納的なる語にむやみに把はれて演繹的方法は斷じて用ふべからずといふ結論を導き出さないやうに注意すべきである。私は實は科學に充分の知識を缺くから次のことが果して科學的に言つて妥當なりや否やには大なる疑問があるが，少くとも事文法に關する限り，純演繹的なる方法，純歸納的なる方法といふものは成立しないと考へるものである。卽ちこの兩者が相互に連關し，助け合つて眞の文法教授が成立ち，從つて文法教授の効果を完全に發揮するのではあるまいか。この間の事情を當校永原氏は次の如く說明してをられる。

「假に A なる文法的範疇に屬する初めての一例 a_1 が讀本中に出た場合，我々は a_1 は a_1 のまゝに受取らせて置いて濫りに A なる文法的範疇の知識を强ひてはならない。やがて a_2, a_3……と數個の實例を得，又それらが繰返された後に初めて，a_1, a_2, a_3……a_n に生徒の注意を惹くことによつて A の存在を知らせる。しかしその後 a_{n+1}, a_{n+2}……の事例が出た時，これが A といふ文法的範疇に屬することに注意し，又，注意させることは，Sweet が指摘してゐるやうに演繹的な方法であつて，これは決して文法教授の段階から排斥せられるべき方法ではない。

文法教授の目的がその徹底した知識の修得，言換へれば，文法上の知識の自由な運用にある以上，この第二の段階によつて更に A を確認し，確認された A によつて a_p, a_q が說明され，これによつて再び A をよりよく

知るといふ趣にならなくてはならない。卽ち歸納的な敎授は演繹的な練習に裏づけられ，この裏づけは再び歸納的に作用し，交互に目的に近づくので，その意味で演繹的練習も亦重要な敎授の一手段である。云々。」

（「中等教育に於ける各科敎授法の新研究」pp. 171, 172.）

第三節　英文法敎授法の諸形式

廣く文法敎授といつても，①讀本によるもの，②特定の敎科書を用ひてなすもの，③作文と共に文法事項に觸れるもの等種々ある。然し文法が讀本敎授に於ては主として了解を助け，且つ確實にし，作文敎授に於ては主として發表を助け正確にすることを考へる時，あらゆる場合に於てその敎授がなされるものと考へ得るであらう。次に述べる所の諸形式は所謂文法敎授――文法敎科書を用ひての――の際の敎授法であるといふよりも，寧ろ讀本敎授の際の文法敎授に利し，又文法敎授の際の練習に資するものであつて，文法敎科書を用ひた敎授の實際は更に節を改めて說くことにする。尙之等のものは前章第三節に於て述べた作文敎授法の諸形式と連絡する所が多いから，その節と對照して讀まれることを希望する次第である。

(1) **暗誦法**　讀本を暗誦することによつて語法の消化吸收を行ふのであつて，特に初學年に於て不可缺のものである。暗誦に當つては發音，抑揚等に注意し，特に呼吸節 (Breath-Group) に注意を拂ひ，文章の中途にて凝滯したり，或は語句の反復をさせぬことを要する。

(2) **圖示法**　文章構造の說明に用ひるのであつて，白墨の色を變へるとか，線の種類を變へるとかして圖示するもので，各人各樣の工夫がなされるべきであらう。而して常にそれを用ひ前後に於て異同を來さないやう注意することが肝要である。

(3) **口誦法**　語形變化——例へば不規則動詞の變化——の記憶に便するもので，口癖になるまで反復練習せしめる。一旦ついた口癖は容易に消失せず，又，下級から充分に之を記憶せしめることは爾後の教授に便する所極めて大であるし，又下級に於てはかなりの興味を以て行ふものである。尚，發音はもとより綴字にも注意を怠らせないことが大切である。

(4) **置換法**　一致の法則等の習得に用ひられるもので，共の場で練習せんとする或る一語の Number, Person, Tense 等を變化せしめ，それに對應して他に如何なる變化が及ぶかを確かめるもの。

(5) **發見法**　一定の文法的範疇に屬する文法的事例を讀本の既習部分から生徒に摘出せしめ，それらの間に共通に存在する文法法則を發見させる。

(6) **表示法**　發見法により發見したる法則を表示させるもの，或期間の讀本教材中にあつたものの語形變化等を整理するに用ひられる。

(7) **塡充法**　練習せんとする語句を文章又は圖表中から省いておいて，之を塡めさせるもので，特に前置詞，接續詞，動詞等の練習に適してゐる。尚この際動詞などでは Root だけは示す方が得策であらう。

(8) **正誤法**　文法上誤のある文章を與へて訂正させる。よく繰返される誤に就いて注意を喚起するに用ひられる。

(9) **轉換法**　Narration, Voice, Structure 等の轉換練習である。これは文法教科書でその項を習つてから練習を始めるのでなく，讀本教授中適當な機會ある毎に行ふことが必要であり，之によつて，生徒の興味も喚起することも出來，且つ又 paraphrasing に對する困難を除去するものである。この際注意すべきことは材料の程度を充分吟味して誤らないやうにすることである。

第四節　教材及び教授法の類型

一

次に本章に於て問題とする教材の分類とそれに作ふ變化を見んとするのであるが，英文法教材が各分科中最も分類に容易であらう。例へば，大別してもSyntax（文章の構成）と Accidence（語の變化）とになるし，更に之を細別するならば種々の分類が成立つて來ると思ふ。從つてそれぞれの類型による教授法の變化も當然起り得るのであるが，一面英作文の場合と同じく，その教科書の編纂の方針なり，記述の方法なりが，各教科書で甚だしく異つてゐる。從つて之を離れてむやみに教材の類型を說いても，實際教授に於て再びその教科書に就いて大きな問題が生ずるのである。例へば或る教科書では殆ど教授者が說明を加ふる必要なき程詳細に記すかと思へば，他の物ではその說明を非常に簡略にしてゐる。そこで私は作文の場合と同じやうに教科書の型を一應檢討し，その趣の甚だ異るものについて教授の實際案を示し，その授業過程を推察して頂きたいと思ふのである。

二

さて然らば英文法教科書には如何なるものがあるか。先づ大きく分類すると次の三種である。

(1) リーダー附屬の文法書――文法が既習教材の整理を役目とするものである以上，この種のものが最も適當なものである。即ち引用文は總て既習教材中より選擇することが出來，それが孤立してゐないから理解にも便であり，從つて效果も最も大なりと思はれるが，甚だ遺憾乍ら現在此の種に

屬するものは極めて稀であり，且つ現今の如く文法書，リーダー共改訂が頻繁なる爲，又他の事情よりなかなか實行も困難である。

(2) リーダーとは獨立した文法書——現行の文法書の大部分は之に屬する。即ち表面上どのリーダーを使用するも差支へないからである。然し乍ら，この書の持つ最大の缺陷は例文間に內容上の連絡が無い爲，理解に不便であり，從つて動もすると授業が單に形式的となり皮相的となり，その結果得た知識が死物化して運用の自由を求めることが極めて困難になることである。

(3) 兩者を折衷したもの——即ち思想內容上連絡ある例文を揭げたるものであるが，この問題の文法事項の說明に適すると共に，內容上連絡あるが如き例文は常に容易に求めることは出來ない。出來たとしても屢〻非常に不自然な無理な英語になるものである。從つてこの體裁によるものも少い。

更にこの第二種の物のみに就いて見ても，その記述の樣式から槪ね次の如き分類が得られよう。即ち

(1) 說明を極めて簡單にし例文を多く出したるもの

(2) 說明，例文共に普通なるもの

(3) 說明を極めて念入りになせるもの

(4) 說明，例文共に簡單にして練習問題でその不足を補へるもの

等である。

三

さて新教材を教授するに際して一般に採られてゐる方法に凡そ二つある。即ち，①**直ちに開本して**讀ませ，例文を必要な說明を加へつゝ一通りの理解を求めて後豫め用意せる練習を行ひ，或は教科書揭載の練習題を處理するものと，

②**閉本のまゝ**適切な口頭練習或は問答により，板書を利用しつゝ一先づその事項に對する豫備工作を終へ，**開本して**適當な說明を加へつゝ例文について檢討し，後練習に移るものとである。第一の方法は甚だ容易であり如何なる生徒に對しても無理がないやうに見えるけれども，單に形式の說明のみに陷る傾向多く，又，練習題の處理も却つて充分に出來ず，又，假令出來たとしても單なる形式的な死せる授業となる率が最も多い。これに反し，第二の方法は閉本して注意を集中せしめてゐることも働いてその事項を的確に認識することが出來，閉本後の說明，例文の檢討によりその認識を一層確實なものとし，從つて練習題の如きも却つて充分に行はれるものである。特に第三類の教科書に於ては然りである。私は概ねこの第二の方法を以て以上の各種の教科書を教授する場合の實際案を記すのであるが，その實際に就いて教科書の記述の樣式により，如何なる變化あるかを述べたいと思ふ。尙，實際案は最も普通の場合と最も扱ひ難いと思はれる極めて簡單な記述をなせる場合との二例を擧げ，他は省略することとする。

四

さて二個の教授案を作るに際し，その過程の變化の比較を容易にする爲，同一主題を取扱つて立案することにした。用ひる教科書は，一は Otsuka's English Grammar. 他は Exercises in English Grammar の Senior Edition である。前者は先づ第二類に屬すべきもの，後者は書名によつても大體推察し得る如く第四類に屬するものであり，特に本教授案で扱ふ事項 Voice（態）の項は極めて簡單である。(一言斷つておかねばならぬことは，後者は緖言に於て著者も言つてをられる如く Junior Edition も別にあるのであるが，之等は各々獨立の教科書としても使ひ得る主旨を以て編まれたものである)。即ちこの項は第十

章動詞の第一部中に於て種類，變化に次いで第三項をなしてゐる程度である。教材は僅かに一頁で次にその全部を揚げて見よう。

3. Voice（態）

Active Voice（能動態）	**Passive Voice**（受動態）
make	be made
made	was (*or* were) made
making	being made
He makes it.	It is made.
He made it.	It was made.
He will make it.	It will be made.
He is making it.	It is being made.

（**注意**）能動態の文が受動態の文に變ずれば，目的は主語に，目的補語は主格補語に變ずることに注意せよ。

{I wrote **the letter.**
{**The letter** was written by me.

{They took care of **me.**
{**I** was taken care of by them.

{I found the book very **useful.**
{The book was found very **useful.**

{They elected him **president.**
{He was elected **president.**

而もこの Voice に關しては何の練習題も課せられてゐないのである。私は次の第五節に於てこの教授案を出來るだけ細密に記し，第六節に於ては大塚氏英文典による最も普通の場合を示す積りである。

第五節　英文法教授案（第一例）

第三學年〇組英文法科教授案

昭和〇年〇月〇日第〇時限

教授者　（姓　　名）

教　材　Voice

(…………Grammar, Chap. X, 3.)

教授要旨　Voice の概念，種類，形式を知らしめ，その練習を充分行ふことによりその知識を確實にすると共に，その運用に習熟せしめ，以て發表，了解二能力の涵養に資す。

教　法

第一段　復　習（約５分）

(a) 前時宿題として課せられたる卷末附錄不規則動詞表を分類せしめたるものを提出せしむ。

(b) 數個の不規則動詞につきその變化を言はしめ，後齊誦。

(c) 主なる動詞の綴字を質す。

第二段　教　授（約25分）——閉本のまゝ。

(a) Active Voice の各種の場合の短文の聽方を順次に行ひ，直ちに數名に復文せしめ後齊誦。（尚この短文は出來るだけ既習教材より選ぶ）

(b) 同時に教師それを黑板の左半に板書。（上部と左端にやゝ餘白を殘す）

(c) 次にその各々に相應する受身の文の内容を邦語にて與へ作文，數名に言はせて後齊誦。

(d) 同時にそれを黒板の右半に夫々對照の位置に板書。

(e) 板書に就き次の如く發問。

1. 兩者は內容は同じであるが表現の仕方が如何に違ふか。

2. この右の表現を何といふか。(受身なる答を得)

(f) 教師之を補說し，餘地を殘しておいた個所に夫々文法上の術語を板書。(概ね次の如き板書を得)

Active Voice (能動態)	Passive Voice (受動態)
1. He struck me.	I was struck by him.
2. I thought him brave.	He was thought brave by me.
3. He will kill me.	I shall be killed by him.
4. What did she say?	What was said by her?
5. He teaches us English.	English is taught us by him.
6. They are reading a book.	A book is being read by them.
7. They laughed at him.	He was laughed at by them.
8. Do it at once.	Let it be done at once by you.
9. We drunk much water in summer.	Much water is drunk in summer.

(g) 要點に關し問答を行ふ。(板書を參照しつゝ)

1. 受動態を作り得る動詞は何動詞か。(他動詞)

2. 他動詞のみならず自動詞＋前置詞も屢ゝ受身になされる。その際の

前置詞の位置如何。

3. 受動態の形式は如何。(be ＋ 過去分詞 ＋ by ─)

4. 主語と目的との位置の關係は如何。

5. 目的補語は如何になるか。等。

(h) この途中重要部分に下線を施し，或は要項を記入す。(例へば左半の主語，右半の by の目的語に──，左半の目的語，右半の主語に～～～を引き，又左端の餘白に助動詞，疑問文，二重目的語等相當欄に記入)

第三段　整　理（約8分）──教科書，筆記帳を開かしむ。

(a) 教科書 [注意] の項を讀ましめ，その譯を求む。

(b) 全部終れば英文のみ齊讀。

(c) 筆記帳に板書を書寫せしめる。

(d) 此の間机間巡視，質問あれば答へる。

若し全生徒の問題となるべき質問あれば整理後檢討。

第四段　練　習（約12分）

(a) 豫め準備せる練習題（20題）を印刷せるプリントを配り，時間のある限り Voice の轉換練習を行ふ。

(b) 一題宛指名して讀譯せしめ，後その Voice を轉換せしむ。

(c) 終る毎に齊讀（原文の）並に齊誦（解答の）を行ふ。

(d) 殘部は家庭作業として課す。

第六節　英文法教授案（第二例）

第三學年○組英文法科教授案

昭和○年○月○日第○時限
教授者　（姓　　名）

教　材　Voice
　　　　（…………Grammar, Les. XXIV.）

教授要旨　Voice の概念，種類，形式を知らしめ，その充分なる練習によりその知識を確實にし徹底させると共に，その運用に習熟せしめ，以て了解，發表二能力の涵養に資す。

教　法

第一段　復　習（約10分）

（a）前課末和文英譯問題の數題に就き暗誦或は口頭作文を行ふ。

（b）重要語句の意義，綴字を質す。

第二段　教授並びに整理（約30分）

（a）閉本のまゝ既習教材中より二つの Active Voice の例文を選び，その邦語を與へて文を作らしめる。數名に言はせて後齊誦。

（b）同時にそれを板書す。

（尙，要領は前節參照。）

（c）それに相當する Passive Voice の邦文を與へて作文，齊誦。

（d）それを對照して板書。

（e）質問を發し乍ら，Voice の種類，形式，及び動詞の種類に就いて概觀せしめる。（板書を利用す）

(f) 開本して指名讀。(說明の個所のみ)

(g) 要點に下線を施さしむ。

(h) 助動詞，疑問文等（前節參照）各項に揭げた例文は齊讀し，指名して意味を質す。

(i) 途中要點は補說し，下線を施さしむ。

(j) Passive Voice の形式 (be helped を Tense の變化によつて列擧せるもの) の項は see, strike 等の動詞に置き直して齊誦練習。

第三段　練　習（約10分）

(a) 練習題 (a) 英文和譯十題を指名して行はしめる。

(b) 要點に就き隨時補說す。

(c) 練習題 (b) を宿題として課す。(a の項殘ればそれも宿題とす)

備　考　練習題 (a) は教授された事柄に關する練習ではなくして，受身の構文の by の代りに他の前置詞が來る場合，受身の變形であるからその間の差異に注意を喚起することが必要である。

(例——be pleased with……; be interested in……; get——過去分詞等。)

附　言

以上各分科に就いて一通りその教授の實際に就いて述べたが，充分要を盡さず，又誤まれる點の多きことを恐れるものである。大方諸賢の忌憚なき御批正を迎ぐ次第である。尙，本論を記すに當つて當校の「英語科教授要目と教授の實際」に負ふ所が多い。記して謝意を表するものである。

昭和十四年九月一日印　刷
昭和十四年九月五日發　行

中等教育に於ける
各科教授の原理と實際

（全十册）　定價金四圓五拾錢

著作者　　中等教育討議會

東京市小石川區小日向水道町84
發行者　　株式會社　東京開成館
代表者　松本鑒吉

東京市京橋區銀座西2丁目3
印刷者　　高橋　郁

發行所
株式會社　東京開成館

（三協印刷株式會社印刷）

解題

江利川春雄（和歌山大学教育学部教授・日本英語教育史学会会長）

本巻の解題においては、総論的な岡倉由三郎《よし》「英語教育」を冒頭に置き、以降は英語教育史的な流れがわかるよう刊行年代順に述べたい。

一九二二（大正一一）年に英国からハロルド・パーマー（Harold E. Palmer 1877~1949）が来日して文部省内に英語教授研究所を設立し、音声を重視したオーラル・メソッドの普及に尽力した。パーマーの理論は日本の実情に合うよう部分的に日本語の使用を認めるなど改良され、一九三三（昭和八）年には磯尾哲夫らによる「福島プラン」、その二年後には松川昇太郎らによる「湘南プラン」などの刮目すべき実践が行われた。

戦前の中学校は五年制の男子校で、資力と学力を有する上位一割以下のエリートが通う学校だった。それでも、大正期以降に中学校の学校数が増えて大衆化・多様化が進むと、特権的地位が相対的に低下し、それに伴ってエリート教育の象徴だった外国語教育の地位低下と実用主義化が促進されていった。昭和期に入ると、一九二七（昭和二）年に藤村作《つくる》（東京帝国大学国文科教授）らが激烈な英語科廃止論を発表し、論争が展開された。

日本は一九三一（昭和六）年の「満州事変」を契機に、軍国主義と国粋主義が強まっていった。同年一月に改正された中学校令施行規則によって、それまで各学年とも週五~七時間程度の必修科目だった中学校の外国語は、三年生ないし四年生以降に実業を増課できる第一種課程と、実業を含まない第二種課程に分割された。外国語の時数も第一種で大幅に削減され、共に三年生ないし四年生以上は増課科目（選択科目）に格下げされた。

こうした一九三〇~四〇年代に、英語教育関係者らはどのような理論と実践を展開していったのだろうか。そうした実態を明らかにする上で欠かせないのが、本巻で復刻した七点の論考である。岡倉由三郎の論文「英語教育」（一九三二）をはじめ、先進的な中等学校での実際の英語教育方針を知ることに焦点を当て、資料を厳選した。なお、戦前の中等英語教員を養成した代表校は、東京と広島に置かれた二つの高等師範学校だったため、本巻に収録したほとんどの論考も、両校とその附属中学校の英語教育関係者によるものである。

岡倉由三郎「英語教育」一九三二（昭和七）年

岡倉由三郎（おかくら・よしさぶろう　一八六八～一九三六）の論文「英語教育」は、岩波書店の「岩波講座教育科学」（全二〇冊、一九三一～三三年）の第八冊に収められた全三四ページの論文で、戦前の英語教育界を代表する岡倉による英語教育論の集大成である。コンパクトながら、英語教育の諸問題を多方面から明快に論じている。岡倉の代表的な著作『英語教育』（一九一一）から約二〇年を経過し、その間のパーマーなどの教授法理論をも視野に入れた岡倉晩年の傑作といえよう。

『英語教育史資料五』（一九八〇）三〇ページ掲載の「英語教育（一九三二年）」（高梨健吉稿）によれば、論文「英語教育」は岡倉門下で東京高等師範学校教授の寺西武夫（一八九八～一九六五）による代筆とある。しかし、「英語教育」の中に寺西の名は明記されておらず、本文も「私は」と岡倉の一人称で書かれている。なお、岡倉の没年には研究社「英語教育叢書」の一冊として『英語教育の目的と価値』（一九三六）が出ているが、これには福原麟太郎代筆と明記されている。

「英語教育」の概要

論文「英語教育」は「概論」と「各論」の二部構成で、「概論」は「教育者の任務」「外国語の教師としての覚悟」「外国語教授上の工夫」「外国語教授を始むる時期」の四節から成る。また、「各論」は「言語習得の課程」「英語教授の初歩」「読本教授」「作文教授」「文法教授」「我国に於ける英語教授の将来」「外国語教授法に関する参考書」の七節から構成されている。

概論の中で、著者は「教育の媒体は外国語である。併《しか》しながらその究極の目的は、飽くまで生徒の心身の健全なる発育を助長するにある」（五ページ）として、教師に「十分の修養」を求めている。

また、オーラル・メソッドを喧伝しているパーマーに言及した箇所では、「今後我国にあって我国情に最も合致した」外国語教授を行うためには、「偏屈な独りよがりの独創であってはならない。先人等が苦心のあとを一通り調べて、然る後その上に建てられた独創でなければ、学問それ自身の場合と同様、そこに著しい進歩は望まれないであろう」（二〇ページ）と述べている。これは、教育環境の異なる外国産の教授法を無批判に取り入れることを戒めていると同時に、一八九三（明治二六）年の「外国語教授新論」以来、岡倉由三郎らが進めてきた英語教授法改革を正当に評価しなかったパーマーに対する批判とも取れる一文である。

外国語教育の開始時期については、「実際上の問題として、又我国の現状に照らして、私は小学校から之を始むる事には、特殊の場合を除き一般的には不賛成である」（二〇ページ）、「我国にあっては、目下のところやはり、中等学校第一学年より始める事が最も妥当である」（二二ページ）と述べている。これは「外国語教授新論」（一八九三）や『英語教育』（一九一一）を通じて一貫する岡倉の主張である。小学校での外国語教育が二〇二〇年度から教科化される今日、岡倉の主張に謙虚に耳を傾け、この問題を再考すべきであろう。

各論ではまず、「初歩にあっては口頭練習を先きにし、その練習を十分に積むべき」（二六ページ）だとしている。

読本教授に関しては、これを単なる英文解釈に矮小化せずに、英語を読み、聴き、話し、書き、文法を理解するという「英語全体の教授でなければならない」。そのためには、翻訳のみならず、英語を英語のまま理解する訓練が大切で、「出来得る限り教師は英語を使用し、生徒にも英語を使用させる必要がある」（一八ページ）と説いている。大意把握、精読、速読、直読直解など、いずれも現在に通じる問題を明快に論じている。

作文教授においては、和文英訳一辺倒の指導法を批判し、口頭練習が作文の基礎になるのであるから、原文の大意を平易な英語で言い表す訓練が大切であるとしている。そのため、初歩にあっては「聴方、読方、話方、書方の四方面は、成るべく偏頗《へんぱ》なく相併行する様に、その夫々《それぞれ》の方面の十分な練習を積まねばならぬ」（二三ページ）と述べている。この考えは、「四技能の統合的指導」を謳う平成の学習指導要領を先取りしていると言えよう。

文法教授で注目されるのは、語と語の相互関係を明らかにする「文章論を先にし、その大要に通じてから、徐々に品詞論に入るといふ進み方を取るべきである」（二六ページ）という先駆的な主張である。また、初歩段階では「常に事例を習得せしめて後に、それらの事例よりして法則を帰納せしめるように仕向けねばならぬ」とし、文法書は中学三年頃より持たせるが、その際も読本中の教材と対応させながら活用させるべきだとしている。以上の点も、一九一一（明治四四）年の『英語教育』以来、一貫して変わらない岡倉の主張である。

今後の課題としては、第一に語彙選定の問題を挙げ、基本語八五〇語で表現するオグデンのBasic Englishや、ザクリソンの簡略綴り「アングリック」（Anglic）の可能性を論じている。

なお、二九ページに登場する『英語学習の基礎』は、正しくは『英語之基礎（The Corner-stone of English Study）』（広島県立広島中学校内英語研究部編、一九一五）である。

岡倉由三郎について

岡倉由三郎（一八六八〜一九三六）については「岡倉先生伝」「岡倉先生述作目録」（岡倉、一九三七）をはじめ、詳細な研究が行われているので、ここでは英語教育関係の履歴と業績に限って簡単に述べるにとどめたい。

岡倉は横浜の生まれで、岡倉天心の実弟。幼少期より英語を学び、一八八七（明治二〇）年に帝国大学文科大学選科に入学し、チェンバレンから博言学（言語学）、ディクソンから英語学を学んだ。卒業後は朝鮮の日本語学校、東京の尋常中学校、鹿児島の高等中学校で教え、一八九六（明治二九）年に高等師範学校講師、翌年教授となり、一九二五（大正一四）年の退職後は立教大学教授となった。この間に文部省の委嘱による中学校教員検定試験委員、中等学校英語教授法調査委員、視学委員、国語審議会委員などを歴任し、一九二六（大正一五）年からは「ラジオ英語講座初等科」も担当した。

英語教育関係の主な著作としては、「外国語教授新論」（一八九四）、『外国語最新教授法』（一九〇六）、『英語発音学大綱』（一九〇六）、『英語教育』（一九一一、一九三七増補再版）、『英語小発音学』（一九二二）などがある。この他、英語教科書、辞書、英文学叢書などを世に送り出している。

東京高等師範学校附属中学校編『各学科教授方針・英語科』一九三一（昭和六）年

東京高等師範学校附属中学校（筑波大学附属中学・高校の前身）は、全国で最も先進的な英語教授法を実践していた学校の一つとして著名である。したがって、この『各学科教授方針』に収められた「英語科」の指導法は、この後に収めた広島高等師範学校附属中学校の教授方針などとともに、一九三〇年代における英語教授法の到達水準を知る上で第一級の資料である。

英語科教授方針の概要

『各学科教授方針』の序言によれば、東京高等師範学校は一九三一（昭和六）年に創立六〇周年を迎え、各種の記念行事を行った。その一環として、「各学科主任の記述に成る学科教授の方針を輯《あつ》めて一冊子とし、斯道関係の士に頒《わか》ち、以て参考に資せん」ことを意図して本書を刊行した。全八五ページに、「修身科・公民科」から「剣道科」に至る一四科の教授方針が収められている。奥付はないが、序言の日付は一九三一（昭和六）年十月二十六日である。

なお、より詳しい教授方針は、同中学校が一九二八（昭和三）年に公刊した『東京高等師範学校附属中学校教授細目』（売捌所・目黒書店）に盛り込まれており、国立国会図書館デジタルコレクションで閲覧可能である（書誌ＩＤ００００００６０９５５２）。英語科の分量は四十三ページだが、大半が毎週の英語の教材進度と留意事項で、これを除くと教授方針を記した部分は九ページのみである。

同『教授細目』での英語科の基本方針は次の三点だった。

一、初学年に於ては特に口頭練習に重きをおくこと。

二、第三学年ごろまでは解釈・作文・文法等の小分科を立てざること。

三、第三学年の後半より文法教科書を用ひて文法の智識を整理すること。

本巻で復刻した『各学科教授方針』（一九三二）の「英語科」は、同校の『教授細目』（一九二八）の教授方針を改訂したもので、その卓越した教授法のエッセンスを六ページに凝縮している。構成は以下の通りである。

一　教授の一般方針
二　初学年教授の方針
三　読方及訳解（附聴取及暗誦）教授の方針
四　会話及作文教授の方針
五　書取教授の方針
六　文法教授の方針
七　各学年時間配当表

教授の一般方針としては、読むことのみならず、「出来得る限り多くの英語を聴き、また話す機会を生徒に与へるやう務めている」。特に入門期の「最初の五六週間は主として口頭で英語を授け」、「生徒が英語の音に慣れた時始めて読本に入り、読み方綴り方書き方の順に授ける」としている。学年が上がった後にも、口頭練習や英問英答は続けられる。また、教師は務めて英語を用いるようにしている。

英作文においては、直訳的な英語にならないよう注意し、「邦文の大意を摑んで、生徒自身習熟している英語でそれを発表する習慣をつける事に務めている」。

文法は、一・二年次は教科書を用いず、読本や作文の指導の際に「帰納的に邦語文法と比較しながら授け」、三年次から指定の文法教科書を持参させ、必要に応じて参照させる。四年次では毎週一時間を文法教授にあてる。なお、一年次には教材の量を少なくし、予習を禁じて復習に全力を上げさせる。

このように、同校の方針には東京高等師範学校英語科主任教授だった岡倉由三郎の理論を基礎に、入門期の口頭練習などではオーラル・メソッドを提唱したハロルド・パーマーの影響も見て取れる。

広島高等師範学校附属中学校英語科『英語科教授要目と教授の実際』一九三二（昭和七）年

東の東京高等師範学校附属中学校とともに、西の広島高等師範学校附属中学校のこの教授方針は、戦前期における中学校英語科の教授方針・内容に関する到達水準を示す、きわめて先進的かつ詳細な資料である。

『英語科教授要目と教授の実際』は、編輯兼発行が広島高等師範学校附属中学校英語科、一九三二（昭和七）年四月二五日発行、全六四ページである。広島高師附属中の英語教授方針は、『英語教育史資料』（一九八〇）などでも紹介されることがなかったので、やや詳細に述べたい。

広島高師附属中は、校内で教育研究会を開催した際などに冊子『英語科教授要目と教授の実際』を作成し、参観者に配布することで各地の英語教育を啓発した。おそらく、学生の教育実習などでも活用されたと思われる（松村二〇〇六）。

また、同附属中学校中等教育研究会は、一九三二（昭和七）年七月に機関誌『中等教育の実際』を創刊し、同年一〇月の第二号は「英語教育の研究」を特集している。同年六月には第九回中等教育研究会英語部会が同校で行われ、初日だけでも全国から一三六名が参加した（広島大学附属中・高等学校八十年誌編纂委員会一九八五、上巻、四七九ページ）。このように、同附属中の英語科にとって一九三二年は活気に満ちた年だったのである。

その一九三二年四月に刊行された『英語科教授要目と教授の実際』は、前年一九三一年二月七日の文部省「中学校教授要目」（『英語教育史資料一』に抄録）に対応して改訂されたものである。改訂にあたっては、「一層生徒の自学自習の精神を強調した」とある。文部省「教授要目」の外国語に関する規定は前回一九一一（明治四四）年の要目と大差はなく、内容的にも簡略である。これに対して、広島高師附属中の『教授要目と教授の実際』は六四ページに及ぶ詳細なものである。そのため、教授要目というよりも、むしろ「教授細目」と呼べる内容である

一九三二年版『英語科教授要目と教授の実際』の原案の一部は、広島文理科大学英語英文学研究室編纂の『英語英文学論叢』第一巻第一号（一九三二年一〇月刊）に「英語科教授要目案」（一三四〜一三八ページ）として掲載されており、様々な意見を集約して完成に至ったことが窺われる。

同じ一九三二年に、広島高等師範学校附属中学校英語研究会は全五巻の文部省検定済英語教科書*Boys' National Readers*（修文館）を刊行している（一九三五年に改訂版）。『英語科教授要目と教授の実際』とタイアップした自前の英語教科書を準備したわけである。同校英語教師集団の力量には驚きを禁じ得ない。

その後も、同附属中学校中等教育研究会は一九三八（昭和一三）年に『中等教育に於ける各科教授法の新研究』（京極書店）を、翌一九三九（昭和一四）年一〇月には『英語科教授要目と教授の実際』の改訂版を発行した。各科の「教授要目と授業の実際」を適宜発行する伝統は戦後も引き継がれている。

東西両高師附属中の教授方針を比較検討すると、多くの共通点と共に、相違点も見えてきて興味は尽きない。

中等教育討議会『英語科教授の実際――教材の類型より見たる――』一九三九（昭和一四）年

広島高等師範学校附属中学校英語科『英語科教授要目と教授の実際』（一九三二）の方針に添って、学校現場で具体的に実践する際の手引きとして書かれたのが、この『英語科教授の実際――教材の類型より見たる――』（一九三九）である。各種の教授法を類型化し、それぞれに沿った学年別の教授案（指導案）を豊富に提示していることが、本書の最大の特徴である。当時、このような書物は他に例を見なかった。しかも、それぞれの指導内容は今日でも十分通用する高い水準である。

中等教育討議会と松本鐘一

奥付によれば、著作者は「中等教育討議会」となっている。同会は広島高等師範学校附属中学校内に置かれていた団体で、「比較的若い年齢層の教官で組織した」（広島大学附属中・高等学校八十年誌編纂委員会、一九八五、上巻、六〇五ページ）という。

中等教育討議会の「中等教育に於ける各科教授の原理と実際」は、国語漢文、歴史、地理、英語など各教科別の一〇冊シリーズとして発売された。その特色に関しては、以下のように紹介されている（前掲書六〇五ページ。原資料は『広島高等師範学校附属中学校彙報』第二号）。

会員が日頃の体験から滲み出た実際教授の諸相を網羅する具体的方案を「個が全体に於てあり全体が個に於て

ある」観点に立脚して一学科の独断を去り、全体的な人間教育の実を挙げるため縦横討議して完成した共同研究案である。

このように、各冊は「縦横討議して完成した共同研究案」であるために、著作者を団体名である「中等教育討議会」としたのである。ただし、教科ごとに中心となった教員の名前が表紙と扉に記されている。英語科の場合は「松本鐘一」とあるが、「松本鐘一著」としていないのは、あくまで著作権者を中等教育討議会とするためであろう。

本書の中心的な執筆者と思われる松本鐘一（まつもと・しょういち　一九一二〜一九九〇）に関しては、これまでほとんど研究されていないので、やや詳しく紹介したい。

松本は広島高等師範学校附属小学校、同附属中学校を経て広島高等師範学校文科二部（英語部）を一九三三（昭和八）年に卒業した生粋の広島人である。岐阜県立武義中学校に赴任後、一九三五（昭和一〇）年に母校・広島高師附属中学校教諭となり、新制移行後の広島大学附属高校教諭を一九五三（昭和二八）年三月に退職するまで合計一八年間勤務した（ただし一九四五年一月に応召・翌年三月復員）。この間、原爆と敗戦直後の洪水のために、蔵書の大部分を失った。

松本鐘一（1912〜1990）
広島大学英語教育研究会編『英語教育研究』第24号（1981）より

附属高校退職後は、一九五三年四月に兵庫県伊丹市教育委員会指導主事、一九六二年一一月から兵庫県教委指導主事、一九六四年四月に兵庫県立三木高校校長、一九六七年四月より兵庫県立宝塚高校校長となり、兵庫県高等学校英語教育研究会副会長としても活躍した。一九七一年四月からは私立武庫川学院高校（一九九五年に武庫川女子大学附属高校と改称）の教諭となり、定年後の一九七八年四月からも講師としてそのまま勤務した。

主な著書・論文は、今回復刻した『英語科教授の実際』（一九三九）以外に以下のものがある。

「英語韻文教材の取扱」および「英語科入門授業教授案」広島高等師範学校附属中学校中等教育研究会『中等教育に於ける各科教授法の新研究』京極書店、一九二八

「イェスペルセン『外国語教授法』」広島文理科大学英語英文学研究室編『英語教育』第六巻第二号、大阪英進社、一九四一

「新制中学校外国語科入門授業実施の一報告」同誌第八巻第二号、一九四三

「新制中学校外国語科教育に就いて」同誌第九巻第一号、一九四七

「英語自由時間の指導・教室外英語教育の指導・試験と実習　広島大学教育学部附属高校」『新英語教育講座』第二巻、研究社、一九四八　＊篠田治夫と共著

「英語の綴字」『新英語教育講座』第三巻、研究社、一九四八

『英語教育概論』文化評論社、一九五〇　＊飯野至誠と共著

「中学校における英語教授について」『英語教育』（研究社、一九五五年から大修館書店）一九五二年九月号

「入門授業への一考察」『英学月報』創刊号、一九五四（昭和二九）年五月、文化評論社

「型を生かすこと・型破り」『英語教育』一九五四年一〇月号
「指導主事の弁」同誌一九五六年七月号
「夏休みの英語指導」同誌一九五七年七月号
「英語のゲームとパズル」同誌一九五八年一〇月号

松本自身の回顧録としては、「教育実習あれこれ」（広島大学英語教育研究会『英語教育研究』第二四号、一九八一）がある。

『英語科教授の実際』の内容

中等教育討議会著『英語科教授の実際――教材の類型より見たる――』は、中等教育討議会による「中等教育に於ける各科教授の原理と実際」シリーズ（全一〇冊、東京開成館発行）の第四冊として一九三九（昭和一四）年九月五日に刊行された。全八六ページ。

『英語科教授の実際』の構成に関して、松本は「緒言」で次のように述べている（三ページ）。

先づ（一）各分科に就き、教授事項、教授方針、及び取扱上の注意の大体を述べ、次に（二）現時殆ど全部の学校に於て特定の教授時間の設けられてゐる読本教授、文法教授、作文教授の三の各々に就いて、各教材の性質、種類の相異による教授法の変化を眺め、最後にそれの各々につき（三）或る特定の一時間の実際上の取扱を教授案を示して説明してみたいと思ふ。

以上の方針に則って、以下のような章立てを行っている。

第一章　緒言
第二章　各分科教授要項並にその教授方針
第三章　英語科読本教授法の類型
第四章　英作文教授法の類型
第五章　英文法教授法の類型

このように、総論に続いて各分科別に「読本」「英作文」「英文法」の順で展開しているが、「英会話」教授法についての章はない。その理由は、当時の中等学校では英会話が「特定の教授時間」として開設されている割合が少なかったためであろう。

なお、「第二章　各分科教授要項並にその教授方針」では、①発音、②綴字、③聴方（聴取）、④読方及び解釈、⑤話方及び作文、⑥書取、⑦文法、⑧習字について概要を述べている。これらは広島高師附属中が出していた「教授要目」に沿ったもので、その詳細は本巻で復刻した同校英語科の『英語科教授要目と教授の実際』を参照されたい。

なお、「教授の実際」とは言っても、あくまでも広島高等師範学校附属中学校という全国屈指の先進校における事例であるから、全国の一般的な中等学校が同じような水準で授業を展開したとは限らない。その点の注意が必要であろう。

尚志会編『外国語教育の革新』一九四二（昭和一七）年

英語が敵国語とみなされた太平洋戦争期に、どのような英語教育論が展開され、英語教育政策が実施されたのか。そうした知られざる実態を明らかにする資料三点を本巻に収めた。内容的には、太平洋戦争中という時局の特徴が随所に見られるが、その点も含め、戦前期英語教育の到達状況を示すものとして読まれるべき貴重な三論考である。

その第一は『外国語教育の革新』で、広島文理科大学・広島高等師範学校の同窓会である尚志会《しょうし》の「尚志教育論叢」第六輯として、一九四二（昭和一七）年一〇月五日に発行された。編輯兼発行人は「広島市千田町尚志会　前田壽夫」、発行者は「尚志会」である。前田は三〇年以上にわたって尚志会事務局に勤め、会員名簿を作成し続けるなど同窓会の発展に寄与した。

『外国語教育の革新』の構成

「序」によれば、「この小冊子は主として中等学校の外国語教育を如何に運営すべきか、と云ふ問題を外国語教師のみでなく、一般の教育行政者乃至《ないし》学校経営者及び一般識者を対象として執筆編纂したものである」。広島文理科大学英語教育研究所（広島英語教育研究所とも称する）は、尚志会の委嘱を受けて「所員を三つの委員会に分かち、それぞれ目的論・教材論及び教授法論の立場から討議を重ねて、それに基づいて各委員会から一人宛《ずつ》の執筆者を選ぶことにした」。内容は以下の通りである。

序　　　　　　　　　　　　　竹中利一

外国語科の構想　　　　　　丸山　学

英語教育の意義と教材　　　小川二郎

外国語教授法をめぐって　　永原敏夫

当時、竹中利一（一八八九～一九四五）は広島文理科大学英文科主任教授で広島英語教育研究所長、永原敏夫（一八九八～一九四五）は広島高等師範学校教授で、ともに一九四五年八月六日の原爆で戦災死をとげた。丸山学（一九〇四～一九七〇）は広島高等師範学校教授、小川二郎（一九〇四～一九八一）は広島文理科大学助教授だった。

丸山論文は、戦時下であっても外国語教育は国家教育に不可欠であり、特に異文化理解と、そのための英語以外の外国語教育の重要性も述べている。

小川論文は、外国文化を原型において理解する必要性を語り、彼我の精神の相異を把握することは東西文化の融合の礎であると説いている。

永原論文は、中学校三年生中期の教材を読み取れる程度の到達度設定、目標としての直読直解を論じ、語学修練は思考力の鍛錬であり、「異国的なものの究明こそ我が国振りを顧みるよすが」であると主張している。また、発音訓練、自律学習、自学自習の大切さなども論じている。

本書は、太平洋戦争期における包括的な英語教育論として、同じ一九四三（昭和一八）年に刊行された語学教育研究所編『外国語教授法』（開拓社）などと共に、歴史的な価値を有している。

中等学校教科書株式会社『外国語科指導書　中等学校第一学年用』一九四三（昭和一八）年

太平洋戦争期には「敵国語」とされた英語の教育が禁止されたとの誤解が少なくない。しかし、勤労動員による一部の中断はあるものの、ほとんどの中等学校では英語教育が継続されていた。そうした英語教育政策の実態を明らかにする一次資料が、中等学校教科書株式会社著『外国語科指導書　中等学校第一学年用』（一九四三）と櫻井役《まもる》著「新制中等学校外国語科の教育」（一九四四）である。

中等学校令（一九四三年）

『外国語科指導書　中等学校第一学年用』発行の背景には、太平洋戦争期の一九四三（昭和一八）年一月二〇日に公布され、同年四月一日から施行された中等学校令（勅令第三六号）がある。これによって中学校、高等女学校、実業学校が中等学校として一元化され、五年制だった中学校が四年制になるなど、いずれの学校も修業年限が一年短縮された。

中等学校令に準拠して、同年三月二日には「中学校規程」（文部省令第二号）、三月二五日には「中学校教科教授及修練指導要目」（文部省訓令第二号）が出された。このうち外国語に関しては以下のように定められた。

一、外国語科教授要旨

外国語科ハ外国語ノ理会《ママ》力及発表力ヲ養ヒ外国ノ事情ニ関スル正シキ認識ヲ得シメ国民的自覚ニ資スルヲ

以テ要旨トス
外国語ハ英語・独語・仏語・支那語・マライ語又ハ其ノ他ノ外国語ヲ課スベシ
二、外国語科教授方針
一、平易ナル現代外国語ニ付聴方及話方ヲ練リ読書力及作文力ヲ養フベシ
一、発音・語彙・語法ヲ正確ニ習得セシムルト共ニ国語ト比較シテ外国語ノ特質ヲ明ニシ言語習得ノ力ヲ増進スベシ
一、外国語ノ習得ヲ通ジテ外国ノ事情ニ関スル認識ヲ得シムルト共ニ視野ヲ拡メ国民的自覚ノ深化ニ資スベシ

外国語科の主な改訂内容は以下の七点である。

①大東亜共栄圏の「マライ語」が加えられた。当時、マレー半島は日本軍の占領下で、シンガポールは「昭南」と改名されていた。

②求められる英語力として、一九三一年以来の「了解・運用」(ないし「了解・発表」)を「理会《(ママ)》力・発表力」に改めた。これにはハロルド・パーマーの理論の影響が感じられる。

③目的規定から「知徳の増進に資する」が消え、「外国の事情に関する正しき認識を得しめ国民的自覚に資する」との方針が示された。

④外国語内の分節(分科)に関しては、旧来の「発音、綴字、聴方、読方及解釈、話方及作文、書取、文法の大要並に習字」が「聴方及話方」「読書力」「作文力」の三分節(実質的には「聴く・話す・読む・書く」の四技能)に

整理統合された。これは戦後も踏襲される。

各分節の概要は以下の通りである。

・聴方及話方：初めは発音の基礎的練習に重きを置く。

・読書力：読方・解釈・書取・暗誦を課す。

・作文力：既習教材を応用し、話方と連絡して練習させ、既習の教材について習字を課す。

なお、三年生では「既習教材に基き文法の大要を授くべし」とされた。

⑤新たに「国語と比較して外国語の特質を明にし言語習得の力を増進すべし」との方針を盛り込んだ。

⑥外国語の時間数を従来の週六時間程度から四時間に減らし、必修は第一・二学年のみ、第三・四学年では選択履修制とした。文部省は外国語学習を真に望み、かつ成績良好な生徒だけに課すことで学習効率を上げ、減少した時間数をカバーする方針だった。

⑦教授上の注意事項として、新たに以下の項目が盛り込まれた。

・「読書に於ては聴方及話方・作文及文法を総合的に取扱ひ大意の把握に慣れしめ直読直解の力を養ふべし」として、諸技能の総合的な指導や、和訳によらない大意把握や直読直解を推奨している。

・授業では努めて既習の外国語を用いて聴方及び話方に慣れさせると同時に、国語を用いるときには純正な国語を用い、これを「尊重愛護する念」を培うべきだとした。

・「自学自習の態度を養ふべし」とした。

しかし、新制度による「中学校制度の根本的改善」の実施にあたって必要な教科書の発行は、翌一九四四（昭和一九）年度の中等学校教科書株式会社著作兼発行の準国定教科書『英語』（中学校用・高等女学校用各三巻）を待たなければならなかった。

こうして、一九四三（昭和一八）年度は「応急措置」として第一学年は旧来の検定教科書を使いつつも、新制度の趣旨に則って教授することになった。そのため、国策会社として中等学校用の教科書を一元的に発行していた中等学校教科書株式会社（中教出版の前身）は「文部省の指導の下に、新制度の趣旨の理会《（ママ）》徹底をはかり、また実際教授に当っての態度、教科書の取扱ひ等について各権威者に執筆を依頼し」て『外国語科指導書　中等学校第一学年用』を発行し、関係方面に配付したのである。この「外国語科指導書」（一九四三）は、戦後に文部省が発行した学習指導要領準拠の「中学校外国語指導書」の原型と言えよう。なお、第二学年以降の指導書は確認されていない。

『外国語科指導書　中等学校第一学年用』の概要

全体は「第一、中等学校外国語科教授要目」と「第二、中等学校外国語科教授要目の解説」の二部構成で、対象は中学校および高等女学校である。

解説の一端を示すと、たとえば外国語教育の目標を定めた教授要目の「外国語の理会力及発表力を養ひ外国の事情に関する正しき認識を得しめ国民的自覚に資するを以て要旨とす」に関しては、以下のように述べている（四ページ）。

今やわが国は総力を挙げて大東亜戦争の完遂と大東亜共栄圏の建設とに邁進しているのであるが、これ等の広大な地域の民族に日本精神を宣揚し、日本文化を紹介して、わが国の真意を理会せしめ、大東亜の新建設に提携協力せしめるには、日本語の普及と共に外国語の利用をも考へなければならぬ。また一方外国文化を摂取してわが国文化を昂揚し、大東亜共栄圏内諸民族の指導者としての豊かな文化を発達せしめなければならぬ。それには外国語の修得は必須であり、国民の中堅となるべき現在の中学校および高等女学校の生徒が、在学中外国語の基礎の力を習得して置くことが必要である。（以下略）

このように、時局を反映して、外国語教育が戦争目的に従属していたことがわかる。

ちなみに、二〇一七（平成二九）年三月三一日に告示された中学校学習指導要領・外国語においても「我が国の一員としての自覚を高める」との一文が盛り込まれている。

また、教授要目の「国語と比較して外国語の特質を明にし言語習得の力を増進すべし」に関する解説は以下の通りである（七ページ）。

外国語と国語との表現の差異を意識せしめることは、やがて正しい日本語を使はうとの意欲と努力とを生み、母国語に対する認識を深化することになり、（中略）実に国語を愛護する精神や外国語習得力は、指導国家の中堅国民として、又大東亜共栄圏内諸国に進出する国民として、当然有つべき資格である。

このように、東アジアにおける「大東亜共栄圏」の盟主として「国語を愛護する精神や外国語習得力」が必要だとしたのである。この誇大妄想は二年後の敗戦によって露と消えることになるが、日本語と外国語とを比較対照することの重要性に変わりはない。

最後の「結語」では、「教授要旨に明示してある外国語教授者の使命」として以下の三点を挙げている（二一ページ）。

一、次代の中堅国民たるべき中等学校の生徒に、わが国の無限の発展に寄与するために活用すべき外国語の堅固なる基礎の力をつけること

二、外国語の学習を通じて言語意識を盛にし、内は国語の醇化と愛護とに資し、外は言語習得能力の増大に培（ママ）ふこと

三、外国語の学習を通じて外国の事情につき正確なる認識を与へ、将来皇国の伝統的文化の進展のために、外国文化を正しく批判し之を摂取醇化するの素地を作ること

このように戦時的な制約はあるものの、言語意識の向上、国語（日本語）との緊密な関係性、外国事情の認識と外国文化の批判的摂取など、それまでには見られない、また現在においても再吟味すべき主張を含んでいた。

櫻井役「新制中等学校外国語科の教育」一九四四（昭和一九）年

「新制中等学校外国語科の教育」は、アジア・太平洋戦争の末期に、政府・文部省がどのような英語教育政策

を実施しようとしていたのかを、政策決定の中枢にいた文部省教学官・櫻井役（さくらい・まもる　一八八九〜一九五七）が直接述べている貴重な資料である。

なお、「新制中等学校」とは、一九四三（昭和一八）年の「中等学校令」で従来の中学校、高等女学校、実業学校が一元化された法令上の「中等学校」のことで、戦後の一九四七（昭和二二）年度に発足した新制中学校（高校は翌年度）のことではない。

「新制中等学校外国語科の教育」は、日本放送協会編『文部省　新制中等学校教授要目取扱解説』（日本放送出版協会、一九四四（昭和一九）年三月二〇日発行）の七一〜七九ページに収められた。日本放送協会（ＮＨＫ）から刊行された理由は、同協会が学校放送「教師の時間」に、各科の文部省教学官らによる新制中等学校教育の趣旨と教授要目の取扱方についての解説を放送した経緯があったからである。

外国語科に関しては、全九ページのコンパクトな分量ながら、櫻井役が外国語科の位置、教授要旨、学習の意義、外国の認識、言語意識、種目の拡張、活用能力の養成、分節の整理、学習の指導、教師の教養の一〇項目にわたって無駄なく述べている。

外国語授業時間数の削減に対応するため、「一学級の生徒数を二分して授業を行ふ分割教授の方法なども考へられるのであるが、事情の許す限りこれを実施して、教授の効果を大ならしめることが望ましい」（七六ページ）と述べている。

参考までに、先に紹介した教授要目の「国語と比較して外国語の特質を明にし言語習得の力を増進すべし」の解説に関しては、「新制中等学校外国語科の教育」では、同じ箇所を櫻井役が次のように述べている（七四〜七五ページ）。

外国語の教授はその方法宜しきに合ふならば、外国語を正しく習得せしめ、母国語に対する認識を深め、言語意識を鋭敏・活発にし、言語習得の力を増進するのである。かくして養はれる能力は、他の外国語の学習を容易にするのみではなく、総合し、分析し、或は推理し、帰納する心理的のはたらきを錬磨し強化することを見のがしてはならないのである。

岡倉由三郎が『英語教育』（一九一一）で述べた教育観と酷似している点が注目される。

このように、『外国語科指導書　中等学校第一学年用』の解説が政治的・イデオロギー的であるのに対して、櫻井の場合はあくまで教育学的な範囲内での解説となっている。

櫻井役について

櫻井役（一八八九〜一九五七）は千葉県に生まれ、一九一四（大正三）年三月に広島高等師範学校英語部を卒業、嘱託として同校附属中学校の英語授業を担当しながら研究科に進み、一九一六（大正五）年三月に研究科（教育・英語）を修了した。附属中で教える傍ら、一九二〇（大正九）年四月には広島高等師範学校助教授となり、一九二五（大正一四）年四月には教授に昇任した。一九二八（昭和三）年八月からは広島放送局でラジオ「英語講座」も担当した。一九三三（昭和八）年九月には金子健二の後任として文部省督学官に転じ（一九四二年に教学官と職名変更）、一九四四（昭和一九）年九月に兵庫師範学校長、一九四六（昭和二一）年一二月に広島女子高等師範学校長を歴任した。戦後の学制改革により一九四九（昭和二四）年五月に広島大学教授となり、広島大学学長事務取扱、さらには教育学部長と広島大学広島女子高等師範学校長も兼任した。一九五三（昭和二八）年四月には新設された広島大学大学院教育学研究科長となり、一九五五（昭和三〇）年三月に定年退職。一九五七（昭和三二）年九月に逝去した（享年六七歳）。

研究業績は膨大で、英語教育、英学史・英語教育史、教育史、英語教科書、英語参考書など多方面にわたっている。主な単行本に絞っても以下のものがある。

『英語教育に関する文部法規』研究社、一九三五（本シリーズ第五巻で復刻）
『日本英語教育史稿』敞文館、一九三六（一九七〇年に文化評論社より復刻）
『中学教育史稿』受験研究社増進堂、一九四二（一九七五年に臨川書店より復刻）
『女子教育史』増進堂、一九四三（一九八一年に日本図書センターより復刻）

松村（一九九八）によれば、櫻井は中学校の英語教員兼研究科の学生となった大正初期の頃から英学史・英語教育史への関心を抱くようになった。その方面の短い論考は、すでに一九一七（大正六）年に雑誌『英語の日本』に六本発表している。単行本としては、本シリーズの第五巻で復刻した『英語教育に関する文部法規』（一九三五）が記念すべき最初の著作となっている。これは、明治以降の諸学校における英語教育関係法令と解説をコンパクトにまとめたもので、現在に至るまで類書は存在しない。櫻井が一九三三（昭和八）年に文部省督学官となり、文部省内の法令資料類を活用できるようになったことで初めて可能になった仕事だと言えよう。

翌一九三六（昭和一一）年には、名著の誉れ高い『日本英語教育史稿』を刊行している。これは、日本の英学史・英語教育史を通史的に扱った画期的な本で、今なお読み継がれている。同書を含む三著がいずれも復刻されている事実からも、櫻井の教育史研究者としての卓越した能力がうかがえる。

参考文献

岡倉由三郎（一九三七）『英語教育〔増補再版〕』研究社
定宗数松（一九三六）『英語教授法概論』（英語教育叢書）研究社
永原敏夫（一九四〇）「亡友の跡を辿る」『英語教育』第四巻第四号、広島文理科大学英語教育研究所編輯発行
広島大学附属中・高等学校八十年誌編纂委員会（一九八五）『創立八十年誌　上巻』広島大学附属中・高等学校
松村幹男（一九九八）「櫻井役と英語教育史」『英學史論叢　日本英学史学会広島支部紀要』第一号（通巻二一号）
松村幹男（一九九九）「定宗数松と英語教育史」『英學史論叢　日本英学史学会広島支部紀要』第二号（通巻二二号）
松村幹男（二〇〇六）「永原敏夫の英語教育研究」『英學史論叢　日本英学史学会中国・四国支部研究紀要』第九号（通巻二九号）
松村幹男（二〇一二）「広島英語教育史年表」（遺稿）、松村ほか（二〇一二）所収
松村幹男著、松村恵美子・松村雅文・青木瑞恵・藤原倫子編（二〇一二）『別冊　私の歩んだ軌跡：英学史論考集』私家版
松本鐘一（一九八一）「教育実習あれこれ」『英語教育研究』第二四号、広島大学英語教育研究会
山本忠雄・丸山学・定宗数松（一九三七）『英語研究の文献』（「英語教育研究」English Teacher's Library）三省堂

英語《えいご》教育史《きょういくし》重要《じゅうよう》文献《ぶんけん》集成《しゅうせい》　第四巻
英語《えいご》教授法《きょうじゅほう》三《さん》

二〇一七年九月二〇日　初版印刷
二〇一七年九月二五日　初版発行

監修・解題　江利川《えりかわ》春雄《はるお》
発 行 者　荒井秀夫
発 行 所　株式会社 ゆまに書房
東京都千代田区内神田二 - 七 - 六
郵便番号　一〇一 - 〇〇四七
電　話　〇三 - 五二九六 - 〇四九一（代表）
印 刷　株式会社 平河工業社
製 本　東和製本 株式会社

定価：本体一五、〇〇〇円＋税
ISBN978-4-8433-5295-3 C3382
落丁・乱丁本はお取替えします。